Lose, Fohlen-Handbuch

Meiner Schwester
Norma

M. Phyllis Lose, V.M.D.

Fohlen-Handbuch

Geburt
Erste Hilfe
Krankheiten
Fütterung
Haltung

Kierdorf Verlag

Impressum

Copyright © 1987 by M. Phyllis Lose, V.M.D.

Published by arrangement with HOWELL BOOK HOUSE,
an imprint of Maximilian PublishinG Company, USA

All rights reserved. No parts of this book may be reproduced or transmitted in any form or by any means, electronic or mechanical, including photocopying, recording or by any information storage and retrieval system, without permission in writing from the publisher

Alle Rechte vorbehalten
Alle Rechte an der Übersetzung vorbehalten

Kierdorf Verlag
Gut Dohrgaul, 5272 Wipperfürth

1. Auflage 1993
ISBN 3-8911-068-3

Übersetzerin: H. Hauptmeier

Vorwort

Gesundheitsprobleme bei Fohlen beginnen jedes Jahr etwa Mitte Januar und setzen sich bis in den Herbst hinein fort. Die Zuchtsaison fällt mit der Abfohlzeit zusammen; folglich ist das Arbeitspensum des Pferdetierarztes bis zum Rand voll. Ich habe festgestellt, daß die Spitzenzeit für Fohlenerkrankungen etwa Mitte Juni ist, etwa dann, wenn die meisten Stuten gefohlt haben und die Zuchtsaison langsam zu Ende geht.

Soll ein neugeborenes Fohlen am Leben bleiben und zu einem kernigen jungen Nachwuchspferd heranwachsen, hängen seine Lebensaussichten nicht nur davon ab, wie robust und kernig seine Mutter ist, sondern auch von der Erfahrung und dem Geschick des Personals. Die Betreuung durch engagierte Fachleute und gewissenhaft bemühte Pferdebesitzer stellt die Weichen in entscheidender Weise zugunsten des empfindlichen Fohlens.

Sachkundige Beobachtung und Früherkennung von Problemen, verbunden mit sofort einsetzender aufmerksamer Betreuung, sind von ausschlaggebender Bedeutung für den Erfolg, ob es sich um eins, oder um hundert Fohlen handelt.

Jedes Jahr im Januar stelle ich mich seelisch und körperlich auf den alljährlichen Belagerungszustand der gleichzeitig ablaufenden Zucht- und Abfohlperiode ein, und in jedem Januar stelle ich fest, daß ich oft bis an die Grenzen meiner Leistungsfähigkeit gefordert bin. Da die meisten Stuten in der Stille der Nacht fohlen, wird Schlaf für den Tierarzt zu dieser Jahreszeit zu einer Kostbarkeit. Ein paar Stunden ununterbrochenen Schlafs sind eine wahre Wohltat.

Es ist einige Jahre her, daß ich mich gerade in mein elektrisch beheiztes Deckbett eingerollt hatte und mich in der Wärme räkelte, als das Schrillen des Telefons mir klarmachte, daß es mit der Gemütlichkeit in Kürze vorbei sein würde. Und so war es. Eine Stute hatte Wehen und schien Probleme zu haben. Während ich mich eilig anzog, fragte ich mich, wieso meine Pferdepatienten immer zu wissen scheinen, wann ich - meist nach einem langen Arbeitstag - den Kopf auf das Kissen lege, um dann mit ihren Problemen zu kommen. Sobald ich meine elektrische Decke einschalte, scheint diese über die Sterne die Botschaft an meine Patienten auszusenden, das Los zu ziehen, wer diesmal daran ist, meine Nachtruhe zu vereiteln.

Meine Assistentin hatte ebenfalls das Telefon gehört und als ich den alarmierenden Satz: "In Wehen, seit fast einer Stunde" wiederholte, war sie schon dabei sich anzuziehen, als ich den Hörer noch in der Hand hielt. Nach ein paar Minuten saßen wir gemeinsam im Tierarztwagen und jagten zu der Farm.

Durch die wilde Fahrt zu der Farm war ich wieder die Alte. Als wir ankamen, ließ ich mir schnell von dem verängstigten Besitzer ein paar kurze Angaben machen, dann versuchte ich meine Assistentin in den Dampfschwaden auszumachen, die beständig von der liegenden Mutterstute ausgingen und den ganzen

Stall erfüllten. Die flinke, junge Frau hatte schon Eimer mit heißem Wasser, Antiseptikum und ein steriles Besteck geburtshelferischer Instrumente vorbereitet. Ich bat die Umstehenden die Stute aufzutreiben, während ich meine Hände und Arme säuberte.

Viele unbeantwortete Fragen jagten mir durch den Kopf - alle hatten unmittelbar mit dem Faktor Zeit als Gegenspieler der Sicherheit von Stute und ungeborenem Fohlen zu tun. Hatte sich der Fruchtsack, der das Fohlen umhüllt, vorzeitig von der Gebährmutterschleimhaut der Mutter losgelöst und war infolgedessen das mütterliche Versorgungssystem vom Fohlen abgeschnitten? Wie viel vom natürlichen Fruchtwasser war schon abgegangen? War noch genug vorhanden, für die Geburt? Wie groß war der Fohlenkörper in Relation zum Beckendurchgang der Mutter? Saß das Fohlen in einer anormalen Lage hoffnungslos fest, oder konnte man es so zurückschieben, daß die Geburt vonstatten gehen konnte?

Als ich anfing, die Stute zu untersuchen, war ich froh, daß man sie zum Aufstehen veranlaßt hatte und sie auf den Beinen stand. Wenn die Stute steht, kann sich das Fohlen freier und leichter bewegen. Dies verbessert meines Erachtens in einer kritischen Situation die Lage erheblich.

Meine ausgestreckte Hand fühlte zuerst einen Fuß und einen Kronrand, dann ein Bein. Mir war, als hätte ich eine Reaktion gespürt, als ich den Fuß berührte, war mir aber nicht sicher. Mit Erleichterung stellte ich den Pulsschlag in dem kleinen Bein fest. Das Fohlen lebte noch und es bestand die Chance, von außen die Lage des Fohlen zu korrigieren, damit die Geburt in der uns noch verbleibenden Zeitspanne- deren Länge wir nicht kannten- vor sich gehen konnte. Reichte uns die Zeit, dieses Fohlen zu retten? Wie viel Zeit hatten wir? Dies entzog sich unserer Kenntnis. So schnell wie möglich sedierte ich die Stute und arbeitete weiter daran, die Lage des Fohlens zu korrigieren. Waren wir schnell genug, konnte es gerettet werden.

Viel stand auf dem Spiel und alles mußte gelingen, wenn wir Erfolg haben wollten. Die Stute mußte ruhig bleiben, und bei unseren Bemühungen mitarbeiten, ja sie mußte sehr stark mitmachen, um die Geburt voran zu bringen. Eine Lagekorrektur muß präzise und schnell vorgenommen werden, und es muß eine genügend große Menge Gleitflüssigkeit vorhanden sein, damit die Bewegungen leicht und weich sind und damit die Geburtsorgane der Mutter und das Fohlen geschützt sind.

Das Fohlen reagierte auf meine Bemühungen. Es glitt in eine gute Lage und es gelang mir, beide Vorderfüße mit dem Kopf und dem langen Hals in eine Linie zu bringen. Dann wurden sterile Geburtsketten um die kleinen weichen Koronarbänder des Fohlens gelegt. Jetzt kam es darauf an, daß die Stute mitmachte und half, das Fohlen auf die Welt zu befördern. Ein Ruck an den Ketten brachte die Kontraktionen der Stute wieder in Gang. Als die Wehen sie erneut überkamen, zog ich gefühlvoll und vorsichtig in Übereinstimmung mit den mächtigen Muskelkontraktionen der Stute. Unser gemeinsames rhythmisches Bemühen brachte das Fohlen etwas weiter voran im Geburtskanal. Es schien wie eine Ewigkeit, bis die Füße und dann der Kopf voll zu sehen waren. An diesem Punkt hörten die aktiven, produktiven Kontraktionen der Stute auf und sie ruhte einen Moment. Nach etwa sechzig Sekunden wurde sie wieder aktiv und das ganze Fohlen glitt relativ leicht in das Stroh.

Das große braune Hengstfohlen atmete! Es hob seinen Kopf, blinzelte mit den Augen, wie verwundert darüber, auf der Welt zu sein und zu leben. Mit einem warmen Gefühl der Freude wandte ich mich zu dem Besitzer zu und sagte: "Hier ist Ihr Fohlen".

Pädiatrie ist der Zweig der Medizin, der sich mit der Betreuung von Neugeborenen und Kindern befaßt und der Behandlung ihrer Krankheiten. "DAS FOHLEN-HANDBUCH" hat die Betreuung junger Pferde, vom Moment der Geburt an bis zum ersten Lebensjahr, zum Thema.

So wie der Geburtshelfer dem wartenden Kinderarzt im Kreissaal das Baby anvertraut, übergeben wir Ihnen ein lebendes Fohlen, das gerade auf die Welt gekommen ist.

Menschenkinder werden in den unterschiedlichsten Außenweltbedingungen geboren und viele überleben ohne große medizinische Hilfe, oder Betreuung. Viele Fohlen leben und wachsen völlig ohne präventive oder protektive veterinärmedizinischen Maßnahmen auf. Es gibt kaum Untersuchungen darüber, wie das Verhältnis der Überlebensrate von betreuten Fohlen sich zu denen verhält, deren Mütter allein fohlen, aber ich bin sicher, daß solche Daten ein erschreckendes Ergebnis zeigen würden.

Ich will nicht den Wert eines Menschenlebens mit dem eines Tieres gleichsetzen. Aber es gibt vergleichbare Risiken, die in vielen Fällen vermieden oder beseitigt werden können, wenn man die Probleme kennt und gewissenhaft angeht.

Vor der Zeit tierärztlicher Betreuung entging der amerikanische Mustang dem Aussterben durch den Prozess der natürlichen Selektion, oder dem Überleben des Fittesten. Bis auf den heutigen Tag gibt es Herden dieser kleinen, zottigen, nicht besonders ansehnlichen Tiere. Wir haben keine Vorstellung davon, wieviele tragische und unnötige Todesfälle bei und nach der Geburt von Mustang-Fohlen eingetreten sind, ehe medizinische Hilfe auch zu ihnen kam. Aber sie überlebten; so wie die Spezies "Homo Sapiens".

Die heutigen, vom Menschen gezüchteten Pferde entspringen nicht der natürlichen Selektion und dem Überleben des Stärksten; moderne Fohlen sind viel zu kostbar, um sie dem Zufall zu überlassen. Jedes Fohlen ist wichtig. Jedes Pferd repräsentiert für sich Generationen selektiver Zucht auf gewünschte Eigenschaften. Oft werden tausende, ja sogar hunderttausende Dollar in ein einziges Produkt investiert. Ob ein Pferd ein "Pet", ein Freizeitpferd, ein Showpferd, ein Hunter, ein Zugpferd, ein Westernpferd, ein Kutschpferd oder ein Rennpferd ist, immer muß Zeit, Energie und Geld aufgewendet werden. Ganz abgesehen vom persönlichen Interesse des jeweiligen Besitzers an seinem Pferd, sind diese Faktoren allesamt in Betracht zu ziehen. Hinzu kommt die ungewöhnlich lange Tragezeit der Pferde von 11 Monaten, die den eigentlichen Wert des Fohlens für seinen Besitzer erhöht und in denen er voller Spannung wartet.

Erb- oder angeborene Defekte und die damit verbundenen Komplikationen sind das Ergebnis intensiver, selektiver Zuchtbemühungen, die sich das Ziel setzen, das Pferd für spezielle oder isolierte Zwecke zu modifizieren. Die Praxis wahlloser Inzucht hat dieses Dilemma zusätzlich noch vergrößert.

Jede Zuchtrichtung verfügt über einige herausragende Pferdeleute, die versuchen, das Beste an Gebäude, angemessener Größe, Härte, Schnelligkeit, Vermögen, Intelligenz und Temperament herauszuzüchten und zu festigen. Leider hat ein Großteil der Züchter nur ein einzelnes Ziel vor Augen. Entweder ist es Schnelligkeit, um Rennen zu gewinnen, das äußere Erscheinungsbild einer Rasse, um auf Schauen zu siegen, oder Vermögen, um den Anforderungen der verschiedenen Leistungsprüfungen zu entsprechen. Sie vernachläßigen oder verlieren den Blick für das "ganze" Tier und ihre Verantwortung gegenüber ihrer Zucht und zukünftigen Generationen von Pferden und Pferdeleuten.

Obwohl wir gutgebaute, rahmige, leistungsfähige Tiere erzielt haben, gewinnen wir oft ein Merkmal auf Kosten eines anderen. So haben sich bei jeder Zuchtrichtung die ihr eigenen Probleme herauskristallisiert. Indem der Mensch fordert, daß das gezüchtete Modell einem Zuchtstandard oder bestimmten Leistungskriterien entspricht, werden wünschenswerte Eigenschaften ungewollt auf's Spiel gesetzt.

Man sollte auch daran denken, daß unser heutiges Pferd, ganz gleich welcher Zuchtrichtung, in einer unnatürlichen Umwelt lebt. Indem wir das Pferd schon seit hunderten von Jahren seines natürlichen Lebensraums berauben und es in eingezäunten Weiden und voll ausgerüsteten Ställen, mit für sie speziell gefertigten Boxen halten, haben wir eine veränderte Umwelt geschaffen. Die Folgeerscheinungen sind pferdespezifische, bakterielle und virusbedingte Erkrankungen, von denen jede ihren eigenen Problemkreis hat.

Vielfältige Probleme entstehen speziell dort, wo das Weideland durch eine hohe Pferdepopulation knapp ist. Diese Situation, die mit der ihr eigenen Dynamik zu Gesundheitsrisiken führt, findet man am häufigsten in stadtnahen oder städtischen Gegenden, wo der Freizeitpferdesport stark wieder auflebt und auf den großen, kommerziell betriebenen Farmen, mit überweideten, pferdemüden Flächen. Das Problem der Überweidung ist besonders ernst zu nehmen, denn hier entsteht die ideale Umgebung für die Ausbreitung und Fortpflanzung von Insekten, Krankheiten und Parasitenbefall.

Obwohl es immer traurig ist, ein Fohlen zu verlieren, kann der unvermeidliche Verlust besser mit dem Wissen akzeptiert werden, daß alles nur mögliche getan wurde. Es ist unverzeihlich, wenn ein Fohlen stirbt, weil sein Betreuer nicht genug Erfahrung hatte, nicht wußte, was zu tun war und welche Medikamente es brauchte, oder durch falsch eingesetzte Kenntnisse, die aus Erfahrungen mit anderen Tierarten übernommen wurden. Pferde haben spezifische physiologische Bedürfnisse, die sich von denen anderer Haustiere unterscheiden. Wenn wir die Überlebensrate unserer Fohlen verbessern wollen, müssen wir uns diese Tatsache ins Bewußtsein einprägen und sie bei den täglichen Entscheidungen berücksichtigen.

Inhalt

Vorwort 8

Kapitel 1
Das neugeborene Fohlen — 13
* Die normale Geburt 15
  - Atmung 16
  - Nabelschnur 17
  - Aufstehen 19
  - Antikörper 20
  - Einlauf 21
  - Tierärztliche Untersuchung 25
  - Begutachtung der Plazenta 25
  - Klinische Untersuchung 26
  - Körpertemperatur 26
  - Injektionen 27
  - Routine-Laboruntersuchungen 27
* Merkmale eines gesunden Fohlens 28
  - Saugen 28
  - Urinieren 29
  - Körperliche Aktivität 29
* Vorschläge zur veterinärmedizinischen Betreuung 30

Kapitel 2
Notfälle bei Neugeborenen — 31
* Unvermögen zu Atmen 31
  - Künstliche Beatmung 33
  - Herzschlag 34
  - Maulschleimhäute 35
* Das tote Fohlen 37
* Schwache Fohlen 39
* Geschwollene Fesselköpfe 40
* Fohlen, die nicht saugen 41

Kapitel 3
Trauma und Krankheit — 47
* Verstopfung 48
* Anschoppung 49
* Mekoniumverhaltung 50
* Durchfall und Kolik 52
  - Fohlenrossedurchfall 53
  - Kotfressen 54
* Krankheit 54
* Das kranke Fohlen 56

- * Sepsis 58
  - Sepsisformen 60
- * Immunschwäche 62
- * Fohlenlähme und Nabelinfektionen 62
- * Dummy, Wanderer oder Sleeper-Fohlen (Frühlähme) 67
- * Pneumonie der Fohlen 69
- * Escherichia Coli Infektion 72
- * Undefinierbare Sepsisformen 73
- * Primäre Fohlenpneumonie 74
- * Druse 74
- * Andere Lungeninfekte 76
- * Barker Fohlen 77
- * Shaker Fohlen-Syndrom 79
- * Nichtinfektiöse Fohlenpneumonie 81
- * Tyzzer Krankheit 82
- * Wassertrinker Syndrom 82
- * Nichtinfektiöser Durchfall 82
- * Fehlanpassungssyndrom der Neugeborenen 86
- * Nabelstumpfabszesse 87
- * Transport eines kranken Fohlens 88

Kapitel 4
Angeborene, ererbte und entwicklungsbedingte Zustände   89
- * Ererbte und angeborene Probleme 91
- * Mißbildung bei Fohlen 92
- * Zerebelläre Hypoplasie und Degeneration 94
- * Herzfehler 94
- * Mißbildung des weichen Gaumens 95
- * Mißbildungen des Colons oder des Rectums 96
- * Kiefermißbildungen 96
- * Polydaktylie (zusätzliche Glieder) 98
- * Krankhafte Veränderungen der Augen) 99
- * Durchlässige Nabelschnur 100
- * Harnblasendefekt 101
- * Mißbildung der Gliedmaßen 101
- * Kniescheibenfixation 115
- * Kontraktion 115
- * Brüche (Hernien) 125
- * Fehlerhafter Luftsack 126
- * Wobbler 128
- * Hodenhochstand 130
- * Gelbsucht 133
- * Immunschwache Fohlen 136
- * Speiseröhren-, Magen- und Zwölffingerdarmgeschwüre 139
- * Fohlen mit Schock 140
- * Ohrzysten 142

- * Bluterkrankheit 143
- * Beinverstellungen 143

Kapitel 5
Waisen, abgelehnte-, Zwillings-, Frühgeburtsfohlen 144
- * Waisenfohlen 144
- * Abgelehnte Fohlen 146
- * Zwillingsfohlen 147
- * Frühgeburtsfohlen 152

Kapitel 6
Der ständige Feind: Parasiten des Fohlens 155
- * Impfplan 161
- * Übersicht: Parasiten und bekämpfende Anthelminthika (Wurmmittel) 163
- * Impfplan Neugeborene Fohlen - Jährlinge - Zweijährige 164

Kapitel 7
Futtermittel, Fütterung und Ernährung 165
- * Mängel der Stutenmilch 167
- * Blutwerte des Neugeborenen 168
- * Höhepunkt der Milchleistung 168
- * Fütterung mit dem Fohlentrog 169
- * Getreidepellets 170
  - Gekochtes Getreide 171
- * Heu 171
- * Gegenüberstellung: Pellets/Heu 172
- * Mineralstoffe 173
  - Phosphor und Calcium 174
  - Salz 175
  - Selen 175
  - Jod 176
  - Kupfer 177
  - Vitamine 177
- * Frühes Absetzen 180

Kapitel 8
Management und Haltung 181
- * Der Fohlenstall 182
  - Konstruktion 184
  - Desinfektion 185
  - Sicherheits-Nachtlicht 186
  - Temperaturen 186
- * Der Fohlenauslauf 187
- * Der erste Ausgang 188
- * Halftergewöhnung 189
- * Hufe 189

Glossar 194

1. Kapitel

Das neugeborene Fohlen

Ihr Fohlen ist gerade auf seinem Strohlager angekommen, feucht und wuschelig, mit vomWasser vollgesogenen Füßen, aber - im Idealfall - auch mit einer intakten und funktionierenden Nabelschnur, die noch fest mit seinem Bauch verbunden ist.

Man könnte den Eindruck haben, daß dieses aufregende Ereignis spontan auftritt. Nichts ist falscher als das. Ein Fohlen ist tatsächlich elf Monate alt, bevor der Mensch das Privileg hat, es als erster zu erblicken. Obwohl Ihnen dies sicher nicht neu ist, lassen Sie uns 336 Tage zurückgehen - etwa elf Monate - und im Rückblick betrachten, was geschieht. Das Leben beginnt mit einem einzigen Spermium; nur einem einzigen von Millionen, die sich im Eileiter der Stute befinden, gelingt es, in das soeben freigesetzte und sehr empfindliche Ovum (Ei) einzudringen. Die restlichen Spermien werden zurückgewiesen und sterben ab.

Man weiß, daß genau in der Sekunde des Eindringens in die äußeren Zellschichten des Eis eine biologische Barriere entsteht, die von einer hauchfeinen Vibration begleitet ist. Die Trächtigkeit ist damit eingeleitet; das Leben hat begonnen. All dies findet im oberen Teil des Eileiters, in der unmittelbaren Nähe des Eierstocks statt, der für die Entwicklung des Eis und die darauf folgende Ausstoßung verantwortlich war.

Zu diesem Zeitpunkt sind Größe, Gestalt, Geschlecht, Farbe, äußeres Erscheinungsbild und Veranlagung des zukünftigen Fohlens schon entschieden! Gesundheit, Widerstandsfähigkeit oder Prädispositionen für Krankheiten und sogar verschiedenartige und zweifelhafte Veranlagungen und Talente sind bereits festgelegt. Von diesem ehrfurchtsgebietenden Moment an, stehen alle genetischen Merkmale und Eigenschaften fest; sind determiniert für das gesamte Leben des Pferdes, als Embryo und außerhalb des Mutterleibes. Was für ein großartiger Augenblick!

Das befruchtete Ovum, Zygote genannt, ist eine runde zelluläre Masse von mikroskopischer Größe, die all die detaillierten Daten und die faszinierenden Informationen enthält, die das Leben des Fohlens betreffen. Obwohl ich ein alter Praktiker bin, kann ich nicht umhin, die embryonale Zygote mit dem modernen Computer-Chip zu vergleichen. Könnten wir nur in den Bauch hineinschauen und deuten, was die Zukunft bringen wird!

Die 11-monatige Tragezeit kann dem besorgten Besitzer lang erscheinen, doch sie ist letztendlich eine Zeit beständigen Wachsens und Entwickelns. (Die Zuchtstute braucht 2 Monate länger als die Kuh und der Mensch, um ihre Nachkommen zu produzieren, aber ihre "Wartezeit" ist beträchtlich kürzer, als die des armen

Elefanten, der 23 Monate braucht). Ich bewundere jede Zuchtstute, die die beachtliche Tat vollbringt, ein dynamisches und gesundes Fohlen in sich reifen zu lassen, das in der Lage ist, im üblichen Zeitrahmen zu einem ausgewachsenen Pferd heranzureifen. Wenn alles gesund ist, wird der beunruhigte Besitzer mit einem weichen, blitzblanken, nagelneuen, intakten Fohlen belohnt, mit allen lebenswichtigen Teilen. Das Warten hat sich gelohnt. Alle Mühe ist vergessen! Obwohl ich es schon so oft erlebt habe, erscheint mir das Ganze wie ein Wunder!

Die angeborene Widerstandskraft eines Fohlens und seine Fähigkeit, Krankheiten abzublocken, hängt von der vorgeburtlichen Betreuung und Pflege ab, die die Stute im Verlauf der 11-monatigen Trächtigkeit erfuhr. Ausgewogene Ernährung und Bewegung, ein wirksames Parasiten-Bekämpfungssystem sowie eine Umgebung, in der die Mutterstute sich entspannt und wohlfühlt, sind Faktoren die zur Gesundheit und zum Wohlbefinden des Neugeborenen beitragen.

Dennoch, alle Neugeborenen sind empfindlich gegenüber Stress, der durch die äußere Umgebung verursacht wird und das Pferdebaby macht nicht nur den Eindruck recht fragil und anspruchsvoll in seinem Bedürfnissen zu sein, sondern es ist es auch. Der evolutionäre Prozess war anderen Tierarten freundlicher gesonnen, indem er sie mit einem Bonus an eingebauten Schutzfaktoren zum Überleben und zur Fortentwicklung ausstattete. Dies läßt sich leicht durch die steigenden Überlebensziffern dieser Arten nachweisen, auch dort, wo kaum Zuchtmaßnahmen eingesetzt werden. Man kann ganz im Gegenteil sagen, daß die Evolution an der Pferdespezies vorbeigegangen ist. Ich habe in meiner - doch relativ kurzen - Lebenszeit die Beobachtung gemacht, daß die natürlichen Schutzmechanismen gegen Krankheiten, bei einigen unserer höher gezüchteten Tiere abzunehmen scheinen, und daß ein stetes Sinken der reproduktiven Effizienz zu verzeichnen ist.

Der eigentliche Abfohlvorgang geht schnell und explosiv vonstatten; er dauert selten länger als 30 Minuten vom Einsetzen deutlicher Wehen bis zum Erscheinen des Fohlens. Daher ist es die Ausnahme, daß ein Tierarzt bei einer normalen Geburt zugegen ist, außer die Betreuungsperson ist besonders vorsichtig oder die Stute, die abfohlen soll, steht in unmittelbarer Nähe der tierärztlichen Praxis.

Ist das Fohlen da, ist es an der Zeit eine gründliche Untersuchung vorzunehmen. Obwohl nur wenige qualifizierte Pferdeleute in der Lage sind ein Fohlen wirklich zu beurteilen, sind es gerade diese fähigen Leute, die einen Pferde-Tierarzt mit langjähriger Berufserfahrung rufen. Es ist wichtig, daß das Fohlen möglichst früh tierärztlich untersucht wird, damit die aktuelle und spätere gesundheitliche Verfassung eingeschätzt werden, und die Gefahr verborgener physischer oder medizinischer Probleme ausgeschaltet werden kann. Die mit der Geburt verbundenen Daten sind von unschätzbarem Wert für diese Beurteilung.

Geburten verlaufen von Stute zu Stute sehr unterschiedlich, aber immer stellen sie ein wirklich dynamisches Ereignis dar. Die Art und Fähigkeit, ein Fohlen zur Welt zu bringen variiert sehr stark zwischen einer Maidenstute und einer Mutter vieler Fohlen. Die Zeit, die die eigentliche Geburt in Anspruch nimmt, hat - Untersuchungen zufolge - einen direkten Einfluß auf Vitalität und Energie des Neuankömmlings und bestimmt seine Fähigkeit, sich mit der äußeren Umwelt auseinanderzusetzen. Die unterschiedlichen Facetten der Geburt entscheiden über die Notwendigkeit einer frühen Betreuung und Beobachtung des Fohlens. Kurzum, lassen Sie Ihren Tierarzt die Lage beurteilen!

Überläßt man das Fohlen sich selbst, so ist es dem alten Gesetz, nach dem der Stärkere überlebt, ausgeliefert. Für mich bedeutet das Überleben des Stärkeren nicht unbedingt das Überleben des besseren Tieres.

Durch gründliche Information können Sie sich darauf vorbereiten, ein Fohlen richtig aufzuziehen und vermeiden, es durch Unerfahrenheit zu verlieren. Natürlich können Sie sich auch die Ausgaben machen, die hochtragende Stute für die Zeit der Geburt und Fohlenbetreuung in professionelle Hände zu geben. Vorsicht! Wählen Sie jemanden aus, der zuverlässig und erfahren ist, vorzugsweise jemanden, der mit einem guten Geburtshelfer und Fachtierarzt für Fohlen in Verbindung steht. Leider hat mich die Erfahrung gelehrt, daß je größer der Ruf, desto kleiner das Wissen ist und daß desto weniger Bedeutung Details beigemessen wird.

Wirklich ein betrüblicher Kommentar!

Der Betreuer, der bei der Geburt dabei ist, kann dem Tierarzt sehr helfen, der ja in jedem Fall später kommt und sofort beginnt, die Anwesenden zu befragen. Der Betreuer sollte in der Lage sein, solche Fragen zu beantworten, wie: In welcher Lage kam das Fohlen zur Welt? Welche Stellung hatte die Stute am Anfang und zu Ende der Geburt inne - stand sie, ging sie im Stall herum oder lag sie sternal (in Brust-) oder lateral (Seitenlage)? Wie lange haben die jeweiligen Phasen gedauert? Wo befanden sich die Fruchtblasen am Anfang der Geburt?

Abgesehen von diesen Fragen sollten Tierarzt und alle anderen Verantwortlichen sehr genau auf zwei weitere Dinge achten: erstens auf die Zeit, die es dauert, bis die Nachgeburt vollständig abgeht; zweitens, die Kontrolle der Nachgeburt, die für gewöhnlich auf einer ebenen, sauberen Unterfläche ausgebreitet wird, um eine genaue Überprüfung zu ermöglichen. In kompetenten, erfahrenen Händen macht diese Informationsquelle die medizinischen Bedürfnisse von Mutterstute und neugeborenem Fohlen deutlich.

Die normale Geburt

Es gibt erhebliche Unterschiede was Stärke und Widerstandskraft des Neugeborenen betrifft. Einige Tiere sind so kraftlos und schwach, daß ihr Leben in Gefahr ist, während andere Fohlen sich buchstäblich vor Vitalität winden und drehen. In Ausnahmefällen heben Fohlen ihren Kopf und wiehern, ehe sie überhaupt vollständig geboren sind. Ein so ausgerüstetes Fohlen wehrt sich kräftig, wenn es trockengerieben wird. Man kann die Lebenskraft eines solchen Babies spüren, wenn man es mit den Händen berührt. Einige Fohlen haben einen so starken Lebenswillen, daß sie eine Schwäche oder sogar eine geringfügige Behinderung dadurch überwinden.

Atmung

Die Beschreibung einer "Normalgeburt" würde sich über viele Seiten erstrecken, deshalb nehmen wir einmal an, daß das Fohlen, das wir uns näher ansehen wollen, ohne Komplikationen zur Welt gekommen ist und keine ernsthaften Probleme hat.

Während der Tragezeit sind die Lungenflügel des Fötus zusammengefallen und mit Flüssigkeit gefüllt. Das zirkulierende Blut ist für jeden lebenswichtigen Gas- und Nahrungsaustausch durch die Nabelschnur (eine Verlängerung der Lebensader Plazenta) verantwortlich.

Indem das Fohlen abrupt aus dem schützenden Uterus in die Außenwelt tritt, muß sein Lungengewebe die große Anpassungsleistung erbringen, die - im Fötalleben angesammelte - Flüssigkeit gegen Sauerstoff und atmosphärische Luft auszutauschen. Wenn das Fohlen anfängt zu atmen, wird plötzlich ein Nervenzentrum stimuliert, das sich im Gehirnstamm befindet, mit dem Ergebnis, daß tausende winziger elastischer Lungengewebs-Teilchen, pulmonare Alveolen genannt, sich dehnen und aktiv werden, indem sie sich mit eindringender Luft füllen.

Das normale Fohlen atmet bereits, wenn seine Hinterbeine die Stute verlassen haben. Wenn die Sprunggelenke bei der Geburt erscheinen, sollte das Fohlen schon versuchen, stoßweise zu atmen. Das Fohlen versucht, sein ihm eigenes Atemmuster zu finden. Beunruhigen sie sich nicht, wegen dieses Ringens, es ist für einen erfahrenen Beobachter ein Zeichen dafür, daß das Fohlen quicklebendig ist!

Sind Kopf, Hals und Vorderbeine da, hängt der Kopf seitlich von den Vorderbeinen herab, die Nase zeigt nach unten. Diese Lage erleichtert das Abfließen von Nasenschleim, verringert das Risiko, daß Flüßigkeit in der Lunge zurückbleibt und verbessert die Sauerstoffaufnahme., indem sie die Ausdehnung des Lungengewebes ermöglicht. Die Nüstern sollten frei von Einstreuspuren bzw. Nachgeburthautresten sein. Der vorsichtige Einsatz eines kleinen Gummi-Ballons zum Absaugen der Nasengänge kann zweckmäßig sein.

Wenn das Neugeborene in die Einstreu gleitet, sollte der restliche Fruchtsack, der das Fohlen noch umhüllt, enfernt werden. Der gesamte Körper des Fohlens und seine Beine sind nun trockenzureiben. Kräftiges Rubbeln mit einem Handtuch stimuliert sowohl die Atmung, als auch die Zirkulation und erzeugt Wärme, während gleichzeitig die Feuchtigkeit von dem vollen, schweren Fell des Fohlens genommen wird. Dies mindert den Stress, dem das Fohlen zu Anfang ausgesetzt ist, beträchtlich und trägt dazu bei, seinen Eintritt in die Welt etwas weniger drastisch zu gestalten.

Wenn ein Fohlen schon vollständig geboren ist, aber nicht atmet, muß schnell gehandelt werden. Richten Sie sich vorsorglich auf eine solche Wende des Geschehens ein.

Man sollte sofort die Nasengänge von Flüssigkeit und angesammelten Absonderungen befreien. Wenn die Nasengänge frei sind und das Fohlen durch kräftiges Abrubbeln stimuliert wird, beginnt es in den meisten Fällen von allein zu atmen. Es kommt nicht selten vor, daß ein schwaches, entkräftetes Fohlen, das trotz beendeter Geburt nicht sichtbar atmet, plötzlich auf kräftiges Rubbeln reagiert, nach Luft schnappt und stoßweise zu atmen beginnt.

Daneben zu stehen und zuzusehen, wie das neugeborene Fohlen seine ersten Moleküle Atemluft einzieht, ist schon ein beklemmender Moment. Diese große körperliche Anstrengung bei tief pumpender Brust und stoßweisen Bewegungen des Brustkorbs begleitet den letzten Blutstrom durch die Nabelschnur.

Jahrelange Erfahrung hat mich überzeugt, daß jede Art von Wiederbelebungsbemühungen durch die Massagewirkung energischen Abrubbelns wirkungsvoll unterstützt wird.

Nabelschnur

Einige Minuten nach der Geburt des Fohlens sorgt die üblicherweise lange Nabelschnur des Pferdes (70 - 90 cm) für das Fortbestehen der Verbindung mit der mütterlichen Gebärmutterschleimhaut über die noch festsitzende Plazenta.

Dem Fohlen stehen weiterhin 600 bis 800 cc sauerstoffangereicherten Bluts über die Nabelschnur zur Verfügung, obwohl es unabhängig davon atmet. Reißt die Nabelschnur vorzeitig, oder funktioniert sie aus irgendeinem Grund nicht, so verbleibt diese zusätzliche Bluttransfusion nutzlos in der Plazenta.

Der Betreuer des Fohlens sollte das Neugeborene mit einer Hand gegen die liegende Stute stützen und die Nabelschnur mit der anderen Hand halten, um das starke Pulsieren zu kontrollieren, das gewöhnlich noch ein oder zwei Minuten nach der Geburt fortbesteht. Starke Pulsschläge dehnen die elastische Nabelschnur mit jedem Schub von Plazentablut, das in das neugeborene Fohlen strömt. Diese Pulsschläge können aussehen wie dicke Hühnereier, die durch die Nabelschnur in das Zirkulationssystem des Fohlens gleiten. Durchtrennt man die Nabelschnur, bevor dieses Pulsieren abebbt, beraubt man das neugeborene Fohlen der notwendigen Stärkung durch dieses Plazentablut.

Sobald die Pulsströme aussetzen, sollte man das Fohlen von der Mutter wegfallen lassen, wobei die Nabelschnur dort durchreißen kann, wo die Natur es vorgesehen hat, und die Loslösung von der Plazenta stattfindet, die noch in der Uteruswand befestigt ist.

Eines Tages bekam ich einen Notruf von einem mir unbekannten Stall. Ein Fohlen lag in der Box, das nicht aufstehen konnte.

Ein Pferdepfleger hielt die große Stute in einer Ecke der geräumigen Box und ermöglichte uns so, das etwa 24-Stunden alte Fohlen zu untersuchen, das einen elenden Eindruck machte. Beschleunigte Atmung und 40 Grad Fieber ließen auf eine Form von Sepsis schließen, d.h. eine Allgemeininfektion mit Krankheitserscheinungen, die infolge der Aussaat von Mikrooranismen (Bakterien, Pilzen) in die Blutbahn auftreten. In diesem Moment sprang das Fohlen auf und ich sah den Nabelstumpf vergrößert, geschwollen, feucht und sehr schmerzempfindlich. Zu meiner großen Verwunderung und zu meinem Befremden fühlten meine Finger ein Stück Nähgarn, das fein säuberlich um die Basis der Nabelschnur gebunden war und ganz offensichtlich Abfluß und Blutzirkulation beeinträchtigte. Nachdem ich das Garn umgehend entfernt hatte und der Nabelstumpf örtlich gesäubert und Antibiotika gespritzt worden waren, fühlte sich das Fohlen sichtlich besser, denn es zeigte Interesse, an seiner Mutter zu saugen. In einer Stunde sank das Fieber um gut 1 Grad und nach ein paar Tagen, in denen Folge-Injektionen verabreicht wurden, war alles wieder in Ordnung.

Es läßt sich nicht mit Sicherheit sagen, ob die primäre Ursache eine Infektion war, die sich in der Nabelschnur verkapselt befunden hatte und sich zur Bauchhöhle hin fortsetzte oder aber eine disfunktionelle Harnröhre, die noch nicht in der Lage war, den Urin auf die übliche Weise auszuscheiden. Eine der vielen Funktionen der Nabelschnur während des Fötallebens, ist nämlich die Ausscheidung des Urins. Geht bei der Geburt alles glatt, übernimmt die Harnröhre diese Aufgabe und die Nabelschnur stellt gleichzeitig diese Funktion ein.

Sorgen Sie dafür, daß die Nabelschnur nur durch Stute und Fohlen selbst abreißt und daß sie niemals von irgend jemand, aus welchem Grund auch immer, abgebunden wird.

Wenn möglich, sollte der Nabelstumpf sofort behandelt werden, wenn die Nabenschnur reißt, bevor er mit Verschmutzungen in Berührung kommt. Seit Jahren hat sich Jodtinktur, möglichst in einer Konzentration von 10 %, immer wieder als Ätzmittel für den Nabelstumpf bewährt. Für viele Praktiker ist es nach wie vor das Mittel der Wahl.

Ein kleines Gefäß mit breiter Öffnung sollte sterilisiert und mit der Jodtinktur gefüllt werden. Ein Kinderbrei-Töpfchen ist ideal. Es sollte schon vor der bevorstehenden Geburt bereitgestellt werden und zwar so, daß es unmittelbar nach dem Abreißen der Nabelschnur zur Anwendung bereit steht. Für jedes Fohlen sollte ein eigenes Gefäß frisch vorbereitet werden. Der Nabelstumpf sollte in das Töpfchen getaucht werden und die breite Öffnung des Gefäßes mehrere Sekunden lang gegen den Bauch des Fohlens gehalten werden. So ist gewährleistet, daß der Stumpf gründlich getränkt und auch wirklich geätzt wird.

Das Gewebe des Nabels ist von elastischer Beschaffenheit und zieht sich gut zusammen, wenn es gedehnt und auf natürliche Weise voneinander getrennt wurde. Richtiges und umgehendes Ätzen unterstützt diese Eigenschaft noch. Während die Eigenschaft, sich schnell zusammenzuziehen zweifellos Vorteile hat, können sich als Nebeneffekt Verschmutzungen verfangen und krankheitsauslösende Bakterien in einem Milieu einnisten, das ein schnelles Wachstum begünstigt. Aus diesem Grund sollte der Nabelstumpf täglich kontrolliert werden; tritt am offenen Ende des Stumpfs Feuchtigkeit aus, ist das Fell feucht oder wird eine Schwellung oder Ausscheidung am umgebenden Gewebe sichtbar, sollte der Ätzvorgang mit einem frisch zubereiteten Jodtöpfchen wiederholt werden.

Das neugeborene Fohlen

Im allgemeinen trocknet der Nabelstumpf innerhalb von 24 Stunden, schrumpft und verschwindet im Verlauf der nächsten Wochen. Bei einigen Fohlen muß die Behandlung des Stumpfes mehrmals wiederholt werden, bevor er trocken wird, bei anderen reicht die Erstbehandlung nach der Geburt aus. Ein Nabelstumpf, der größer ist als der kleine Finger eines Mannes, längere Zeit feucht bleibt, Schwellungen oder eine Empfindlichkeit des umgebenden Gewebes aufweist, muß umgehend dem Tierarzt gezeigt werden.

Die Fähigkeit aufzustehen

Das neugeborene Pferdekind muß mit disproportional langen Beinen und einem sehr langen schlanken Hals zurechtkommen, der zu seinem relativ kompakten Rumpf nicht zu passen scheint. Mit dieser Zusammenstellung scheinbar nicht miteinander zu vereinbarender Einzelteile, nimmt das Fohlen den Kampf auf, sich aufzurichten und aufzustehen.

Als erstes streckt ein neugeborenes Fohlen seine Beine aus und probiert seine Muskeln; dies stärkt seine physiologischen und psychologischen Kräfte und läßt es Bewußtsein, Muskeltonus und - offensichtlich das Schwierigste - das erfolgreiche Zusammenspiel all dieser Kräfte, entwickeln. Das Fohlen muß so manchen Versuch unternehmen, um hochzukommen - bisweilen mit traumatischem Ausgang - bis es dann schließlich die Balance halten kann.

Die Zeit, die ein Fohlen braucht, um auf die Beine zu kommen und sich in etwa auszubalancieren, ist recht unterschiedlich und das nicht nur von Rasse zu Rasse, sondern von Fohlen zu Fohlen innerhalb einer vorgegebenen Rasse. Gebäude, verfügbare Stärke und Lebenskraft, Gesundheit und solche Charakterzüge wie Mut, Willenskraft und Entschlossenheit, tragen alle dazu bei.

Kopf und Hals unter Kontrolle zu bekommen, ist der erste Schritt. Viele Fohlen beherrschen dies schon, wenn sie auf die Welt kommen und alle, ausgenommen die sehr schwachen oder kränklichen Fohlen, benutzen Kopf und Hals als Balancierstange, um sich innerhalb von Sekunden auf das Sternum (Brustbein) zu drehen. Diese Lage fördert die Durchlüftung und Ausdehnung der Lunge und scheint für alle vitalen physiologischen Funktionen nützlich zu sein.

Aus dieser Lage heraus benötigt ein Fohlen ca. 10 Minuten bis zu einer vollen Stunde, bis es schließlich auf allen Vieren steht und seine ersten staksigen, holprigen Schritte unternimmt. In dieser Zeit strampelt sich das normale Fohlen hoch, fällt wieder hin, ruht einen Moment aus und beginnt von neuem. Hat es das Fohlen erst einmal geschafft, einen Moment zu stehen, so scheint es mit jedem Versuch leichter zu gehen. Mit jedem noch so kleinen Erfolg macht das Fohlen Riesenfortschritte in seiner Motorik, seinem Selbstvertrauen und seinem allgemeinen Verhalten.

Nachdem sie sich mühevoll einen sicheren Stand in der neuen aufrechten Stellung erkämpft haben, ist es für manche Fohlen fast ebenso problematisch, sich wieder hinzulegen. Einige dieser "Spätsünder" können einem in der Seele leid tun, wenn sie der Erschöpfung nahe, erfolglos versuchen, sich hinzulegen und dabei eine Ruhepause wirklich sehr nötig hätten. Verlieren diese Fohlen die Balance und fallen um, hat man den Eindruck, daß sie den Sturz mit Erleichterung in Kauf nehmen und dankbar tief Luft holen.

Gerade bei diesen frühen, tolpatschigen Versuchen verletzen sich einige Fohlen, selbst wenn der Stall speziell für ihre Sicherheit vorbereitet wurde. Die Stellen, die am häufigsten betroffen sind, sind die Ellenbogen, Sprunggelenke, Augen und das weiche Gewebe um Maul und Nase. Doch meist sind diese Verletzungen oberflächlich und sehen immer schlimmer aus, als sie sind.

Der schöne, lange, schlanke Hals des Fohlens hilft ihm, auf die Beine zu kommen und dann das Gleichgewicht zu halten, wenn es steht. Aber die hierbei so nützliche Länge und Biegsamkeit birgt auch die Gefahr, daß der Hals ernsthaft verletzt wird. Solche Unfälle können minimiert werden: durch den Schutz einer gut eingestreuten Box, in der das Stroh entlang den Wänden angehäuft wurde und durch die achtsamen, helfenden Hände des Betreuers des Fohlens.

Steht das Fohlen erstmal ziemlich sicher und fest auf den Beinen, sollte es in der Lage sein, die von der Mutter dargebotenen Zitzen relativ leicht zu finden und seine erste Mahlzeit zu sich zu nehmen. Schafft das Fohlen dies nicht in einigermaßen annehmbarer Zeit, so muß man davon ausgehen, daß körperliche Defekte vorliegen.

Das Fohlen muß im Anschluß an seine stürmische, explosive und schnelle Geburt viele Anpassungsleistungen erbringen. Das Einsetzen der Atmung durch Reflex, das Freiwerden des Atemtrakts, die Einstellung und Regulierung der Körpertemperatur und die Entwicklung des Skelettmuskulaturtonus müssen miteinander in Einklang gebracht werden, damit das Fohlen kämpfen, fallen, aufstehen und schließlich laufen kann.

Es ist schon eine gewaltige Leistung, wenn ein neugeborenes Fohlen nicht nur sein Körpergewicht aufrecht stehend hält, sondern darüberhinaus lernt, seinen langen schlanken Hals zu biegen und zu drehen, um an das Euter der Mutter zu gelangen. Es ist schon schwierig genug, vier sperrige Beine unter Kontrolle zu halten, ohne dann auch noch Kopf und Hals in die gewohnte Stellung strecken und drehen zu müssen, ohne die man nun mal nicht an das schlecht angebrachte Euter kommt, um zu trinken. (Bei keiner anderen Tierart müssen sich die Jungen so anstrengen, wenn sie trinken wollen. Die schwankende Suche nach den kleinen, unerreichbaren und dem Anschein nach unzulänglichen Zitzen, die von oben herunterhängen, kann extrem ermüdend sein). Ich bin der Meinung, daß man jedem neugeborenen Fohlen bei seinem anfänglichen Kampf um Nahrung mit einer helfenden Hand oder einem stützenden Arm zu Hilfe kommen sollte.

Natürliche Antikörper

Da die Plazenta der Mutter in ihrer Funktion eingeschränkt und unfähig ist, die großen, molekularen Antikörper während der Tragezeit, bzw. der embryonalen Entwicklung zum Fötus zu transportieren, erhält das Fohlen während seiner Zeit im Mutterleib keine Antikörper. Im Unterschied zu allen anderen Tierarten kommt das Pferdekind ohne jeglichen Schutz durch präformierte Antikörper auf die Welt.

Dennoch stehen mütterliche Antikörper durch das Kolostrum - auch Biestmilch genannt - reichlich zur Verfügung. Diese einzige Schutzquelle ist nur über das Euter zu erreichen und auch das nur für begrenzte Zeit. Die mit den wertvollen Antikörpern angereicherte Kolostralmilch ist nur etwa 48 bis 72 Stunden vorhanden und wird dann durch die reguläre Stutenmilch ersetzt. Ab dann liefert das Euter nur noch die übliche Nahrung.

Zusätzlich belastend für das neugeborene Fohlen ist die Kürze der Zeitspanne, in der die essentiellen Antikörper am Zwölffingerdarm (duodenum), der sie aus dem Kolostrum aufnimmt, resorbiert werden und durch die Darmschleimhaut in den Kreislauf des Fohlens gelangen können. Die Zeit dieser selektiven Absorption beschränkt sich, soweit man weiß, auf die ersten 48 Stunden im Leben des Fohlens. Es liegt auf der Hand, von welcher Bedeutung und Notwendigkeit das frühe Kolostrum ist.

Die Natur hat das Kolostrum für den Neuankömmling mit allen notwendigen Bestandteilen versehen. So enthält es schützende Antikörper, reichlich Glukose und verfügt über eine essentielle laxierende (abführende) Eigenschaft. Es ist verhängnisvoll, daß solch ein Stoppuhr-Zeitplan des Überlebens abläuft. Schwächere Fohlen haben es manchmal schwer, einem solchen strikten Zeitplan zu entsprechen, besonders dann, wenn sie sich selbst überlassen sind, oder von jemandem versorgt werden, der nichts davon ahnt, daß es in dieser kurzen verfügbaren Zeit um Leben und Tod geht.

Routineeinlauf *)

Hat das Fohlen die Zitzen gefunden und seine erste Mahlzeit zu sich genommen, sollte man ihm ein warmes Seifenklistier machen, damit das Mekonium (fäkale Stoffe, die sich während der embryonalen Lebenszeit bilden) ausgeschieden und die Peristaltik (Darmtätigkeit) angeregt wird. Wenn im Normalfall ein Klistier auch nicht zwingend notwendig ist, fühlt sich das Fohlen doch wohler und entspannter, wenn der Enddarmbereich frei ist. Mit einer warmen Mahlzeit im Magen, wird sich das Fohlen danach behaglich ins Stroh fallen lassen und ruhig und zufrieden einschlafen. Ein Klistier stellt eine gute Routinemaßnahme für jedes Fohlen dar, ob nun eine Darmentleerung beobachtet wurde, oder nicht. Lassen Sie sich nicht durch sichtbare Darmentleerungen verleiten zu glauben, daß dies reicht; auch eine Stuhlentleerung nach einem Klistier schließt noch keine anschließende Verstopfung aus. Es kann sich erst später herausstellen, daß Mekonium im Darm festsitzt, gewöhnlich 24 - 36 Stunden nach der Geburt und oft, obwohl das Fohlen ein- oder mehrmals gekotet hat.

In den ersten Lebenstagen werden viele Fohlen ruhelos und machen den Eindruck, nicht auf dem Posten zu sein. Wenn Sie beobachten, daß ein Fohlen den Schwanz hebt, ihn hin- und herschlägt, sich ruhelos und kolikartig abmüht sei-

*) Sollte nur nach Rücksprache mit dem Tierarzt und durch den Tierarzt durchgeführt werden.

nen Darm zu entleeren, ist ein zusätzliches Klistier angebracht, um die Ausscheidung aufgestauter, fester Fäkalien-Bälle aus dem Rektum zu erleichtern. Hat es dies überstanden, schläft das Fohlen entspannt ein.

Klistiere müssen sachgemäß verabreicht werden, wobei die dazu bestimmten Gerätschaften zu verwenden sind. Ganz gleich welche Lösungen oder Geräte benutzt werden, für den Einlauf durch den Anus in das Rektum ist aus Sicherheitsgründen ein weicher Gummischlauch erforderlich. Vor dem Einführen des Schlauches läßt man die Flüssigkeit einmal durch den Schlauch laufen, damit er sich statt mit Luft mit Klistierlösung füllt. Durch das einfache Verschließen des Schlauchendes mit dem Finger, hält man ihn für den Einlauf bereit und verhindert, daß unerwünschte Luft in das Rektum eindringt und dort dem Neugeborenen Unbehagen verursacht.

Der weiche Gummischlauch sollte nicht tiefer als 10 bis 12 cm eingeführt werden, und es muß sorgfältig darauf geachtet werden, daß die rektale Schleimhaut nicht verletzt wird. Beim Verabreichen des Klistiers muß zurückfließende Flüssigkeit unbedingt abfließen können, damit kein Druck entsteht., der die Darmwände schädigt. Es gibt eine ganze Reihe ungefährlicher, über lange Zeit erprobter Wirkstoffe zu kaufen, die alle unterschiedlich wirken. Welches Mittel Sie auch auswählen, das äußerste Volumen sollte nicht viel mehr als 1/2 Liter sein. Die Lösung, die sich am leichtesten zubereiten und auch verabreichen läßt, ist wohl die, die aus Ivory-Seife *) und warmem Wasser hergestellt wird, aber jede reine weiße Seife erfüllt diesen Zweck. Nehmen Sie nur soviel Seife, daß eine leichte Schaumbildung entsteht. Von großer Bedeutung ist hier die richtige Temperatur. Die Lösung sollte lauwarm sein, wenn sie dem Fohlen verabreicht wird. Überprüfen Sie die Temperatur, so wie Sie die Temperatur eines Kinderfläschchens überprüfen würden; am inneren Handgelenk sollten sich ein paar Tropfen der Lösung soeben warm anfühlen. Durch ihre Wärme, ihr Volumen und die milde Wirkung der Seife hat diese Lösung eine leicht stimulierende Wirkung auf das Rektum und den Enddarm.

Eine weitere gern verwendete Mischung besteht zu gleichen Teilen aus Paraffinöl und warmem Wasser. In der gleichen Weise verabreicht, wie das Seifenwasser-Klistier, hat sie eine erweichende Wirkung, obwohl sie durch das Zusammenwirken von Wärme und Volumen ebenfalls stimulierend auf den Darm wirkt. Nimmt man gleiche Teile von Glyzerin und warmem Wasser, so erzielt man die gleiche wünschenswerte Wirkung, wie bei Paraffinöl mit Wasser. Bei der Herstellung einer solchen öligen Mischung ist es wichtig, die zwei Bestandteile so lange miteinander zu vermischen, bis die Lösung ein milchiges Aussehen bekommt.

Wenn möglich, sollte man dem Fohlen das Klistier im Stehen verabreichen. Da die Eingeweide sich dabei an der üblichen Stelle in der Bauchhöhle befinden und frei von Druck von außen sind, läßt sich der Einlauf leicht geben und man trifft nicht auf unnötigen Widerstand, der das Verabreichen der nötigen Menge erschwert. Bekommt das Fohlen das Klistier im Liegen, müssen besondere Vor-

---

*) besonders milde, hautfreundliche amerikanische Seife (Ivory Soap)

Das neugeborene Fohlen 23

sichtsmaßnahmen getroffen werden. Abdominaler Druck (auf die Bauchregionen) verursacht durch das Gewicht des Fohlens am Boden, kann die Eingeweide zusammendrängen und die Lage der Organe verändern, so daß sie möglicherweise auf Dickdarm oder Rektum drücken.

So wie andere Pflegemaßnahmen beim Fohlen, ist das Verabreichen eines Klistiers eine Aufgabe für zwei Personen. Einer der beiden sollte das Fohlen mit einem Arm um die Brust fassen, mit dem anderen um die Hinterhand. So kann man ein Fohlen sicher und fest halten und Verletzungen bei Fohlen und Betreuer vermeiden. Um die Sicherheit noch zu verbessern und das lebhafte Baby fest im Griff zu haben, sollte derjenige, der das Klistier macht, den Schweifansatz des Fohlens fest fassen, damit die rektale Schleimhaut durch die schnellen Bewegungen, die alle Fohlen nun mal machen, nicht angegriffen oder verletzt wird.

Beim Einführen der Spitze des Gummischlauchs stößt man häufig auf festsitzende Fäkalien. Bringt man eine kleine Menge der Klistierlösung ein, wird diese Masse aufgelockert und bricht auseinander, so daß man anschließend den Schlauch so weit einführen kann, wie vorgesehen ist.

Ein Klistiergefäß oder eine Kanne, die 1/2 L. faßt und mit einem langen biegsamen Schlauch von ca. 1 cm Durchmesser versehen ist und als Fallgefäß verwendet wird, ist sicher in Gebrauch und Wirkung. Die Klistierlösung sollte sanft, ohne Gewalt oder Druck fließen können. Das Geheimnis eines produktiven Klistiers, das keinen Schock beim Fohlen hinterläßt, liegt darin, dafür zu sorgen, daß der Fluß gleitend und ohne jeden Gewebswiderstand erfolgt.

Die Rektalschleimhaut des Fohlens ist zart und empfindlich. Es sind schon Fohlen an den direkten Folgen von Einläufen zugrunde gegangen, die von ungeduldigen Personen ohne Einfühlungsvermögen gemacht wurden. Hartgummi, Bakelit oder Metallzubehör haben im Fohlenstall nichts zu suchen, ebensowenig wie ungeduldige, grobe und gedankenlose Betreuer.

Als ich noch ein Kind war (ich war damals 11 oder 12 Jahre alt) ging die aufregende Nachricht, daß die Stute eines Nachbarn gefohlt hatte, durch unsere kleine Gemeinde. Wir erfuhren davon, als wir gerade mit dem Frühstück fertig waren. Obwohl meine Eltern bei vielen meiner Einfälle, die mit Pferde zu tun hatten, die Augen zudrückten, hatten sie taube Ohren, als ich sie anbettelte, diesen Tag aus der Schule fernbleiben zu dürfen, um das Ereignis der langen Wartezeit sehen zu können. Mir war, als hätte ich schon vor einer Ewigkeit erfahren, daß Jenny ein Fohlen bekommen sollte und der Gedanke, jetzt für Stunden in einem Klassenzimmer sitzen zu müssen ohne auch nur kurz einen Blick auf das neue Fohlen zu werfen, war schlichtweg eine Qual. Irgendwie überstand ich dann den langen Schultag und war in Rekordzeit von der Schule zurück.

In Windeseile sattelte ich mein Pony und galoppierte über das große Feld zu der nahegelegenen Farm. Als ich die Kuppe der kleinen Anhöhe erreichte, sah ich, daß der Wagen des Tierarztes an dem Stall stand, in dem Jenny und ihr Fohlen untergebracht waren. Es war zu damaligen Zeit nicht üblich, daß Tierärzte Routinebesuche machten, also war für micht klar, daß etwas Schlimmes passiert sein mußte. Ich spornte mein Pony zu einem flachen Renngalopp an und flog den Rest der Strecke über das Feld. Schnell war das Pony festgebunden und ich schlüpfte durch eine Seitentür leise in den Stall.

In der alten Vorratsscheune war kein elektrisches Licht und selbst an diesem sonnigen Nachmittag war das Licht nur gedämpft. Als meine Augen sich vom grellen Sonnenlicht draußen an die dämmerige Scheune gewöhnt hatten, sah ich, daß der Stallbursche die Stute in einer Ecke des Stalls festhielt. Lautlos näherte ich mich und sah die reglosen, flachen Umrisse eines Fohlens im Stroh. Dr. Smith zog ein Rektal-Thermometer aus dem Fohlen und durch das Licht, das durch das Stallfenster drang, konnte ich erkennen, daß das Thermometer mit Blut bedeckt war. Ich hörte ihn leise zu den besorgten Besitzern sagen, daß er nichts mehr für Jennys neues Fohlen tun könne.

Diese düstere Feststellung deprimierte die Umstehenden und ich hörte, daß jemand im Hintergrund weinte. Einer nach dem anderen ging unglücklich aus der Scheune. Ich presste mich flach an die Wand neben der Box, um mich so unscheinbar wie möglich zu machen und mit den Schatten zu verschmelzen. Hin- und hergerissen zwischen Furcht und Faszination wollte ich dennoch bleiben. Der Tierarzt ließ eine Nadel in die Halsvene des bewegungslosen Fohlens gleiten und injizierte den Inhalt einer Spritze. Das stockende Atmen des Fohlens hörte auf.

Als der Doktor sich daran machte, eine Autopsie vorzunehmen, war ich ganz still und bemühte mich kurz und flach zu atmen, damit man mich nicht entdeckte. Ich war mit wirklich nicht sicher, ob ich dort sein durfte, oder nicht. Als er den Bauch öffnete, sagte mein Magen: "Geh!", mein Kopf jedoch: "Bleib!". Ich war wegen des Tods des Fohlens genauso geschockt und traurig, wie der Besitzer, aber ich war auch voller Neugierde und wollte zusammen mit dem Tierarzt herausfinden, was den Tod des Fohlens herbeigeführt hatte.

Es begann eine akribisch genaue Suche nach Anhaltspunkten, und mir wurde klar, daß dieser Mann versuchte, aus der traurigen Situation Erkenntnisse zu gewinnen, die ihm helfen würden, in der Zukunft andere Fohlen zu retten. Obwohl dieses Fohlen tot war, war es noch von Nutzen. Der Tierarzt arbeitete so achtsam und voller Respekt dem toten Tier gegenüber, daß ich selbst als Kind schon begriff, um was es ihm ging.

Plötzlich gab er einen Laut des Erschreckens von sich und dann wandte er sich in seiner Erregung mir, die ich im Schatten stand, zu. Er wies auf einen gezackten Riß im Rektum des Fohlens. Ich werde nie vergessen, mit welch empörtem Zorn er den groben und ungeschickten Menschen zur Rechenschaft zog, der beim Verabreichen eines Klistiers die Rektalwand durchbohrt und damit den Tod des Fohlens verursacht hatte. Diese Lektion hat mich Zeit meines Leben begleitet, buchstäblich von Fohlen zu Fohlen.

Ich denke in diesem Zusammenhang sollte noch einmal darauf hingewiesen werden, wie wichtig eine ordnungsgemäße Ausrüstung für Einläufe ist und daß man sie mit Fingerspitzengefühl verabreichen muß. Ein erfolgreiches Klistier, das zu einer deutlichen Ausscheidung von Fäkalstoffen führt, beruhigt das kleine Fohlen und seinen Besitzer. Bleibt ein Einlauf ohne Resultat, so ist dies nicht unbedingt sofort Anlaß zur Sorge. Es kann durchaus vorkommen, daß der Erfolg sich nicht gleich einstellt und es länger dauert, bis die Lösung zu einer Darmpassage führt. Das Fohlen muß jedoch unbedingt beobachtet werden, damit man sich sicher sein kann, daß diese lebenswichtige Funktion stattfindet - und das möglichst innerhalb von ein paar Stunden.

Üblicherweise sollte der Kot des Neugeborenen so beschaffen sein, daß er wie eine Miniaturausgabe des Kots erwachsener Pferde aussieht. Der Stuhl sollte die Form von festgeformten, sattbraunen, deutlichen Kugeln haben. Die Größe der Kugeln kann variieren, von einer großen grünen Erbse bis zu einer großen Traubenbeere. Jede Abweichung des ersten Stuhlgangs in Farbe oder Konsistenz kann ein bevorstehendes Problem ankündigen und sollte als Warnsignal ernstgenommen werden. Die dann folgenden Kotabgänge können leicht unterschiedlich ausfallen, ohne daß dies bedenklich sein muß.

Etwa 12 bis 18 Stunden nach der Geburt zeigt sich die Wirkung des Kolostrums im Aussehen des Kots und ändert seine Farbe und Beschaffenheit. Die Stühle sind jetzt weniger fest und reichen von einer dunklen Senffarbe bis zu hellem Gelb. Tritt diese Veränderung in der dazugehörigen Zeitspanne ein, ist dies ein Zeichen, daß der Darm durchgängig ist und funktioniert.

Stellt man zu irgendeinem Zeitpunkt einen deutlich unangenehmen Kotgeruch fest, signalisiert dies das mögliche Vorhandensein eines pathologischen (krankhaften) Befundes - und bei entweder trockenen oder harten hellfarbenen Stühlen braut sich höchstwahrscheinlich ein Problem zusammen.

Tierärztliche Untersuchung

Pferdeleute erkennen eigentlich schon in der ersten Stunde nach der Geburt des Fohlens, ob alles in Ordnung ist, oder tatsächlich so schnell wie möglich ein Tierarzt kommen muß. Eine gute Regel, die man sich merken sollte: Ein gesundes Fohlen nimmt mit jeder Stunde an Stärke und Lebenskraft zu.

Sollten Sie irgendwelche Zweifel haben, ob die körperliche Verfassung Ihres Fohlens in Ordnung ist, oder sich nicht sicher sein, ob Sie den Status des Neugeborenen richtig einschätzen können, bitten Sie Ihren Tierarzt umgehend einen Besuch bei Ihnen zu machen. Wenn Sie jedoch keine Zweifel haben und nicht beunruhigt sind, reicht es, wenn der Tierarzt früh am nächsten Morgen Ihr neugeborenes Fohlen untersucht. Eine fachkundige Untersuchung Ihres Fohlens zu einem frühen Zeitpunkt in seinem Leben kann sich als entscheidend herausstellen; zumindest haben Sie die Beruhigung zu wissen, daß Sie für das jüngste Familienmitglied alles getan haben, was Ihnen möglich war.

Begutachtung der Plazenta

Wenn das Fohlen auf den Beinen war, getrunken, gekotet und uriniert hat, gesund und kräftig erscheint und entspannt schläft, wird Ihr Tierarzt sich als nächsten Tagesordnungspunkt die Untersuchung der Nachgeburt vornehmen.

Das, was der erfahrene Tierarzt von der Plazenta ablesen kann, setzt die Maßstäbe für die medizinische Betreuung des Fohlens in der kritischen Zeit zu Anfang seines Lebens. Zusammen mit der Beschreibung des Geburtsvorgangs stellt dies die wichtigste Informationsquelle für die Beurteilung von Stute und Fohlen dar. Farbe, Form und Gewicht der Plazenta-Membranen wird festgestellt, wobei von großer Wichtigkeit ist, ob das Gewebe vollständig herausgekommen ist. Dies sollte der Stutenbesitzer unbedingt beachten.

Inzwischen wird das Fohlen sein kurzes Schläfchen beendet haben und auf der Suche nach einer weiteren Mahlzeit wieder auf den Beinen stehen. Jetzt hat der erfahrene Beobachter die Gelegenheit, sich ein Bild von Stärke und Vitalität des neuen Zuwachses zu machen. Muskeltonus, Koordination und Skelettstruktur können beurteilt und sowohl das Verhalten wie die Reaktion auf Reize beobachtet werden. Hier sind möglicherweise Hinweise auf versteckte Infektionen zu erkennen oder das Vorhandensein von Krankheit oder Anormalität.

Klinische Untersuchung

Die körperliche Untersuchung sollte kurz aber umfassend sein. Augen, Nüstern und Maul sind zu überprüfen, sowie die Farbe der Augen-, Nasen- und Mundschleimhäute. Feinfühlige Hände, die über Hals, Schultern und Rippen gleiten, können häufig Verletzungen oberflächlicher Art ausmachen, oder tiefliegende Quetschungen, die während der Geburt oder kurz danach entstanden sind.

Der Nabelstumpf muß kontrolliert werden, um sicherzugehen, daß er vorschriftsmäßig geätzt wurde, fest im Gewebe und nicht vergrößert ist. Die Harnröhrenöffnung muß offen sein und die Anus-Öffnung muß vollständig und funktional aussehen. Die Feststellung, daß wirklich uriniert und gekotet werden kann, ist ein "Muß".

Ihr Tierarzt soll das Herz des Fohlens abhören und sich vergewissern, daß die Lunge in Ordnung ist. Mit Hilfe des Stethoskops kann der Tierarzt feststellen, ob der Lungenbereich frei ist und ausschließen, daß eine Erkrankung der Lunge vorliegt, oder während der Geburt versehentlich Fruchtwasser eingeatmet wurde. Herzschlag und Atemfrequenz sind zu überprüfen und aufzuzeichnen. Die normale Herztätigkeit des neugeborenen Fohlens liegt zwischen 70 und 80 Schläger pro Minute im Ruhezustand. Unter Belastung kann sich die Herztätigkeit bis auf 150 Schlag pro Minute beschleunigen. Die Atemfrequenz ist sehr unterschiedlich, je nach Ruhe, Aktivität oder schlechtem Befinden; es ist unmöglich, eine Norm aufzustellen. Ich habe festgestellt, daß Atemmuster und -rhythmus, sowie die verschiedenen Rippen- und Thoraxvariationen während der Atmung des Fohlens mehr Aussagekraft haben, als die Frequenz selbst. Jede Abweichung vom normalen, gleichmäßigen Atemfluß sollte aufmerksam beobachtet werden.

Körpertemperatur

Bei der ersten physischen Untersuchung des Fohlens sollte auch die Körpertemperatur gemessen werden. Die Normaltemperatur für das junge Pferdekind beträgt 38,5 Grad, plus-minus 1/2 Grad. Abweichungen von 1 Grad nach unten oder oben sind ernstzunehmen.

Injektionen

Für ein Fohlen durchschnittlicher Größe können 5 cc eines Penicillin-Streptomycin Präparates mit 1.500 i. U. Tetanus-Antitoxin zu einer einzigen intramuskulären Injektion kombiniert werden. Hat sich das Fohlen gerade wieder zum Schlafen hingelegt, werden die notwendigen Injektionen, wenn sie geräuschlos gemacht werden, gar nicht zur Notiz genommen und höchstens mit einem Schlag des Schwanzes oder einem Drehen des Ohrs quittiert und das Fohlen wird ruhig weiterschlafen. Die "Pen-Strep" Injektion sollte täglich an drei aufeinanderfolgenden Tagen wiederholt werden, um den Schutz gegen Infektionen und Erkrankungen zu gewährleisten, solange der Nabel sich schließt und das Fohlen sich an die Außenwelt anpassen muß. Alle Injektionen sollten in die Hinterhands- oder Rumpfmuskulatur gegeben werden, niemals in die Halsmuskulatur des Fohlens! Die einzige Ausnahme zu dieser Regel ist die Einspritzung in die Drosselvene (Haupthalsschlagader) bei intravenösen Injektionen. In einigen europäischen Ländern wurde von der Injektion von Medikamenten in die Halsmuskulatur des Pferdes streng abgeraten.

Routine-Laboruntersuchungen

Ich empfehle wärmstens, kurz nach der Geburt für jedes Neugeborene 3 Tests machen zu lassen: ein Blutbild, eine Untersuchung der Blutgruppenzugehörigkeit und eine Serum-Untersuchung auf Antikörper. Jeder Test gibt Aufschluß im Zusammenhang mit häufig auftretenden, tödlich verlaufenden Erkrankungen der Fohlen.

Ich setze mich dafür ein, daß bei jedem Fohlen, das in meiner Obhut ist, ein Blutbild einschließlich einer Hämoglobinbestimmung gemacht wird. Manche Leute glauben, daß ein Blutbild, bei dem die weißen und roten Blutkörperchen ausgezählt werden und der Anteil roter Blutköperchen beim Neugeborenen überprüft wird, überflüssig ist und zusätzlich Kosten verursacht, die dem Übereifer des behandelnden Tierarztes zuzuschreiben sind. Glücklicherweise ist dies meist sogar zutreffend! Obwohl ein vollständiges Blutbild für sich keine Diagnose stellen kann, dient es als Grundlage zur Beurteilung des gesunden Tiers und als deutliche Vorwarnung bei einem symptomlos erkrankten Fohlen. Eine sachgerechte Auswertung des Blutbilds macht den Tierarzt auf eine potentielle Erkrankung des Fohlens aufmerksam, bevor die Krankheitssymptome deutlich erkennbar werden. Wenn sich bei einem Fohlen eine Blutvergiftung bildet, oder eine andere heimtückische Krankheit im Anmarsch ist, kann es einen Vorsprung von mehreren kostbaren Stunden bedeuten, der den Unterschied zwischen Leben und Tod ausmachen kann.

Manchmal hat man schon den Eindruck, daß überflüssige serologische Untersuchungen gemacht werden, doch bin ich der Meinung, daß es eine "überflüssige" Blutuntersuchung nicht gibt.

Wichtig ist auch eine Laboruntersuchung zur Früherkennung der Unverträglichkeit der Blutzellen des Fötus und der Muttermilch (Isoerythrolyse). Zur Abklärung der Diagnose wird eine Probe des Fohlenbluts und der Muttermilch zum Labor geschickt. Zu diesem Thema werde ich in einem späteren Kapitel noch ausführlich Stellung nehmen.

Ein Serum-Test, der eine Immunschwäche des Fohlens aufdeckt, sollte ebenfalls vorgenommen werden. Hierzu entnimmt man dem Fohlen eine Blutprobe und das Serum wird auf seinen Immunkörpergehalt untersucht. Die Antikörper, die im Normalfall im Blut vorhanden sind, schützen das Fohlen vor Krankheit und den Folgen von Stress. Auch dieses Thema wird noch Gegenstand eines späteren Kapitels sein.

Merkmale eines gesunden Fohlens

Wie wichtig die Zeit ist, die man auf die Beobachtung des Fohlens verwendet, sollte einleuchtend sein.

Das Verhaltensmuster eines normalen Fohlens läßt sich anhand von fünf Kriterien überprüfen. Der wichtigste dieser Anhaltspunkte ist das Saugen. Die übrigen vier sind nicht unbedingt in der Reihenfolge ihrer Bedeutung: kurzer, regelmäßiger Schlaf, körperliche Aktivität, häufiges Urinieren und regelmäßiger Stuhlgang.

Saugen

Wenn Sie sich nicht sicher sind, ob Ihr Fohlen wohlauf ist, ist zunächst das Euter der Stute zu kontrollieren. Der Zustand des Euters kann wichtige Rückschlüsse auf die körperliche Verfassung des Fohlens geben. Seine Größe, Textur und die Menge des Milchflusses zeigen an, wie lange es her ist, daß die letzte volle Mahlzeit eingenommen wurde. Die Milchleistung muß schon ungewöhnlich sein, wenn mehr produziert wird, als ein kerniges, vitales Fohlen fordert. Alle gesunden Fohlen sind in der Lage, das Euter jedesmal vollständig leerzusaugen.

Die ersten Anzeichen dafür, daß ein junges Fohlen nicht in Ordnung ist, sind Schwäche und Abgeschlagenheit, was sich sofort im Saugverhalten niederschlägt. Wenn auch nicht weniger häufig gesaugt wird, nimmt die Menge, die bei jedem Saugen getrunken wird, ab, wodurch sich langsam immer mehr Milch im Euter ansammelt. Dieses Zunehmen der Milch im halbgefüllten Euter erkennt man an den Milchtropfen, die an den Zitzen hängen. In sehr kurzer Zeit wird das Euter der Stute dann groß, fest, bisweilen schmerzempfindlich, mit gelegentlich sichtbar austretenden Strömen von Kolostrum oder Milch. Wenn sich der Milchverzehr eines schwachen oder oder entkräfteten Fohlens auch nur leicht vermindert, verschlechtert sich sein körperlicher Zustand in einem Maße, das zu der geringfügigen Verminderung der aufgenommenen Nahrung in keinem Verhältnis steht.

Auch ein Fohlen voller Lebenskraft ist schnell entkräftet und macht einen kranken Eindruck, wenn es ein paar Stunden lang weniger getrunken hat. Fohlen - wie kleine Kinder - können im Augenblick aktiv und munter sein und einen Moment später einen schwerkranken Eindruck machen. Die Grenzzone zwischen wohlauf und krank ist bei den ganz jungen schmal und schnell überschritten.

Es ist wichtig zu wissen, daß das Fohlen wirklich saugt und nicht nur die entsprechenden Geräusche in der Gegend um das Euter herum zu hören sind. Beobachten Sie, ob das Fohlen die Zitze fest im Mäulchen hat und seine Zunge rollt, um richtig saugen zu können. Mit hohler Hand, die man leicht um den kleinen Hals direkt unter die Kehle legt, kann man die Ausdehnung der Speiseröhre und das gurgelnde Schlucken fühlen, wenn die Milch tatsächlich aufgenommen wird.

Hat das Fohlen eine "Milchnase", d. h. die Milch ist ihm über das ganze Gesicht gelaufen, von der Partie unter den Augen bis herunter über das Nasenende - und ist angetrocknet oder noch feucht - so ist dies ein sicheres Zeichen einer systemischen Schwäche. Die meisten schwachen Fohlen werden dem normalen Milchfluß der Stute nicht Herr. Wenn sich ein solches Fohlen zaghaft dem Euter nähert, sprüht ein starker Milchfluß aus beiden Zitzen über das Gesicht des Fohlens. Der Betreuer des Fohlens sollte davon ausgehen, daß bei einer Milchnase eine Erkrankung des Fohlens vorliegt.

Urinieren

Das Thema des Stuhlabgangs ist ziemlich ausführlich behandelt worden, doch das Harnlassen ist nicht weniger bedeutend. Neugeborene Fohlen urinieren häufig und die Menge ist sehr klein. Der Urin des neugeborenen Fohlens sollte wässrig klar sein und gleichmäßig fließen, ohne Zeichen besonderer Anstrengung. Bei Hengstfohlen ist darauf zu achten, ob der Penis während des Harnlassens aus der Vorhaut heraustritt, oder nicht. Bleibt er zurückgezogen, tröpfelt der Urin aus der Vorhaut. Ist dies nicht der Fall, kann der Nabel nicht trocken werden, es entstehen Reizungen, die einen idealen Nährboden für Bakterien bilden. Denken Sie an die Möglichkeit einer systemischen Infektion, wenn der Penis Ihres Fohlens beim Wasserlassen nicht austritt. Und wenn die Situation nach 24 Stunden unverändert ist, rufen Sie den Tierarzt.

Auch wenn in den ersten Stunden nach der Geburt kein Urinieren beobachtet wird, ist der Tierarzt zuzuziehen.

Körperliche Aktivität

Meist beschränkt sich die erste körperliche Aktivität des Fohlens darauf, den Körper der Mutter zu erkunden. Später wird das Fohlen den ganzen Stall auskundschaften. Diese frühen, zaghaften Entdeckungsversuche hängen mit dem begrenzten Sehvermögen des Neugeborenen zusammen. Fohlen stolpern über jedes Hindernis, nicht weil sie ihren Körper noch nicht beherrschen können, sondern wegen einer begrenzten Sehschärfe. Alle Fohlen haben diese deutliche Sehschwäche, die so manches völlig normale Fohlen dumm erscheinen läßt. Bevor die Sehschärfe des Fohlens zunimmt, etwa 48 bis 60 Stunden nach der Geburt, muß es mit seinem verschwommenen Sehvermögen, seinem Geruchssinn, seinem Gehör und den äußerst wichtigen Tasthaaren zurechtkommen, die rund um den unteren Gesichtsbereich und das Maul verteilt sind. Zum Glück dauert diese schreckliche Übergangszeit nicht lange.

Entgegen der allgemeinen Annahme, geht ein großes Auge nicht mit einer besseren Sehschärfe einher. Der relativ große Augapfel der Pferde hat in seinem hinteren Bereich eine stumpfwinklige, konkave Retina (Netzhaut). In Verbindung mit einer trägen Iris macht dies den speziellen Mangel an Sehschärfe beim Fohlen aus. Mit zunehmendem Alter und wachsender Erfahrung lernt das Fohlen jedoch, Gegenstände zu fixieren. Sogar erwachsene Pferde müssen, um klar zu sehen, eine entsprechende Haltung von Kopf und Hals einnehmen.

Einige Fohlen können ihr Sehvermögen schnell anpassen und machen dementsprechend einen agilen und gut koordinierten Eindruck. Andere Fohlen scheinen blind zu sein, zumindest in einem sehr frühen Stadium. Diese Besonderheit hat schon viele unerfahrene Besitzer unnötigerweise sehr beunruhigt. Diese Schwankungen im Sehvermögen sind dann auch der Grund dafür, daß einige Fohlen dicht an der Seite der Mutter kleben, während andere einen unabhängigen Eindruck machen. Es ist schon erstaunlich, daß Fohlen in der Natur überleben, so ungeschützt wie sie Räubern und Naturrisiken ausgesetzt sind. Jedes Fohlen sollte im Stall bleiben und Schutz finden, bis sein Sehvermögen so stark ist, daß es in einer Weide oder einem Paddock zurechtkommen kann. Diese Zeit im Stall beträgt drei Tage.

Vorschläge zur veterinärmedizinischen Betreuung des gesunden neugeborenen Fohlens

- Körperliche Untersuchung -Kontrolle der /des:
  Fähigkeit zu stehen
  Lebenskraft
  Fähigkeit zu saugen
  Stellung der Beine
  Körpergewicht
  Körperverhalten

- Nabelbehandlung - Kontrolle auf Nabelentzündung

- Einlauf - Kontrolle auf Mekoniumverhaltung *)

- Injektionen - an drei aufeinanderfolgenden Tagen zu wiederholen: *)
  1500 I.U. Tetanus Antitoxin
  6 cc eines Penicillin-Streptomycin Präparates

- Untersuchungen:
  Zink-Sulfat Trübungstest - Immunstatus Verträglichkeitstest - Isoerythrolysis
  Fohlen-Erythrozytenzählung/Stutenmilch (Kolostrum) *)

*) Tierarzt

2. Kapitel

Notfälle beim Neugeborenen

Ein gesundes, normales Fohlen ist keine Seltenheit, sollte aber immer als ein Geschenk betrachtet werden. Bei Fohlen treten viele Störungen, Abweichungen, und Krankheiten auf, auch dann, wenn sie unter optimalen Bedingungen heranwachsen können. Und obwohl viel geschieht, um die Situation der tragenden Stute während der Embryonalentwicklung, der Zeit des Reifens und der Geburt durch Aufklärung und Information zu verbessern, gibt es immer noch sorglose, unwissende und gedankenlose Besitzer, die alles, was mit dieser hochtragenden Stute zusammenhängt, nach wie vor dem Gang der Natur überlassen. Auf diese antiquierte Einstellung ist die Mehrzahl der Verluste bei den Stuten, wie bei den Fohlen zurückzuführen.

Das Leben neugeborener Fohlen ist vielfach in Gefahr. Schlechte Unterbringung, Temperatur- und Wetterveränderungen, desinteressiertes oder unwissendes Personal, sowie das Fehlen jeder medizinischen Versorgung tragen direkt dazu bei, daß immer mehr Krankheitsfälle und sogar Todesfälle beim Neugeborenen auftreten. Zögern Sie nicht, Ihr Wissen über Fohlen ganz allgemein und über das Abfohlen im besonderen zu erweitern, sobald sich die Ankunft eines neuen Fohlen angekündigt hat. Ein Besitzer, der Bescheid weiß, erwartet auch mehr von seinem Tierarzt und setzt dies durch, was gut ist.

Im Gegensatz zu dem alten Ausspruch "Laß die Natur nur walten" (A.d.Ü.) kann ein bißchen Information nur von Nutzen sein.

Ich habe in den letzten 20 Jahren deutliche Fortschritte auf dem Gebiet der Neugeborenenmedizin feststellen können und freue mich, daß die meisten pädiatrischen Probleme heute zu lösen sind, wenn sie frühzeitig erkannt und umgend, kompetent und sachgemäß behandelt werden. Einige bleiben jedoch ungelöst. Glücklicherweise sind es dank der wissenschaftlichen und medizinischen Fortschritte immer weniger.

Fohlen, die mit einem Problem auf die Welt kommen - sei es angeborener oder erworbener Art - sind darauf angewiesen, daß ihre Betreuer die Lage sofort erkennen und umgehend geeignete Maßnahmen ergreifen, um ihr Überleben zu sichern. Die Anwesenheit des Tierarztes bei der Geburt ist in jedem Fall eine Beruhigung.

Unvermögen zu Atmen

Frühen Anlaß zur Sorge gibt das Fohlen, das während des letzten Abschnitts seiner Reise durch die Geburtswege keinerlei Anstalten macht, zu atmen. Den meisten lebensstarken Fohlen gelingt es, gegen Ende des Geburtsvorgangs schon ein paarmal stoßweise zu atmen. Gleitet das Fohlen in die Streu und beginnt immer noch nicht zu atmen, muß sofort eingegriffen werden. Ein gesundes Fohlen kann zu diesem Zeitpunkt unabhängig atmen.

Das Einsetzen der Atmung wird durch einen Reflex im Gehirnstamm stimuliert. Viele Fohlen, von denen man glaubt, daß sie tot sind, haben lediglich einen verspäteten Atemreflex oder ein ungenügend entwickeltes Atem-Kontrollzentrum. Vorfälle dieser Art scheinen zuzunehmen und sind speziell im Zusammenhang mit auf Selektion ausgerichteten Zuchtprogrammen und in gewissen Blutlinien beobachtet worden. Man nimmt an, daß es sich um eine angeborene oder erbliche Störung handelt.

Wenn keine erkennbare Atmung vorhanden ist, gibt es eine Reihe von Sofortmaßnahmen, die zum Erfolg führen können, ohne daß hochentwickelte Medikamente und Geräte eingesetzt werden. Drei sinnvolle Dinge, die jeder gewissenhafte Pfleger durchführen kann, können die Atmung rechtzeitig in Gang bringen.

Wenn man nur einfach zuläßt, daß der Kopf des Fohlens während der Geburt neben die Vorderbeine fällt - Nase nach unten, aber frei von Einstreu! - wird das Abfließen der Nasenflüssigkeit gefördert und die Gefahr vermindert, daß Fruchtwasser aspiriert wird. Mit der Ausdehnung des Lungengewebes wird zusätzlich die Sauerstoffversorgung verbessert.

Ist die Geburt des Fohlens vollständig abgeschlossen und es besteht eine, wenn auch geringe, Verzögerung beim Einsetzen der Atmung, sollte der Thorax (Brustkorb) schnellstens hochgehoben werden, so daß möglicherweise im Atemtrakt verbliebene Flüssigkeit durch die Nüstern ablaufen kann. Wird das Fohlen hochgehoben und in dieser Stellung - wenn auch nur für Sekunden - hängend gehalten, ist das Abfließen möglich. Kräftiges Abrubbeln (mit dem Handtuch) und Massieren des ganzen Fohlenkörpers und seiner Gliedmaßen, unterstützt Atemvorgang und Kreislauf.

Durch die vorsichtige Anwendung eines kleinen Gummiballons kann man das Einsetzen der Atmung über den Nasentrakt unterstützen. Ein kleines Sauerstoffgerät zur Aktivierung der Atmung ist in großen Fohlenaufzuchtstätten oft vorhanden. Die meisten Pferde-Tierärzte habe für den Notfall einen Sauerstoff-Zylinder bei sich. Hier ist jedoch Vorsicht geboten! Diese beliebte Maßnahme kann nur von fachkundigen Personen durchgeführt werden; unsachgemäßer und fortwährender Einsatz von Sauerstoff unter Druck kann dem neugeborenen Fohlen sehr schaden.

Da 95 % aller Fohlen in abgelegenen Stallungen - fern jeder modernen Technologie - zur Welt kommen, muß man sich schon auf sich selbst verlassen. Jeder, der im Vollbesitz seiner körperlichen Kräfte ist, hat seinen persönlichen und transportfähigen Vorrat an Sauerstoff und Kohlendioxyd bei sich und verfügt über einen Mechanismus, der es ermöglicht, die physiologische Gasmischung jeder Zeit und überall weiterzugeben. Gemeint ist die "Mund zu Nase - Beatmung". Durch diese zweibeinigen "Wiederbeleber" wurde schon so manches

Leben, von Mensch und Tier, dank der sekundenschnellen Einsatzfähigkeit, gerettet.

Jede Verzögerung des Geburtsvorgangs hat stets eine Acidose - eine Übersäuerung des Stoffwechsels im Körpergewebe - und eine Blutübersäuerung (Acidaemie) des Neugeborenen zur Folge. Acidose und Acidaemie gehen in jedem Fall mit einer verringerten Bicarbonat-Reserve einher, d. h. einer Störung des empfindlichen und lebenswichtigen Säuren-Basen Verhältnisses, das große Bedeutung für die Lebensfunktionen hat. Jeder Krankheitsprozess, bzw. jede unzureichende Sauerstoffversorgung kann im Handumdrehen zur Acidose führen.

Neugeborene Fohlen, die einer verzögerten Geburt ausgesetzt waren, leiden immer, ob sie gesund oder mit einer Sepsis zur Welt kommen, unterschiedlich stark an Acidaemie und Acidose. Die Tierärzte, die in der Geburtshilfe bei Pferden tätig sind, sind sich immer dieses häufigen und bedrohlichen Faktors bewußt. Betroffene Fohlen weigern sich oft hartnäckig zu atmen. Dies muß sofort erkannt und dringend behandelt werden. Ohne Hilfe, die das Atemzentrum in den tieferen Schichten des Gehirns aktiviert, sind sie verloren!

Besprechen Sie mit Ihrem Tierarzt vor der Geburt, was zu tun ist, wenn sie allein sind, und das Fohlen bei seiner Ankunft nicht atmet. Dies ist eine kritische Situation und es ist keine Zeit zu verlieren. Nach genauer Unterweisung ist Ihr Tierarzt vielleicht bereit, eine vorbereitete Dosis Sodiumbicarbonat für eine I. V. Einspritzung bei Ihnen zu belassen. Sie wäre ausschließlich dem Notfall vorbehalten, speziell dem Fall, daß die Atmung nicht einsetzt.

Bei richtiger Anwendung kann Sodiumbicarbonat (80 - 100 cc 5%iger Lösung I. V./ 70 #) keinen Schaden anrichten; in gewissen Fällen kann es jedoch eine keuchende, unregelmäßige Atmung stimulieren. Die Lösung sollte einmal gespritzt werden, erfolgt keine Reaktion, wiederholen Sie die Injektion nach 60 Sekunden.

Mit einem kleinen Sauerstoffzylinder, versehen mit Maske oder endotrachealem (in die Luftröhre einzuführendem) Schlauch, kann die Sodiumbicarbonat-Injektion wirkungsvoll unterstützt werden. Man kann Fohlen bedenkenlos Sauerstoff in einer Menge von 10 L pro Minute verabreichen, solange die ausgeatmete Luft frei entweichen kann. Dies ist deshalb wichtig, weil die ausgeatmete Luft einen hohen Kohlendioxyd-Anteil hat, der erneut eingeatmet die Acidose verschlimmern würde. Die kombinierte Anwendung von Sodiumbicarbonat und Sauerstoff hat schon viele Fohlen gerettet.

Künstliche Beatmung

Wird die künstliche Beatmung angewandt, um entweder den Atemzyklus anzuregen, oder einfach eine schwache Atmung zu unterstützen, gelten die gleichen Prinzipien. Ist sichergestellt, daß die Nasengänge weitgehend frei von Flüssigkeit sind, strecken Sie den Kopf des Fohlens so, daß die Mittellinie des Kopfes von der Seite gesehen mit der Mittellinie des Halses eine gerade Linie bildet. Diese Regulierung bringt Nüstern, Nasengänge, Kehldeckel und Luftröhre in eine

Linie und stellt einen durchgängig freien Luftweg her. Decken Sie eine Nüster gut mit einer Hand ab und halten Sie den Kopf mit der anderen Hand. Holen Sie tief Luft, umschließen Sie mit dem Mund die freie Nüster des Fohlens, damit keine Luft entweichen kann und blasen Sie kräftig, aber nicht mit Gewalt. Optimal ist das Ausmaß an Druck oder Kraft, das erforderlich ist, um eine leichte Bewegung des Brustkorbs zu bewirken. Übermäßiger Druck schädigt das Lungengewebe und kann sogar zu einem Lungenriss führen. Die ständige Wiederholung dieser Maßnahme im 2-Sek.-Abstand sorgt neben der Versorgung mit den notwendigen Gasen dafür, die Luftwege frei zu halten und das Lungengewebe mit Luft zu füllen. Das Vorgehen ist das gleiche, ob ein Sauerstoffzylinder mit Schlauch oder Maske zur Anwendung kommt, oder einfach die natürliche Mund-zu-Nase Beatmung als Wiederbelebungsmethode.

Kurz zusammengefaßt: setzt die Atmung beim Fohlen nicht ein, so wie es üblicherweise der Fall ist, handeln Sie umgehend.

1. Machen Sie die Luftwege frei.
2. Stellen Sie fest, ob das Herz schlägt.
3. Kontrollieren Sie die Färbung der Mundschleimhaut.
4. Bringen Sie Kopf und Hals in eine Linie.
5. Blasen Sie rhythmisch in eine Nüster.

Jede Verzögerung bei der Durchführung dieser Schritte, kann zu irreparablen Cerebralschäden führen oder das Fohlen das Leben kosten.

Herzschlag

Nach dem Versuch eine Art von Atemmuster in Gang zu setzen, sollte so schnell wie möglich das Vorhandensein des Herzschlags festgestellt werden. Fehlt diese lebenswichtige Funktion, sind weitere Wiederbelebungsversuche umsonst. Um festzustellen, ob das Herz schlägt, legen Sie die Finger direkt hinter und über dem Ellenbogen an der linken Seite, direkt über dem Herzen, auf den Brustkorb.

Der Herzschlag ist bei einigen Fohlen so stark - auch dann, wenn keine Atmung vorhanden ist - daß man sogar aus einiger Entfernung die Bewegung des Brustkorbs bei jedem Herzschlag beobachten kann. Man könnte meinen, daß das Herz aus dem Brustkorb entweichen wollte. Andere Fohlen hingegen, haben einen so schwachen Herzschlag, daß es schwer ist, ihn überhaupt zu erkennen. Wenn keine Atmung vorhanden ist, sind die Überlebenschancen gleich, ob das Herz stark oder schwach schlägt. Ich habe festgestellt, daß man unmöglich voraussagen kann, wie lange ein Fohlen mit einem schlagenden Herzen, aber ohne Atmung, überleben kann, ohne irreparable Schäden davonzutragen. Die von der Natur gesetzten Grenzen hängen von der angeborenen Vitalität des Fohlens, der Länge der Wehenzeit und den Umständen der Geburt ab. Auch wenn eine Stute ohne jede Hilfe gefohlt hat und man keine Möglichkeit hat festzustellen, wie lange das Fohlen schon ohne zu atmen auf der Welt ist, sollte man bei vorhandenem Herzschlag immer den Versuch machen, die Atmung zu stimulieren.

In Pferdekliniken stehen heute ausgefeilte Methoden zur Verfügung um Problemzonen zu lokalisieren; sie sind aber im Abfohlstall oder Aufzuchtsstall für Fohlen nicht vorhanden. Es gibt spezielle Geräte, die Herzfunktion zu überwachen, aufzuzeichnen und zu beurteilen. Blutgasanalysegeräte können die exakte Menge des vitalen Blutgasgehaltes und die relativen Prozentsätze und Konzentrationen bestimmen. Leider stehen diese sehr guten Informationsmöglichkeiten bei einem Notfall im Stall nicht zur Verfügung und somit ist ihr praktischer Wert gleich null.

Ein moderner Tierarzt, der mit Geburtshilfe und Pädiatrie zu tun hat, ist durch eine Spezialausrüstung und entsprechende Medikamente auf ein Kreislaufversagen vorbereitet. In den großen Aufzuchtstätten stehen ihm mechanische Saugapparate und Wiederbelebungsgeräte, Sauerstoffzylinder, Tracheotuben (Luftröhrenschläuche), passend für Fohlen, sowie ein Arsenal an Medikamenten zur Herz- Lungenstimulierung zur Verfügung. In erfahrener Hand führen diese zahlreichen Hilfsmittel zum Erfolg, doch wenn sie von unerfahrenen und unausgebildeten Personen eingesetzt werden, können die Folgen verheerend sein.

Die Anwendung von Herz-Lungenstimulantien in der Fohlenpädiatrie ist meines Erachtens von fraglichem Wert. Bisher habe ich in der veterinärmedizinischen Literatur nichts finden können, das die erfolgreiche, oder auch nur gefahrlose Anwendung dieser Mittel belegt. Es hat den Anschein, daß negative Erfahrung mit diesen chemischen Eingriffen in den natürlichen Organismus, Anwendung und Popularität dieser Mittel eingeschränkt hat. Ich hatte keinen Erfolg mit den üblichen Medikamenten und kann auch keine offizielle wissenschaftliche Untersuchung finden, in der ihre Anwendung empfohlen wird.

In der Praxis sind klinische Ergebnisse wertvoller, als kostspielige Labortests, deren Resultate zu spät zur Verfügung stehen.

Maulschleimhäute

Leidet ein Fohlen an Kreislauf- oder Atemstörungen, die primär durch eine kardiovasculäre (Herzkreislauf-) Funktionsstörung oder durch ein geschädigtes Atemsystem verursacht werden, weisen die Schleimhäute auf die allgemeine Verfassung hin. Die klinische Beobachtung des Fohlens durch seinen Betreuer kann für den betreuenden Tierarzt sehr aufschlußreich und wertvoll sein. Außerdem kann ein informierter Besitzer auf diese Weise etwas tun, um möglichen Problemen zuvorzukommen, bevor sie richtig Gestalt annehmen. So spiegelt zum Beispiel die Farbe der Schleimhäute den Status der systemischen Funktion und seine Veränderungen direkt wieder.

Nachdem Sie festgestellt haben, daß das Herz des Fohlens schlägt, nehmen Sie sich einen Moment Zeit und schieben die Oberlippe des Fohlens hoch, um die Farbe der Mundschleimhäute zu kontrollieren. Ein kräftiger Herzschlag läßt das Blut durch den Fohlenkörper zirkulieren, versorgt ihn mit lebenswichtigem Sauerstoff und verursacht ein klares Rosa des Zahnfleisches. Ist die Plazenta noch in der Gebährmutter angeheftet, braust der Restvorrat an sauerstoffangereichertem mütterlichen Blut durch die Nabelschnur, stärkt das Neugeborene und regt seine Atembemühungen an. Eine schöne rosa Färbung der Maulschleimhaut verbunden mit einem lebensfähigen, schlagenden Herz, sollte Veranlassung sein, die Wiederbelebungsversuche bis zum Äußersten fortzusetzen.

Die Färbung der Maulschleimhaut wird schnell intensiver und dunkler, wenn dem zirkulierenden Blut kein frischer Sauerstoff zugeführt wird. Jede Farbveränderung, besonders zu einem intensiveren, dunkleren Ton hin, sollte signalisieren, daß Hilfe gebraucht wird. Denn nur rhythmisches Atmen, regelmäßige Herztöne und rosafarbenes Zahnfleisch bezeugen, daß - zumindest für den Moment - alles in Ordnung ist.

Farbänderungen sind verläßliche und dauernd befragbare Spiegel von Gesundheit oder Krankheit. Eine simple Kontrolle der Zahnfleischfärbung, verbunden mit einer Bestätigung der Lebenszeichen (Herzschlag, Atemrhythmus, Körpertemperatur und Blutdruck), die sich leicht feststellen lassen, geben ein lebendiges Bild der kardiovasculären und respiratorischen (Herzkreislauf und Atemwege betreffenden) Funktionen des jungen Tieres ab.

Die nun folgende Beschreibung der Schleimhautfarbe des Fohlens ist leicht vereinfacht und läßt kleine Abweichungen und eine breite Auslegung ihrer Bedeutung zu. Jede nennenswerte oder plötzliche Veränderung dieser Parameter ist jedoch ein Alarmsignal.

Die Maulschleimhaut eines gesunden Fohlen sollte kräftig rosa, feucht und warm sein. Wenn man sie stellenweise preßt, bis sie weiß wird, sollte sie in ein bis zwei Sekunden ihr normales Rosa wiedererlangen. Diese Zeit des "Wiederauffüllens" ist denjenigen ein verläßlicher Parameter, die dies kennen, anwenden und schätzen. Eine zu schnelle oder zu langsame "Wiederauffüllzeit" sollte beachtet und vermerkt werden.

- Ein leichtes Dunklerwerden der Farbe mit blauen Zwischentönen deutet eine Verminderung des Blutsauerstoffgehaltes an, gewöhnlich verbunden mit einem erhöhten Kohlendioxydgehalt und geht einher mit Veränderungen des Stoffwechsels. Der Tierarzt muß entscheiden, ob die Verschlechterung primär auf die Atem- oder Kardiovascularfunktion zurückgeht, oder Begleiterscheinung eines anderen systemischen Problems, möglicherweise einer Infektion, ist.

- Ein dunkles, tiefes Rot bedeutet eine ernsthafte Störung des Sauerstoff- Kohlendioxydverhältnisses und/oder, daß schwerwiegende Kreislaufstörungen vorliegen. Oft treten Unregelmäßigkeiten im pH-, Flüssigkeits- und Elektrolythaushalt gemeinsam mit diesen Veränderungen auf.

- Völlig blaue Schleimhäute sind Anzeichen eines Notfalls! Das Fohlen erhält keinen Sauerstoff und der Tod tritt unvermeidlich ein, wenn die verantwortliche Ursache nicht augenblicklich behoben wird.

Das Hellerwerden sonst rosafarbener Häute ist kein Anzeichen eines akuten Problems. Viele Tiere sind etwas blasser wenn sie ruhen oder schlafen oder nachdem sie gerade aufgestanden sind. Verlieren die Schleimhäute jedoch weiterhin an Farbe und werden in zunehmendem Maße blasser und das Fohlen macht einen schwachen Eindruck, ist dies ein Zeichen, daß die Peripher-Zirkulation versagt. Dies kann durch ein primäres Absinken des Blutdrucks, Blutverlust, Austrocknung, Schock oder Infektion verursacht sein, oder aber sekundäre Begleiterscheinung eines ernsten systemischen Problems sein. Trockene, kalte Membranen sind außerdem Zeichen einer schlechten Peripher-Durchblutung.

Veränderungen der Farbe der Maulschleimhaut haben auch beim älteren Fohlen weiterhin Bedeutung, besonders dann, wenn sie mit anderen klinischen Symptomen gleichzeitig auftreten, wie z. B. Antriebsschwäche, Fieber usw. Manchmal sieht man auch bei einem scheinbar gesunden Fohlen wechselnde Schattierungen der Schleimhäute. Obwohl ein Zusammenhang ungewiß ist, sollte eine gründliche Untersuchung erfolgen.

Es gibt Fohlen, die mit durch Abnahme des Blutsauerstoffgehaltes blaugefärbten Schleimhäuten zur Welt kommen, die im günstigen Fall auf eine Sauerstoffversorgung reagieren und sich rosa färben. Dieser spezielle Fall tritt am häufigsten bei einer vorzeitigen Loslösung der Plazenta oder einer verzögerten Geburt auf, wofür er symptomatisch ist. Die meisten Fälle sind bei Erstlingsstuten zu beobachten oder bei den erschöpften Mehrgebärenden, die anfangen zu fohlen und dann aus irgendeinem Grunde jede Anstrengung einstellen und das Fohlen noch während der Geburt aufgeben. Wird die Situation nicht schnell von den Betreuern erfaßt, wird dieses Aufgeben der Stute das ansonsten gesunde, starke Fohlen das Leben kosten. Die Mehrzahl dieser Fohlen ist groß, gut entwickelt und befindet sich meistens schon nahe am Ausgang, wenn die Mutter aufgibt. Eine eilig gereinigte Hand, die in die Vagina der Stute dringt, findet einen großen Fuß und ein Bein griffbereit vor und mit einem einzigen Ruck kann sie die Presstätigkeit wieder in Gang setzen und das Fohlen retten.

Achtung: Achten Sie auf eine natürlich auftretende Pigmentierung des Zahnfleischgewebes, wenn Sie die Maulschleimhäute des Fohlens beurteilen. Einige Tiere - nicht etwa eine bestimmte Rasse - haben ein gewelltes, etwas breites, unregelmäßiges Band farbigen Gewebes im harten Gaumen bis zum Zahnfleisch hin. Diese völlig normalen, dunkleren Stellen können fälschlich Anlaß zur Sorge sein.

Das tote Fohlen

Jedes Jahr kommen leider einige Fohlen tot zur Welt. Welche Vergeudung, wenn eine Stute ihr Fohlen voll austrägt, um es dann tot zur Welt zu bringen. Welche Tragödie!

Die Emotionen sind groß, ebenso die Kosten, und hier und da führt der Verlust dazu, die Planung für das nächste Zuchtjahr neu aufzunehmen und zu überdenken.

Das Fohlen ist tot. Wozu da noch Fragen stellen? Es sollte allen Pferdeärzten und interessierten Besitzern eine Selbstverständlichkeit sein - soweit es zeitlich und finanziell einzurichten ist - mögliche Ursachen genauestens zu verfolgen. Die kleinen Fakten, die von engagierten Leuten zusammengetragen werden, sind die Werkzeuge, um in Zukunft die großen Feinde der Veterinärmedizin zu überwinden und viele Leben zu retten. Wenn wir - auch nach Rückschlägen - nicht aufhören, uns einzusetzen, haben wir die Chance, eine negative in eine positive Situation umzuwandeln.

Eine tiermedizinische Untersuchung des Kadavers anhand einer Sektion beantwortet möglicherweise die Frage nach der wahrscheinlichen Todesursache. Diese Information ist vollständiger und genauer, wenn ein Pathologe der Veterinärmedizin hinzugezogen wird. Doch auch sie sind nicht immer in der Lage, eine zufriedenstellende Information zu geben, die weitere Verluste vermeiden hilft.

Kommt ein Fohlen mit dem Vermerk "Tod bei Einlieferung" an, entfacht dies ein Kreuzfeuer von Fragen. Wann, wo und warum starb dieses Fohlen und warum zu einem so späten Zeitpunkt der Trächtigkeit?

Im Laufe langer Jahre mit vielen Verlusten, hat mich die Praxis gelehrt, daß man die grundlegende Information zur Verfassung des zur Welt kommenden Fohlens, der Farbe, Textur und Konsistenz der Mund- und Augenschleimhäute entnehmen kann. Je kürzer die Zeitspanne zwischen Geburt und Untersuchung ist, desto genauer kann natürlich die Beurteilung ausfallen. Die Sektion sollte möglichst unmittelbar nach der Geburt stattfinden.

Die Zeit ist bedeutsam, da nach dem Tod die Gewebszersetzung stetig fortschreitet, bis alle Spuren des Geschehenen verwischt sind.

Es ist eine bemerkenswerte Tatsache, daß allein die Farbe der Schleimhäute in etwa anzeigt, wann und in welchem Bereich der Fortpflanzungsorgane der Tod eingetreten ist, obwohl dies zu wissen vielleicht wenig Tröstliches an sich hat.

Sind die Schleimhäute dunkel, von schmuddeliger Farbe, deutet dies auf einen intrauterinen Tod (im Uterus, der Gebärmutter) hin, der unterschiedliche Ursachen haben kann. Wodurch auch immer verursacht, der Tod trat eindeutig vor der Geburt im Uterus ein, wohl circa 12 bis 24 Stunden vor der Geburt. Diese Farbe deutet auf eine Schädigung der Zellen, verbunden mit Gewebezerfall hin. Dieses Fohlen ist so lange im Uterus gewesen, daß der Mangel an Blutzirkulation Gewebsveränderungen hervorrufen konnte, die eine Fremdkörperreaktion der Stute hervorgerufen haben, sowie den Abort, bzw. die Geburt des toten Fohlens. Der Fachmann ist am besten in der Lage, die Zeit zu bestimmen, die zwischen dem Eintritt des Todes und der Geburt liegt.

Andere Farbschattierungen, die von voll weiß bis zu dunklen Tönen reichen, teilen uns mit, daß das Fohlen sehr kurz vor der Geburt oder aber direkt während der Geburt gestorben ist. Dunkel bläuliche oder rötliche Schleimhäute weisen auf einen vor kurzem eingetretenen Tod hin, verursacht durch ein Versagen der Sauerstoff- und Nahrungsversorgung. Diese Individuen sterben im Uterus ab und werden anschließend schleunigst zur Welt gebracht (oder sie sind in den Geburtswegen verendet, bzw. zur Vagina gelangt und dort gestorben).

Bei toten Fohlen, die mit erschreckend schneeweißen Schleimhäuten zur Welt kommen, habe ich eine schockierende Begleiterscheinung festgestellt. Die Glieder dieser Fohlen sind jedesmal eiskalt. Andere tote Fohlen sind normalerweise direkt nach der Geburt warm, durch die Innenkörpertemperatur der Stute. Dieses Abweichen von der Norm zeigt ein schockartiges Syndrom, bei dem sich die zirkulierende Blutmenge des Fohlens in den Eingeweiden zusammenzieht. Schneeweiße Schleimhäute mögen zu Spekulationen über die Todesursache führen, sicher ist, daß die periphere Blutzirkulation vollständig eingestellt war.

Interessanterweise bestätigte mir in jedem bekanntgewordenen Fall von weißen Schleimhäuten der zuständige Betreuer, daß das Fohlen im Uterus gewöhnlich aktiv gewesen war, stark gestrampelt hatte und direkt vor der Geburt sogar so heftig, als sei der intrauterine Tod verzweifelter, krampfhafter Art gewesen. Diese Aktivität läßt mich vermuten, daß es sich um ein plötzlich mechanisch herbeigeführtes physiologisches Versagen handelt. Eine Torsion der Nabelschnur oder sonst etwas, das ein abruptes Abbrechen der Sauerstoffversorgung und des Gasaustausches verursacht, könnte für den plötzlichen, mit Schocksymptomen verbundenen Tod verantwortlich sein.

Tod bei Ankunft und Abort sind gängige Begriffe, die fälschlich gleichbedeutend gebraucht werden. Es handelt sich jedoch um verschiedene Begriffe, die nicht miteinander zu verwechseln sind!

Es ist bekannt, daß Zuchtstuten schon beim geringsten Anlaß und zu jedem Zeitpunkt der Trächtigkeit eine Fehlgeburt haben können. Das, was beim Abort zu Tage tritt, hat ein sehr unterschiedliches Aussehen. Grobmerkmale, so wie Größe, Form, Textur und Farbe, hängen vom Alter und embryonalen Entwicklungsstand zum Zeitpunkt der Ausstoßung aus dem Mutterleib ab. Ein früher Abort hat allgemein das Aussehen einer undefinierbaren, halb-flüssigen Gewebsansammlung. Ist die Trächtigkeit weiter fortgeschritten, nimmt das ausgestoßene Material mehr und mehr die Form eines winzigen Pferdes an, vollständig mit Kopf, Hals, Körper, Gliedmaßen und wird nun als Fötus bezeichnet.

Eine Totgeburt ist - im Gegensatz dazu - ein voll ausgewachsenes und entwickeltes Fohlen, ausgetragen und termingerecht geboren, ganz wie bei einer normalen Geburt, aber ohne Leben.

Schwache Fohlen

Weitaus häufiger sind neugeborene Fohlen, die die Kraft, Stamina (Ausdauer), Koordination kurzweg das "Know How" nicht haben, um auf die Füße zu kommen, das Euter zu finden und zu saugen. Dieser körperliche Mangel ist unterschiedlich stark ausgeprägt. Von entscheidender Bedeutung ist, daß dieses Manko sofort festgestellt wird, damit nicht erst eine Verschlechterung eintritt, die die begrenzten Energiereserven des Fohlens erschöpft und zu einer desolaten Lage führt. Wird das Fohlen sofort tierärztlich betreut, kann eine lebensgefährliche Situation abgewendet werden.

Am häufigsten ist das Fohlen, das es einfach nicht schafft, vier unendlich lange Beine zu entwirren und fest in den Boden zu rammen, um zum Stehen zu kommen oder stehen zu bleiben. Diese ansonsten normalen Babies saugen an den Beinen ihrer Mütter oder anderen verfügbaren Gegenständen und zeigen so, daß sie Hunger haben, trinken wollen und unverkennbar über einen Saugreflex verfügen.

Meist gelingt es sogar dem schwachen Fohlen, sich in Brustlage zu drehen, seine Vorderbeine auszustrecken und sich zu bemühen, aufzustehen. Die unter dem Körper liegenden Hinterbeine müßen die Hinterhand hochbringen und die Hebelkraft aufbringen, um diesen Teil des Fohlengewichts zu tragen. Dieses Manöver verwirrt viele Neugeborene. Das Dilemma kann beseitigt werden, indem man sie beim Schwänzchen faßt und sie in eine stehende Position bringt.

Vergewissern Sie sich, daß beide Vorderbeine ausgestreckt sind, bevor Sie mit der Hilfestellung beginnen. Drücken Sie den Schwanz des Fohlens mit der Hand nach oben, so dicht am Ansatz wie möglich und hieven Sie die Hinterhand vom Boden. Passen Sie sich den Bemühungen des Fohlens an. Oft versuchen Fohlen aufzustehen, wenn sie beim Schwanz gepackt werden. Erstaunlicherweise veranlaßt diese Hilfestellung das Fohlen dazu, die Vorderbeine nebeneinanderzustrecken und das Gleichgewicht zu suchen. Mit der freien Hand um die Brust des Fohlens gelegt, kann man das Fohlen bei seinen ersten, schwankenden Bewegungen zu seiner Mutter hin, unterstützen. Wenn sie erst einmal auf den Füßen sind, kommen Fohlen normalerweise gut allein zurecht, finden das Euter der Stute, nehmen ihre erste Mahlzeit ein und lassen sich ins Stroh fallen, um zu schlafen. Man sollte sie jedoch gut beobachten, bis man sicher ist, daß sie allein auf die Beine kommen und sich ausreichend und oft genug ernähren.

Im allgemeinen reicht eine einmalige Hilfestellung, doch hin und wieder muß diese Hilfe einige Stunden lang gewährt werden, oder sogar für ein oder zwei Tage. Lassen Sie nicht zu, daß sich solch ein Fohlen vergeblich strampelnd erschöpft. Helfen Sie, wenn Sie sehen, daß es nötig ist. Neugeborene Fohlen saugen alle 20 bis 30 Minuten, dann schlafen sie. Versuchen Sie, diesem Zeitplan nachzukommen, wenn Ihr Fohlen Ihre spezielle Aufmerksamkeit braucht. Ein bis zwei Mahlzeiten reichen meist aus, um dem Fohlen die zusätzliche Kraft zu geben, standfest zu werden.

Ein Fohlen sollte nicht wegen einer frühen körperlichen Schwäche für weniger wertvoll angesehen werden. Gibt man ihnen eine Chance, entwickelt sich ein Großteil der Fohlen normal.

Geschwollene Fesselköpfe

Einige Fohlen bleiben auf den Füßen, bis man ihnen wieder zum Liegen verhilft oder fallen völlig erschöpft um. Diese Tiere haben hinten und vorn ständig geschwollene (ödematöse) Fesselköpfe. Ruhepausen im Liegen lassen die Schwellungen an den Fohlenbeinen schnell wieder abklingen. Geschwollene Beine sind symptomatisch für ein sehr müdes Fohlen. Möglicherweise lernt dieses Fohlen langsam und es hat zwar die Schwierigkeiten des Aufstehens bewältigt, kann aber noch nicht dahinterkommen, wie es wieder in die Geborgenheit der warmen Einstreu zurückkommt.

Eine weitere, mögliche Ursache ist eine ängstliche, psychotische Stute, die es nicht zuläßt, daß ihr Fohlen sich zum Ausruhen hinlegt. Ihr erschöpftes Fohlen leidet andauernd an geschwollenen und gestauchten Beinen. Diese Stuten geraten in Angst und Sorge, wenn ihr Fohlen ruhig daliegt. Sie befürchten das Baby aus den Augen zu verlieren, jedenfalls wollen sie sich vergewissern, daß alles in Ordnung ist, dadurch daß sie sehen, daß das Fohlen aktiv ist und steht. Solche Stuten fordern ihr Fohlen mit dem Vorderhuf auf - und zwar keineswegs sanft - sich auf die Beine zu stellen; sie können das Baby sogar kräftig zwicken. Es kommt sogar vor, daß eine Stute das Fohlen mit den Zähnen vom Boden hochzieht. Es ist schwer zu verstehen, warum diese Stuten ihre Fohlen nicht ausruhen lassen. Sie haben vielleicht schon einmal ein Fohlen verloren oder es steckt noch ein alter Instinkt in ihnen, der sie veranlaßt, das unvorsichtige Fohlen in Bereitschaft zu halten, irgendwelchen unbekannten Gefahren zu entfliehen. Ich habe einige dieser mitleiderregenden Fohlen buchstäblich an ihre riesige Mutter gelehnt, im Stehen schlafen gesehen.

Fohlen, die nicht saugen

Eine weitere Art körperlicher Schwäche zeigt sich in dem Fohlen, das sein Gewicht nicht halten kann, selbst dann, wenn man ihm auf die Beine hilft. Diese Tiere scheinen Beine aus Gummi zu haben. Selbst wenn man sie unter dem Brustkorb stützt und am Schwänzchen hochzieht, um die Hinterhand zu unterstützen, sacken diese Fohlen in sich zusammen und machen es unmöglich, sie im Stehen zu halten.

Es ist eine frustrierende, undankbare Aufgabe, Fohlen die nicht stehen können, zum Saugen an der Mutter zu bewegen. Sie wackeln hin und her in ihrem Bemühen zu stehen und nehmen die seltsamsten Stellungen ein. Die offensichtliche Schwäche beeinträchtigt ihren Saugreflex jedoch nicht und mit langgestrecktem Hals suchen sie nach den Händen, Armen und Beinen des Betreuers, um ihren Hunger zu stillen.

Hält man sie in stehender Position, können sie ihren Kopf für einen Moment hochhalten. Solch ein Fohlen ist vielleicht nur Zentimeter vom lebenserhaltenden Euter entfernt, aber es könnten ebensogut Meilen sein, wenn ein Fohlen nicht in der Lage ist, es zu erreichen. Hier kann eine Kinderflasche Wunder wirken.

Das Euter der Stute sollte für das Neugeborene vorbereitet werden, indem man es gut mit Handtüchern säubert, die in heißes Wasser getaucht und trocken ausgewrungen werden. Es ist dann ein Leichtes für das Fohlen zu trinken, bzw. für den Betreuer, die kostbare Kolostralmilch in einen Topf oder einen breiten Meßbecher zu melken. Die Milchmahlzeit wird in eine Kinderflasche mit Sauger gefüllt, wobei auf die Einhaltung der richtigen Temperatur zu sorgen ist. Wenn man die Löcher im Sauger etwas vergrößert, damit der Inhalt besser fließen kann, wird die Mahlzeit leichter eingenommen.

Die Flaschenfütterung ist nicht besonders schwierig und sie ist gefahrlos, wenn das Fohlen während der Fütterung in Brustlage gehalten wird. Füttern Sie niemals ein Fohlen mit der Flasche, das flach liegt. Knieen Sie sich neben das Fohlen und halten Sie den Kopf, indem sie mit dem Arm über den Hals greifen und die Hand unter den Kiefer legen. Strecken Sie den Kopf nach vorwärts-aufwärts. In dieser natürlichen Stellung gehalten, kann das Fohlen leicht und bequem schlucken. Achten Sie sorgfältig auf das Trinktempo und vermeiden Sie, daß schwache Fohlen zu schnell trinken. Ist der Sauger einmal im Maul des hungrigen Fohlens, nimmt das Fohlen bereitwillig die nötigen 60 bis 90 Gramm seiner ersten Mahlzeit zu sich.

Ich habe wiederholt erlebt, daß schwache Fohlen kurz nach einer einzigen Flaschenfütterung mit der ersten Milch auf die Beine kommen, selbständig das Euter ausfindig machen und mit Erfolg saugen. Es ist schon erstaunlich, mit welchen Fortschritten ein schwaches oder minderes Fohlen schon auf eine einzige Flaschennahrung reagiert und mit der Aufnahme des wunderbaren Kolostrums das typische Verhalten annimmt, das man von einem Fohlen erwartet.

"Alte Hasen" glauben manchmal, daß die Flaschenfütterung den Instinkt und Wunsch des Fohlens, nach dem Euter zu suchen und natürlich zu saugen, unterbindet. Das Gegenteil ist der Fall, ein beeinträchtigtes Fohlen oder ein Fohlen, das durch eine schwere Geburt geschwächt ist, wird durch dieses Elixier gestärkt, das ihm ermöglicht, die Stamina (Ausdauer) und Kraft zu sammeln, die ein selbständiges Zurechtkommen erst möglich machen. Ohne diese kurzfristige Versorgung, würden viele Fohlen, nur ein paar Zentimeter von der lebensrettenden Nahrungsquelle entfernt, sterben.

So wie die Fohlen, denen man am Schwänzchen hochhelfen muß, brauchen Flaschenkinder eine sorgfältige, geduldige Beobachtung bis zu dem Zeitpunkt, an dem man sicher sein kann, daß sie fit für die Selbständigkeit sind.

Eine Flasche ist in vielen Fällen das Zaubermittel, welches das schwache, hilflose Fohlen ohne Koordinationsvermögen in ein unabhängiges Individuum verwandelt, das die harten Anforderungen erfüllt, die zum Überleben nötig sind. Andere Fohlen mögen weitere Flaschen mit 60 bis 90 Gramm im 30-Minuten-Rhythmus nötig haben, bevor eine positive Reaktion mit Gewichtszunahme erfolgt. Die ständige Überwachung des Tiers ist das A und O und der Schlüssel zum Überleben. Seien Sie sich sicher, was das Fohlen wirklich allein ausführen kann, bevor Sie in Ihrer Wachsamkeit nachlassen.

Am stärksten in Gefahr bei den nichtsaugenden Fohlen ist die extreme Gruppe, die keinen Saugreflex hat. Diese Fohlen sind gewöhnlich kraftlos, können nicht aufstehen, oder aber sie schaffen es soeben, sich aufzurichten. In jedem Fall ist bei dieser Störung umgehend die Hilfe des Tierarztes erforderlich. Man vermutet das Fehlen dieses lebenswichtigen Reflexes häufig bei Fohlen, die auf der Seite liegen, was sich oft bestätigt und nicht so sehr bei Fohlen, die sich bewegen. Trotzdem findet man auch bei Fohlen, die stehen, Saugstörungen.

Gewöhnlich verbinden wir das Fehlen des Saugreflexes mit der Unfähigkeit zu schlucken. Die Unfähigkeit, die Zungenspitze zu rollen, um den nötigen Sog zu erreichen, wird von einer allgemein unzureichenden Mobilität der Zungenmuskulatur begleitet, vor allem der hinteren Muskeln. Es ist ausschlaggebend, daß diese Muskeln richtig funktionieren, wenn das Schlucken sicher klappen soll. Es wäre sinnlos einem Fohlen, das mit diesem Problem behaftet ist, eine Flasche anzubieten. Der Versuch, dem Fohlen flüssige Nahrung in das Maul zu gießen oder zu spritzen - in der Hoffnung, daß sie geschluckt wird - ist gefährlich und sollte unterlassen werden. Ist der Schluckmechanismus beeinträchtigt, fließt die Nahrung entweder aus dem Maul ab, oder ungestört in die Luftröhre und direkt in die Lunge, je nach Stellung von Kopf und Hals. Gelangt die Flüssigkeit in die Lunge, entsteht eine Lungenentzündung, Aspirations-Pneumonie genannt, was die bereits schwierige Lage noch erschwert. Ich habe Fohlen an einer mechanisch induzierten Lungenentzündung sterben sehen, wenn die Milch unabsichtlich in die Lunge gelangt war, anstatt in den Magen, für den sie bestimmt war.

Ein Teil der Todesfälle, die eintreten, bevor die ursprüngliche Störung überhaupt diagnostiziert wird, geht auf Übereifer beim Versuch das Fohlen zu füttern zurück. Ich wiederhole: Verlieren Sie keine kostbare Minute und holen sie tierärztliche Hilfe, wenn die Situation zweifelhaft ist.

Ob das Ursprungsproblem physiologischer oder pathologischer Art ist, der 1. Schritt, der zu tun ist, ist der gleiche. Grundlegend ist, daß eine Nasenschlundsonde eingeführt wird und so der unerläßliche Nahrungsbedarf befriedigt werden kann. Der erfahrene Pferdetierarzt benutzt eine spezielle Fohlensonde zu diesem Zweck. Solch eine Fohlensonde ist klein und geglättet, besonders an der Spitze. Der Außendurchmesser sollte höchstens einen Zentimeter betragen. Der Schlauch sollte mit einer reizfreien, neutralen Substanz, wie z. B. Paraffinöl oder einem sterilen, chirurgischen Gleitmittel eingeölt werden. Zuviel Schmiermittel birgt die Gefahr, eingeatmet zu werden und kann eine unnötige zusätzliche Belastung der Atemwege für das bereits geschwächte Fohlen bedeuten. Ein Harnkatheder für Hengste bzw. Wallache kann ideal als Ersatz für eine Fohlensonde verwandt werden.

Der Schlauch wird vorsichtig durch die Nüster, im ventralen (bauchwärtigen) Nasengang, durch die Speiseröhre in den Magen geschoben. Nach 22 Jahren Pferdepraxis bin ich mir sicher, hier im Interesse meines Freundes und Patienten, des Fohlens zu sprechen: Das Einführen einer Nasenschlundsonde ist eine schmerzlose und sanfte Prozedur. Es mag zwar unangenehm sein, denn die meisten Fohlen nehmen es übel, wenn man so mit ihnen verfährt, aber das Unbehagen des Fohlens ist von kurzer Dauer und schnell vergessen.

Während der Schlauch eingeführt wird, sollte das Fohlen sanft aber bestimmt zurückgehalten werden, um Selbstverletzungen zu vermeiden. Es wird für Tierarzt und Patienten leichter, wenn Kopf und Hals des Fohlens in der normalen gebogenen Haltung gelassen werden. Wie bei der Flaschenfütterung muß das Fohlen auf dem Brustbein liegend festgehalten werden, während es mit der Nasenschlundsonde gefüttert wird und man sollte diese Stellung etwa drei bis fünf Minuten nach dem Füttern beibehalten. Die Lage auf dem Brustbein verhindert das Zurückfließen der verabreichten Flüssigkeit bei einem geschwächten Tier. Der Druck, der durch die Verbindung von einem geschwächten Muskeltonus und dem Gewicht des Fohlens in der Seitenlage entsteht, kann ein Zurückfließen herbeiführen. Bringt man die Flüssigkeit mit Gewalt bis an die Speiseröhrenöffnung und den ineffizienten Verschluß der Luftröhre, kann sie todbringend in die Lunge eingeatmet werden.

Der Tierarzt, der mit der Sondenfütterung neugeborener Fohlen Erfahrung hat, wird zumindest 4 seiner 5 Sinne, wenn nicht alle 5 bei dieser Prozedur einsetzen. Der Seh- und Fühlsinn wird zuerst gebraucht, um den Schlauch einzuführen und ihn durch die empfindlichen Stellen des zwarten Gewebes im Nasenrachenraum in die Speiseröhre zu bringen. Der Fühlsinn bekommt mehr Bedeutung, wenn festzustellen ist, ob der Schlauch richtg in der Speiseröhre liegt und nicht etwa in die Luftröhre geraten ist.

Sobald der Schlauch in die Speiseröhre eingedrungen ist, darf eine sachkundige Person eine winzige Menge Luft in den Schlauch blasen, um die kleine weiche Speiseröhre zu weiten. Dieses Gebilde ist beim Neugeborenen nur zum Teil geöffnet. Es hatte die Funktion, während des embryonalen Lebens dafür zu sorgen, daß amniotische Flüssigkeit aufgenommen wurde, erlangt aber seinen voll wirksamen Tonus erst, wenn das Fohlen gesaugt hat und seine erste Mahlzeit hinter sich gebracht hat.

Die kleine Luftmenge, die aus der Spitze des Schlauchs entweicht, öffnet das Lumen (der Raum innerhalb einer Arterie, Vene, eines Darms oder eines Schlauchs) der Speiseröhre und dehnt das umliegende, weiche Gewebe. Das sich fließend ausdehnende weiche Gewebe bestätigt, daß der Schlauch wirklich in der Speiseröhre ist und erleichtert außerdem die Passage des Schlauchs, der bei dieser Methode keine Reizung der Speiseröhrenwand verursacht.

Sobald der Schlauch in den Magen eindringt, bemerkt man ein charakteristisches Entweichen von Luft. Dieses Magengas hat beim Neugeborenen zwar nur ein geringes Volumen, dafür aber einen charakteristischen Geruch. Der Geruchssinn spielt eine wichtige Rolle bei der Identifizierung dieses Geruchs und bestätigt außerdem, daß das Ende des Schlauchs den Magen erreicht hat. Zu diesem Zeitpunkt sind die eigentümlichen Magengeräusche zu hören, die die richtige Lage des Schlauchs bestätigen. Man kann diese Geräusche nur hören, wenn das freie Ende des Schlauchs an das Ohr gehalten wird.

Interessant ist, daß die Speiseröhre hin und wieder an der rechten Halsseite des jungen Fohlens zu finden ist. Beim älteren Pferd habe ich noch nie die Speiseröhre an der rechten Seite des Halses entdecken können. Ich nehme daher an, daß die Speiseröhre sich während des Wachstumsprozesses an die linke Halsseite verlegt und damit in ihre normale anatomische Lage.

Sobald der Schlauch eindeutig im Magen des Fohlens ist, bietet er eine leichte und sichere Methode, die Muttermilch dahin zu bringen, wo sie gebraucht wird. Auf diese Weise wird die reduzierte Fähigkeit des Fohlens zu saugen und zu schlucken, ausgeglichen. Der Fütterungsplan und die vorgeschriebenen Milchmengen, die per Sonde verabreicht werden müssen, sind die gleichen, wie bei der Flaschenfütterung.

Zeigt der klinische Befund, daß das Fohlen eine ständige Sondenfütterung nötig hat, bzw. wenn ein Fohlen auf eine anfängliche Sondenfütterung so reagiert, daß der fortgesetzte Gebrauch der Sonde nötig wird, sollte man eine dauerhafte Lösung finden. Dies zu entscheiden, sollte dem Tierarzt überlassen bleiben. Für diesen Fall bietet sich eine einfache aber zufriedenstellende Lösung an, indem man die Nasenschlundsonde fest anbringt. Man schlingt einen Nylonfaden außen um den Schlauch und näht ihn mit einer Matratzenhaftnaht durch das weiche Gewebe an der Außenseite der Nüstern fest. Auf diese Weise kann eine regelmäßige Fütterung problemlos erfolgen und es entfällt die Notwendigkeit, bei jeder der vielen notwendigen Fütterungen den Schlauch zu entfernen und wieder neu einzuführen.

Diese Methode, die sich als recht brauchbar erwiesen hat, dient einem doppelten Zweck. Ist der Schlauch an Ort und Stelle vernäht, kann auch ungelerntes Personal nach Zeitplan arbeiten und die Notwenigkeit, bei jeder Mahlzeit den Schlauch einzuführen, entfällt. Wird das Einführen des Schlauchs ständig wiederholt, kann es zu Reizungen der Schleimhäute kommen, die bereits geschwächte Fohlen unnötig belasten. Obendrein hat man mit dem Dauerschlauch die Möglichkeit einem kranken Fohlen Medikamente oral zu verabreichen. Die Medikamente können – auch von ungelernten Personen – bequem mit einer Milchmahlzeit vermischt werden und so oft wie vom Tierarzt verordnet, gegeben werden.

Der an Ort und Stelle vernähte Schlauch hat viele Vorteile, aber es gibt in diesem Zusammenhang ein Risiko, das man kennen sollte. Ist das offene Ende des Schlauchs nicht immer gut verstöpselt oder zusammengeklammert – abgesehen von den Fütterungszeiten – dringt Luft in den Magen ein, verursacht Blähungen und Unbehagen und raubt dem Fohlen seinen so wichtigen ungestörten Schlaf. Denken Sie also daran, das Schlauchende direkt nach jedem Füttern zu verschließen.

Es ist ein freudiges Ereignis – und gar nicht so unwahrscheinlich – ein Fohlen mit festgenähter Nasen-Magensonde saugend auf den Beinen vorzufinden. Wie gern entfernt man einen Schlauch aus einem Fohlen, das nun genug Kraft hat, sich seine Nahrung selbst zu besorgen.

Wenn ein Fohlen nicht saugen oder schlucken kann und die erste Sondenfütterung hat bereits stattgefunden, muß umgehend eine Differentialdiagnose erstellt werden. Handelt es sich um ein Fohlen, das lediglich durch den Geburtsstress körperlich geschwächt ist und einem exakt terminierten Ernährungsrhythmus nicht entsprechen kann, oder aber um einen schleichenden Krankheitsprozess z. B. (Sepsis) intrauteriner Genese, der hier am Werke ist.

Ein hoher Prozentsatz der septischen Fohlen kommt auf die Welt, ohne saugen zu können. Dieses Symptom sollte jeden stutzig machen und ihn umgehend den Tierarzt rufen lassen. Es ist unbedingt nötig, daß der Tierarzt sofort handelt, klinisch diagnostiziert, eine entsprechende Übergangsbehandlung anordnet, und anhand von Laboruntersuchungen eine definitive Diagnose stellt. Zeitliche Verzögerungen sind in solchen Fällen fatal.

Wir haben das Fohlen besprochen, das zu einem frühen Zeitpunkt einer Behandlung bedarf, um zu überleben. Fohlen, die Hilfe brauchen, um ihre Atmung in Gang zu setzen, oder eine helfende Hand, um vier sperrige Beine zu beherrschen, oder eine Flasche oder einen Schlauch, um die Grundernährung zu bewerkstelligen, sind nicht unbedingt kranke oder durch einen pathologischen Befund beeinträchtigte Fohlen. So gravierend diese Probleme auch zunächst sein mögen, wenn sie sofort erkannt und behandelt werden, sollte das betroffene Fohlen nicht ungerechtfertigt als minderwertig gebrandmarkt werden, als ein Tier, das die genetischen Erwartungen nicht erfüllt.

3. Kapitel

Trauma und Krankheit

Grundsätzlich jedes neugeborene Fohlen sollte so schnell wie möglich nach der Geburt von einem Fachtierarzt gründlich untersucht werden. Macht man sich dies zur Regel, wird man mit dem Ergebnis zufrieden sein.

Jede angeborene oder ererbte körperliche Abweichung von der Norm ist bei der Geburt, oder sicher innerhalb der ersten 24 Stunden, klar ersichtlich. So sollte eine genaue Untersuchung des Kopfes, Mauls, der Kiefer, der Augen, der Augenlider und vor allem der Beine und Füße auf Abweichungen oder Mißbildungen vorgenommen werden.

Besonders wichtig in diesem Zusammenhang sind die Körperöffnungen, die für das weitere Leben ausschlaggebend sind. Ihr Vorhandensein und ihre Vollständigkeit sind von vitaler Bedeutung für das Fortbestehen physiologischer Prozesse, wie das Saugen, der Schluckreflex, die Stuhlpassage und das Urinieren. Untersuchen Sie das Maul, die Nüstern, die Augen und Ohren sorgfältig; dann lokalisieren und untersuchen Sie den Nabelstrang unter dem Bauch. Als nächstes an der Reihe - und sehr wichtig - sind Anus, Scheide und Penis oder Vulva. Kontrollieren Sie, ob alle Öffnungen vorhanden sind, dann vergewissern Sie sich, daß sie nicht blockiert oder verstopt sind. Die einzige Ausnahme bildet hier der Nabelstumpf, der (möglichst) nicht offen, disfunktional und idealerweise im Prozess des Austrocknens sein sollte.

Das Fohlen muß auf Anzeichen eines körperlichen Traumas untersucht werden, das im Laufe der Geburt erlitten wurde, wie: Gesichts- oder Körperquetschungen, gebrochene Rippen, ein Blasenriß, verbogene oder gezerrte Glieder und geschwollene Sprunggelenke und Ellenbogen. Die meisten dieser Verletzungen ergeben sich, wenn die Stute sich selbst überlassen ist, bzw. keine Hilfe beim Abfohlen erfährt. Bei unbetreuten Geburten werden die Sprunggelenke und Ellenbogen grundsätzlich in Mitleidenschaft gezogen, da das Fohlen seine schwankenden Versuche sich aufzustellen und zu trinken ohne schützende Hilfe unternimmt.

Als Folge bilden sich ödematöse (flüssigkeitsgefüllte) Schwellungen mit inneren Kapillar-Blutungen über den Knochenvorsprüngen des Fohlens. Diese Erscheinung nent man Piephacke, bzw. Stollbeule. Solche Quetschungen am Kopf oder Auge und die geschwollenen Sprunggelenke oder Ellenbogen sehen erschreckend aus, sind aber selten problematisch und klingen schnell ab. Auf den Schwellungen können sich Borken bilden, die gut auf die oberflächliche Anwendung von Heilsalben reagieren. Kurz nach der Geburt treten häufig große fluktuierende Schwellungen auf, aber trotz ihrer Größe machen sie meist keine Probleme. Ernst zu nehmen sind hingegen die seltenen Fällen, in denen Rippen gebrochen sind oder ein Blasenriß vorliegt. Hier muß sorgfältig und gewissenhaft diagnostiziert und behandelt werden. Solche Verletzungen entstehen bei einer verzögerten oder schweren Geburt, wenn entweder zu viel Hilfe und Zugkraft von außen eingesetzt wurde, oder, was häufiger zutrifft, gar keine Hilfe zur Verfügung war.

Die Natur setzt sich durch, doch das kann teuer zu stehen kommen!

Ich habe die Erfahrung gemacht, daß jedes leidende Fohlen sich irgendwie zu erkennen gibt, entweder durch offene Symptome, die für jeden zu erkennen sind, oder dadurch, daß es gleich stirbt. Achtsamkeit ist das Geheimnis eines erfolgreichen Fohlenstalles, läßt die Zahl der gesunden Fohlen anwachsen und reduziert die Kranken- und Sterblichkeitsrate beträchtlich.

Bevor wir uns eingehend mit den verschiedenen Fohleninfektionen befassen, möchte ich vier Probleme anführen, die kurz nach der Geburt auftreten können: Verstopfung (einfache, oder schwere), Mekonium-Verhaltung, Kolik und Durchfall. Es gibt zwei Meinungen zu diesen sogenannten geringfügigen Störungen. Einige halten sie tatsächlich für unbedeutend, andere vertreten die Ansicht, daß das Auftreten jedes dieser Phänomene Krankheiten in der Entstehung ankündigt und es sich folglich nicht um separate, harmlose Erscheinungen handelt, sondern daß jede für sich Teil einer allgemeinen Infektion des gesamten Körpers ist, nämlich einer Sepsis, und als solche behandelt werden sollte! Die meisten Tierärzte vertreten die letztere Ansicht und behandeln entweder aktiv durch prophylaktische Maßnahmen oder sie suchen unermüdlich weiter nach einer klaren Diagnose. Wenn also Verstopfung, Diarrehoe oder kolikartige Beschwerden auftreten, ist es angebracht, den Tierarzt zu rufen und ihm darum zu bitten, eine Differentialdiagnose zu erstellen sowie um seinen fachtierärztlichen Rat. So wird keine Zeit vergeudet.

Verstopfung

Eine einfache Verstopfung kommt relativ häufig vor und wird durch die unnatürliche Verhaltung von Kot verursacht. Sie kann jederzeit auftreten, von der ersten halben Stunde des Fohlenlebens bis zum dritten Tag. Erst Symptome sind kolikartige Schmerzanzeichen und Unwohlsein, Schwanzschlagen, Pressen, Sich-Hinwerfen und Sich-Wälzen. Dieses Verhalten wird in erster Linie durch Magen-Darmbeschwerden verursacht, die durch eine kleine, harte Fäkalmasse im Rektum entstehen, die sich nicht einfach weiterschiebt. Oft beseitigt ein ganz normales Seifenwasser-Klistier das Problem und verschafft augenblicklich Erleichterung. Bringt das Klistier keinen Erfolg und das Fohlen zeigt weiterhin Unbehagen, sollten sie an professionelle Hilfe denken. Eine leichte Verstopfung hat eine günstige bis gute Prognose.

Bestehen die Verstopfungssymptome fort, muß man an die Möglichkeit einer schweren Verstopfung denken. Hier handelt es sich um einen gravierenden Befund, der höher im Verdauungstrakt lokalisiert ist, aber die gleichen Symptome verursacht, wie eine einfache Verstopfung.

Anschoppung

Eine schwere Verstopfung kann eindeutig anhand der seltsamen und sehr unnatürlichen Körperhaltung der befallenen Fohlen festgestellt werden. Das betroffene Tier liegt auf dem Rücken, hält Kopf und Hals ausgestreckt in gerader Linie mit dem Körper, so daß der Unterkiefer zuoberst ist und von den ausgestreckten Vorderbeinen eingeschlossen wird. Diese unmißverständliche Körperhaltung signalisiert eine schwere Verstopfung, oder Anschoppung. Sie signalisiert außerdem, daß der Tierarzt dringend kommen und mit der Behandlung beginnen muß. Bei Stuhlverhaltungen sind eine ganze Anzahl an Behandlungsschritten nötig, die über einen bis vier Tage gehen. Bei intensiver medikamentöser Behandlung erholen sich viele dieser Fohlen.

Die anfängliche Behandlung besteht in der Injektion von Schmerzmitteln, die das Fohlen entspannen und so die Passage der Nasenschlundsonde ermöglichen, durch die ein Abführmittel direkt in den Magen gebracht wird. Man kann der Mischung etwas Stutenmilch zufügen, wenn klar ersichtlich ist, daß der regelmäßige Trinkrythmus des Fohlens abnimmt. Dies läßt sich nur am Euter der Stute feststellen, anhand seiner Form, Größe und Textur.

Muskelspannungslösende Injektionen, wie z. B. Dipyrone (Novin), zur sofortigen Linderung intravenös verabreicht, und i. m. zwecks Langzeitwirkung, können beim jungen Fohlen ohne Bedenken und mit guten Ergebnissen eingesetzt werden.

Sobald sich das Befinden des Fohlens nach der Injektion gebessert hat, sollte eine verantwortliche Person ein Routineklistier machen. Auf diese Weise wird zunächst die Rektalregion entleert und wenn man Glück hat, darüberhinaus die Peristaltik, d. h. die Darmbewegungen weiter oben im Verdauungstrakt, angeregt. Zu intensive und zu häufige Klistiere (mehr als 1 x tägl.) sind Fohlen nicht zuträglich.

Im Laufe der Zeit hat man Einsatz, Häufigkeit und tatsächlichen Nutzen von Einläufen immer wieder in Frage gestellt, da die meisten Anschoppungen hoch oben im Verdauungstrakt sitzen. Ich ziehe vor, das Befinden meiner Patienten so sehr zu stärken, wie mir möglich ist, ständig Flüssigkeits- und Elektrolytverluste zu ersetzen und außerdem konsequent Nahrung und Laxativa (Abführmittel) per Schlauch zu verabreichen. Klistier, die oft und ohne festen Plan gemacht werden, reizen nur die Rektalschleimhaut des Fohlens, verursachen Schwellungen und Schmerz und verschlimmern den Zustand des kranken Fohlens.

Im frühen Verlauf der Stuhl-Anschoppung stellen Fohlen das Saugen ein, oder sie saugen nur unregelmäßig; die schnell eintretende Folge ist Flüssigkeitsverlust und ein niedriger Blutzuckerspiegel. Wenn dies entdeckt und nachträglich die Diagnose gestellt wird, hat man oft bereits eine Notsituation vor sich. Der Flüssigkeitsverlust schwächt und macht empfänglich für Systemerkrankungen und Infektionen und kann ein kleines Fohlen das Leben kosten.

Es kann nicht genug betont werden, wie wichtig eine intravenöse Ersatzversorgung an Elektrolyten, Glukose und Flüssigkeit bei einer langwierigen Verstopfung oder Stuhlanschoppung ist. Bei der Verstopfung entsteht ein ähnlicher Flüssigkeitsverlust wie bei der Diarrhoe. Bei Durchfällen ist die Notwendigkeit, Flüssigkeit und Mineralsalze zu ersetzen offensichtlich; ist das Fohlen verstopft, wird dieser Bedarf häufig ignoriert oder vergessen. Zur richtigen Behandlung eines Obstipationsfalls gehört immer die Flüssigkeittherapie.

Bei dem erkrankten Fohlen wechseln unregelmäßige Schmerz- und Entspannungsphasen miteinander ab und das Fohlen ändert ständig seine Körperhaltung. Zeitweilig macht es den Eindruck fast tot zu sein, im nächsten Moment wirkt es einigermaßen entspannt. Gar nicht selten sieht man ein krankes Fohlen auf dem Rücken liegen, das dann im nächsten Moment einen schwachen Versuch macht, an der Mutter zu saugen. Dieses Verhalten ist typisch bei Anschoppungen im oberen Darmbereich. Unerfahrende Züchter bringt es oft völlig aus der Fassung.

Es kommt vor, daß die Stute mit Unruhe oder Gereiztheit auf all diesen Wirrwarr und die vielen Menschen, die während der Krankheit des Fohlens im Stall ein und ausgehen, reagiert. Manchmal liegt es auch daran, daß das Euter drückt und die Zitzen durch den unregelmäßigen Saugturnus wund werden. Zeigt die Stute Anzeichen von Nervosität, oder handelt es sich ohnehin um eine empfindliche Zuchtstute, empfehle ich ein mildes Beruhigungsmittel, vorzuweise 1 bis 2 cc Acepromazin, alle 12 Stunden i. m. Dies erleichtert es dem Betreuer, das Fohlen zu versorgen.

Das Fohlen sollte während der schmerzhaften Phasen so beschwerdefrei wie möglich gehalten werden, wegen der Gefahr der Selbstverletzung. Die Verabreichungszeiten für die Medikamente sind unbedingt einzuhalten. Wiederholte Behandlungen alle 4 bis 8 Stunden, die mit der Flüssigkeitstherapie wiederholt werden, sollten ausreichen, um die Verstopfung zu lösen. Unsere Bemühungen müssen anhalten, bis Unbehagen und Schmerz merklich abnehmen. Plötzlich wird die Entleerung des fäkalen Materials erfolgen und das Problem gelöst sein. Sind die Eingeweide frei und nehmen ihre wirkliche physiologische Funktion auf, erleidet der betroffene Patient nur selten einen Rückfall.

Mekoniumverhaltung

Die Mekoniumverhaltung ist eine sehr ernste Form totaler Verstopfung beim Neugeborenen und wird während der ersten zwölf Lebensstunden diagnostiziert.

Das Mekonium ist die erste Ausscheidung des Neugeborenen. Im letzten Abschnitt der Tragezeit beginnen ein paar fötale Systeme selbständig zu funktionieren, während der Fötus noch im Mutterleib ist. Überflüssige Flüssigkeit wird angesammelt, im Plazentagewebe aufbewahrt und mit ihm zusammen bei der Geburt ausgeschieden. Halbfeste Abfallstoffe hingegen, die sich im Magendarmtrakt des Fohlens ansammeln, bleiben dort bis nach der Geburt. Dann erst führt die notwendige Stimulierung zur Ausscheidung.

Einige Fohlen habe das Pech, daß das Mekonium nicht wie erwartet in Bewegung kommt und steckenbleibt.

Jeder hartnäckige Fall von Verstopfung, der sich in den ersten Lebensstunden entwickelt, ist so gut wie immer auf mehrere kleine Mekoniumansammlungen zurückzuführen, die teilweise oder ganz im Verdauungstrakt zurückgeblieben sind. Ein Klistier sollte die Entleerung des Rektums stimulieren und eine gewisse Darmtätigkeit der Eingeweide fördern.

Leider haben Einläufe wenig Einfluß auf festsitzendes Mekonium, das meist im oberen Teil der Eingeweide steckt. Bei frühzeitigen erfolglosen Einläufen sollte eine Mekoniumverhaltung Verdachtmoment Nr. 1 sein.

Die Stauung des Kots verursacht Schmerz. Mit der Stauung verliert die Masse an Feuchtigkeit, sie wird zunehmend trockener und es wird immer unwahrscheinlicher, daß sie sich weiterbewegt oder auf eine - sogar drastische - Behandlung reagiert. Gleichzeitig verliert die Schleimhautinnenwand des Darms, die das Mekonium umschließt, an Feuchtigkeit und büßt ihre normale Gewebsbeschaffenheit ein. Diese Gewebsveränderungen ermöglichen das Eindringen toxischer Stoffe in die Blutbahn und vergrößern die Probleme des kranken Fohlens. Der Zeitfaktor hat jetzt ein großes Gewicht, wenn das Leben des Fohlens gerettet werden soll!

Wenn die Mekoniumverhaltung auch die gleichen Symptome aufweist, wie eine einfache Verstopfung, ist die Prognose sehr unterschiedlich. Die Diagnose kann aufgrund des Grads des schlechten Befindens, des Anhaltens der Symptome und der Unbeeinflußbarkeit der Erkrankung durch eine konventionelle, konservative Behandlung gestellt werden.

Die Überlebenschancen des Fohlens sind sehr viel besser, wenn eine gut ausgestattete chirurgische Klinik in der Nähe ist. Sofern ein chirurgischer Eingriff in Betracht kommt, kann mit Hilfe einer Reihe von Blutuntersuchungen eine genaue Diagnose gestellt werden, die in Verbindung mit anderen Daten das Vorhandensein und fortschreitende Ausmaß der Austrocknung anzeigen. Sogar im Frühstadium einer systemischen Infektion weist eine vermehrte Anzahl der festen Blutbestandteile (erhöhter Hämatokrit) auf Austrocknung hin. Allerdings haben Blutuntersuchungen nur dann einen Wert, wenn die Resultate schnell vorliegen.

Manchmal ist es besser, einen Fall frühzeitig in eine Klinik mit Operationsmöglichkeit zu bringen und sich die Entscheidung vorzubehalten, als zu lange zu zaudern und dann keine Entscheidungsmöglichkeit mehr zu haben. Die Stunden gehen dahin und mit ihnen die Lebenschancen. Wenn nötig, und es ist noch früh genug, wird Ihr Tierarzt den lebensrettenden Eingriff empfehlen.

Nach der Aufnahme in der Tierklinik, wird das Fell am Bauch des Fohlens mit der Maschine geschoren, rasiert, gereinigt und gründlich für die Operation vorbereitet. Nachdem mehrere Röhrchen Blut abgenommen und ins Labor gebracht wurden, folgt die intravenöse Sedierung des Fohlens. Eine I. V.- Braunüle wird in die Halsvene geschoben, sorgfältig mit Pflasterstreifen befestigt und zusätzlich mit Pflaster um den Hals des Fohlens festgeklebt. Ist dies erledigt, wird eine Praemedikation durch den festliegenden Katheder verabreicht, hinter dem der lange, leicht erreichbare Schlauch für den Notbedarf frei herabhängt. Nach einer zweiten Injektion mit Thiopental (Narkotikum) und einem Muskelrelaxans, liegt der Patient auf dem Operationstisch. Nun wird das Fohlen mit einem kleinen, Tracheotubus intubiert. Dieser Tubus wird oral eingeführt und geschickt in die Trachea (Luftröhre) geschoben, wobei darauf geachtet wird, daß das Fohlen ständig frei atmen kann. Ein sicher wirksames Allgemeinanästhetikum wird durch den Endotrachealschlauch in Form eines Atemgases wie z. B. Halothan oder Fluothan verabreicht. Diese modernen gasförmigen Anästhetika sorgen für die Sicherheit des Patienten beim chirurgischen Eingriff. Sie sind den älteren Betäubungsmitteln, die gespritzt wurden, vorzuziehen.

Nun wird der Tierkörper mit sterilen Tüchern abgedeckt und der Chirurg eröffnet die Bauchhöhle in der Mittellinie. Vorsichtig lokalisiert er die festsitzende Mekonium-Anschoppung. Dann entscheidet der Chirurg nach seiner Erfahrung, ob die Fäkalmasse vorwärts massiert werden soll, oder ob der Darm eröffnet und der üble Stoff entfernt wird. Liegen große Gewebsschädigungen an der Darmwand vor und die Zirkulation im Darmgewebe ist beeinträchtigt, wird der Chirurg diesem Darmabschnitt möglicherweise in toto (im Ganzen) entfernen und die Darmenden aneinander nähen. (Anastomose).

Man staunt, wenn man die Größe, Länge und kompakte Beschaffenheit mancher Mekonium-Anhäufungen sieht, die von erkrankten Fohlen stammen. Gleich für welches Verfahren der Tierarzt sich entscheidet, das Fohlen bekommt eine Chance zu überleben - und es überlebt. Ich habe schon eine ganze Reihe solcher Fohlen gesehen, die ganz normal gelebt haben, ohne daß irgendwelche Magendarm-Probleme aufgetreten wären.

Durchfall und Kolik

Allein das Auftreten von Diarrhoe oder Kolik (oder beidem) sollte höchstens Alarm auslösen und sofort einen erfahrenen Tierarzt herbeirufen. Sowohl Diarrhoe, wie Kolik werden als Symptome und nicht als selbständige Krankheiten angesehen. Meiner Meinung nach ist ihr Vorhandensein ein verhängnisvolles Zeichen drohender Krankheit des Neugeborenen. Kein gesundes Fohlen sollt in irgendeiner Altersstufe Diarrhoe oder eine andere Form von Magendarmstörung haben. Diese Anzeichen zu ignorieren ist waghalsig. Ebenso töricht ist es, Hausmittel zu geben, die für Menschen bestimmt sind. All dies verursacht nur kostspielige Verzögerungen. Lassen Sie sich nicht durch ein aktives, munteres, kraftvolles Fohlen blenden. Dieser kleine Kraftprotz kann schnell zu einem schlaffen, kranken Tier verfallen.

Körpertemperatur, Herz-, Puls- und Atemrhythmus, Magendarmgeräusche, wie die Farbe der Maulschleimhaut und der Augenschleimhäute sind allesamt von Bedeutung und zu beachten. Das Blut des Fohlens sollte dem Labor übergeben werden, um Lebensinformations-Daten zu erhalten, die den Tierarzt in seiner Diagnose bestätigen, bzw. ihn leiten können. Vermehrte weiße Blußkörperchen weisen auf eine Infektion hin, eine verminderte Anzahl ist Zeichen einer

Trauma und Krankheit 53

Immunschwäche. Beide Fälle sind heimtückisch und lebensbedrohend. Die Blutuntersuchung spielt eine ausschlaggebende Rolle bei der Früherkennung verborgener Probleme und sollte immer bei Fohlen mit Krankheitsverdacht herangezogen werden.

Farbe, Konsistenz und Geruch des Durchfalls sind wichtig und können helfen, die Diagnose zu stellen.

Die einzige Ausnahme zu dieser "Durchfallregel" bildet die Fohlenrosse, oder der sogenannte "Neun-Tage-Durchfall". Für den erfahrenen Züchter ist dies die einzige bekannte Form akzeptablen Durchfalls.

Fohlenrossedurchfall

Sie sollten wissen, daß es für ein gesundes Fohlen völlig normal ist, mit dem Einsetzen der Neu-Tage-Rosse der Stute leichten oder auch starken Durchfall zu haben. Die Ursache dieses Durchfalls war jahrelang sehr umstritten. Heute ist man überwiegend der Meinung, daß das Fohlen beim Saugen Fremdstoffe mit der Milch zu sich nimmt, die den Darm reizen. Das Fohlen nimmt Scheidenabsonderungen auf, die über das Euter und die Zitzen geflossen sind. Diese Ausscheidung ist stark mit verschiedenartigen Bakterien angereichert und es kommt schnell zu Durchfällen.

Nach einer 11 Monate dauernden Tragezeit ist die Neun-Tage-Rosse nach Meinung vieler Tierärzte eine normale physiologische "Generalreinigung" der Geburtswege der Stute. Halbflüssiges Scheidensekret fließt kontiuierlich in dieser durchschnittlich 3 bis 4 Tage dauernden Zeit und beeinträchtigt fortwährend den Magendarmtrakt des Fohlens.

Der Ausdruck "Neun-Tage-Durchfall" ist manchmal irreführend und sollte durch den Begriff "Fohlenrossedurchfall" ersetzt werden. Das Einsetzen des Durchfalls ist eigentlich jederzeit zwischen dem 6. und 12. Tag nach dem Geburtsvorgang zu erwarten. Der Fohlenrossedurchfall ist ein normaler Vorgang und sollte so schnell gehen, wie er gekommen ist, d. h. nach etwa vier Tagen. Gesunde Fohlen normalisieren sich schnell. Das Befinden schwacher Fohlen kann sich jedoch verschlechtern. Der Durchfall kann sich fortsetzen und eine Behandlung nötig werden. Um der gefürchteten Austrocknung, einer Schwäche der Widerstandskraft sowie vermehrter Empfänglichkeit systemischen Infektionen gegenüber vorzubeugen, heißt es auf der Hut zu sein. Ein Durchfall mit Elektrolytverlust muß sofort zum Stillstand gebracht werden! Die angängliche Behandlung besteht aus Penizillin und Dihydrostreptomycin, vorzugsweise 5 bis 6 cc i. m . einmal tägl. über eine Zeit von 3 bis 5 Tagen. Ergänzen Sie die Elektrolyte entweder intravenös oder oral. Ein allg. Blutbild sollte als dienen und unbedingt in dieser Zeit genommen werden.

Ein achtsamer Fohlenbesitzer kann das Ausmaß und den mit diesem physiologischen Phänomen des Fohlenrosse-Durchfalls verbundenen Stress mildern. Reinigen Sie die Vulva der Stute, die Perineum-Gegend (zwischen After und Genitalien) und ganz besonders das Euter gründlich, und zwar vom Einsetzen der Rosse an. Ein großes Handtuch, milde Seife und lauwarmes Wasser tun hier gute Dienste und beseitigen Dreck und Bakterien. Spülen Sie gründlich nach und trocknen Sie gut ab. Wiederholen Sie das Ganze täglich, solange der Zyklus dauert - etwa bis zu 4 Tagen.

Ein achtsamer Züchter kann für eine weitere Erleichterung sorgen. Die hartnäckige Entleerung des Fohlens verursacht ein schmutziges, feuchtes Hinterteil, das schließlich trocknet, wobei rund um das Schwänzchen die Haare ausgehen. Wäscht man diesen Bereich sanft mit Wasser und Seife ab, wird das körperliche Unbehagen und das Jucken, das sich nach einigen Durchfalltagen mit Sicherheit bemerkbar macht, gelindert. Täglich reichliches Aufbringen von Paraffinöl, Glyzerin oder Vaseline hält das wunde Hinterteil weich und lindert.

Kotfressen (Koprophagie)

Es gibt eine weitere Ursache für Durchfälle beim neugebornen Fohlen. Wenn Durchfall auftritt und ohne Rythmusist oder ohne ersichtlichen Grund fortbesteht, sollten Sie darauf achten, ob das Fohlen Mist frißt. Es frißt heimlich und unbeobachtet Reizstoffe und parasitäre Larven und Eier und schafft sich so eine sich selbst fortsetzende Diarrhoe, die den verantwortungsbewußten Züchter sehr überrascht und besorgt. Ich betrachte Koprophagie als eine üble Angewohnheit, die sorgfältiger Beachtung und Vorsorge bedarf, um eine sich tägl. wiederholende Reizung des Magendarm-Trakts des Fohlens zu verhindern.

Nach meiner Erfahrung sind es die größten, stärksten und am besten ernährten Fohlen, die diese heimliche Angewohnheit entwickeln. Warum sie dies tun, weiß man bisher nicht und die Behandlung besteht darin, daß man den Kot entfernt.

Krankheit

Ein Fohlen kommt frei von Parasiten, völlig ohne Antikörper aber nicht unbedingt frei von Infektionen auf die Welt. Die Beschaffenheit des Mutterkuchens ist für jeden einzelnen dieser Faktoren verantwortlich. Die Plazenta der Stute ist einzigartig, nicht nur was ihre physiologisch selektiven Funktionen betrifft und ihre anatomische Struktur, sondern auch hinsichtlich ihrer charakteristischen Anheftung an die Innnenwand des mütterlichen Uterus. Von vielen als in der Entwicklung stehengeblieben und von der Evolution vergessen angesehen, über die schlecht ausgerüstete Plazenta und Copartner Uterus einen eigenartigen Einfluß - ob gut oder schlecht mag dahingestellt sein - auf den eingekapselten Fötus aus.

Kein Endoparasit (innerhalb des Organismus eines fremden Lebewesens lebender Schmarotzer) kann während der Tragezeit die Plazentamembranen durchdringen und in den Fötus gelangen. Auch die inneren Parasiten der Stute, die während der Trächtigkeit in ihrem Magendarm-Trakt und ihrer Blutbahn vorhanden sind, können nicht in den Fötus gelangen, der von den Plazentamembranen im Uterus gut umhüllt ist. Die Situation ändert sich natürlich grundlegend, wenn der Neuankömmling seine schützende Umgebung verläßt. Mit der

Geburt wird er automatisch Beute einer ganzen Horde von Parasiten, die in der Einstreu und auf dem verschmutzten Boden lauern. Askariden (Spulwurm)-Eier gibt es im Überfluß in der Umgebung des Fohlens, die nur darauf warten, von ihm aufgenommen zu werden. So beginnt die ewige Parasitenplage, ein destruktiver Zyklus, der das Fohlen ein Leben lang belasten wird.

Im Gegensatz zu anderen Tierarten erhält das Fohlen von der werdenden Mutter keinerlei schützende Antikörper. Dies liegt wiederum an der Plazenta. Pferde-Antikörper können die ganz besonders undurchdringliche Plazenta-Schranke nicht durchdringen.

Viren, Pilze und Bakterien leben und regenerieren sich gewöhnlich in den Geschlechtsorganen der Stute. Sie gedeihen und wachsen speziell tief unten im hängenden Gebärmutterhorn einer mehrfachgebärenden Zuchtstute. Eine infizierte Maidenstute ist eine Seltenheit. Gut verborgene Infektionen bleiben oft unentdeckt, selbt bei modernen gynäkologischen Untersuchungsmethoden, wie dem Ansetzen von Bakterienkulturen nach der Entnahme von Zerzix- (Gebärmutterhals-) u. Uterustupfern. Wird nichts unternommen, können diese geringgradigen Infektionen beachtliche Ausmaße ..., eine Stute unfruchtbar und schließlich steril machen.

Obwohl Stuten sich auf andere Weise Infektionen zuziehen, erfolgt die Ansteckung und das Eindringen von Mikroorganismen - die dann zu Zuchtproblemen führen - am häufigsten während des Deckaktes. Ist der Genitaltrakt einer Stute einem Erreger von Geschlechtskrankheiten ausgesetzt, gibt es mehrere Möglichkeiten. Je nach Widerstandsfähigkeit und Zähigkeit der Stute und der Bösartigkeit der eindringenden Mikroorganismen, können drei Fälle eintreten. Unfruchtbarkeit, die eine extensive Antibiotikabehandlung erfordert, Sterilität, die das Ende der Fortpflanzungsfähigkeit der Stute bedeutet, aber erstaunlicherweise kann sich auch eine stabile Trächtigkeit einstellen. Diese problematischen Trächtigkeiten richten sich darauf ein, zu überleben, indem sie mit der uterinen Geschlechtsinfektion koexistieren.

Eben diese Koexistenz ist der Grund dafür, daß schwache, kranke oder tote Fohlen - ganz allgemein als septische Fohlen bezeichnet - heranreifen. Der Ausnahmefötus, dem es gelingt zu überleben (der nicht während der Embryonalentwicklung abgestoßen wird), kommt gewöhnlich geschwächt und in gefährdeter Verfassung zur Welt. Ein derartiges Fohlen kann sich im Koma befinden, nicht in der Lage sein, selbständig zu atmen, aber auch aufstehen und saugen, wenn man es allein läßt.

Ein Fohlen, das eindeutig im Mutterleib krank geworden ist, ist leicht an seinem unschönen Aussehen zu erkennen. Solch ein Fohlen ist durch und durch schwach, zu klein und hat einen unter der Norm liegenden Muskel-Skelettrahmen. Typisch ist, daß es ihm sogar schwer fällt aufzustehen und daß es lange bevor es zur Nahrungsquelle kommt, bzw. das lebensnotwendige Saugen lernt, schon völlig erschöpft ist.

Bestimmte Viren, speziell der berüchtigte Rhinopneumonitis-Virus haben eine ausgeprägte Fähigkeit in den Körper der Stute einzudringen und direkten Zugang zum tragenden Uterus zu bekommen. Dies liegt an ihrer starken Affinität zum Plazentagewebe. An dieser Stelle baut der Virus einen Infektionsherd zwischen Plazenta und Uteruswand auf, der in erster Linie eine stellenweise Ablösung der angehefteten Plazenta zur Folge hat. Je größer die Ablösung, desto weniger effizient ist die Gasversorgung und Nahrungsversorgung des Fötus. Ist die Ineffizienz zwischen der mütterlichen Uteruswand und den Fötalmembranen geringfügig, kann es bei der hochtragenden Zuchtstute zu leichten Symptomen kommen. Ist die Infektion jedoch ausgedehnt und destruktiv, bleiben die meisten Stuten unauffällig und symptomfrei, bis der Abort dann bevorsteht und spontan erfolgt.

Es gibt einige spezifische Bakterienarten, die es verstehen, einzudringen und ähnliche Symptome mit dem gleichen verheerenden Resultat hervorrufen. Einige dieser bakteriellen Verursacher hinterlassen charakteristische krankhafte Veränderungen und zwar nicht allein am abgestorbenen Fötus, sondern an und in den Fruchthäuten. Ich wiederhole, die Kontrolle aller Nachgeburt-Häute bei einer Frühgeburt und bei einem normal geborenen Fohlen, sollte eine Selbstverständlichkeit, ja ein Muß sein. Zu viel Erfahrungsgut geht immer verloren, wenn die Plazenta einfach fortgeworfen wird, ohne vorherige fachliche Beurteilung.

Noch einmal, alle Neugeborenen kommen frei von Parasiten und immunologisch ohne Befund auf die Welt, aber nicht alle Fohlen werden frei von Infekten geboren. Lassen Sie sich nicht dadurch täuschen, daß ein Fohlen gesund und kräftig aussieht, es kann leicht eine Infektion in sich haben. Jeder Stress, sogar die Anstrengungen einer normalen Geburt können eine geringfügige Infektion bei einem im übrigen gesunden Tier zum Ausbruch bringen. Unbetreutes Abfohlen kann zu einer stressreichen und langanhaltenden Geburt führen, verspätetes Saugen zur Folge haben, sowie eine exponierte und verletzte Nabelschnur, Austrocknung und Erschöpfung. Die Widerstandskraft des Fohlens wird so herabgesetzt und Infektionen können in dem zunächst gesunden Fohlen Fuß fassen.

Es gibt tatsächlich nicht ein einziges zurverlässiges Symptom, als die verantwortlichen Menschen bei einem gesundaussehenden Fohlen auf eine Infektion hinweisen würde. Wenn das Fohlen auf die Welt kommt, ist eine gründliche klinische Untersuchung in jedem Fall angebracht. Ein erfahrerer Pferde-Tierarzt wird das Vorhandensein einer systemischen Infektion, bzw. die Tendenz ihrer Entwicklung feststellen.

Während einige Fohlen mit einer unterschiedlich stark ausgeprägten schleichenden Infektion zur Welt kommt, die sie sich im Mutterleib zugezogen haben, und während der Geburt mit einer herabgesetzten Wiederstandskraft zu kämpfen haben, fallen andere feindlichen Bakterien der äußeren Umgebung zum Opfer.

Das kranke Fohlen

Sepsis ist ein schreckliches Wort, hat man aber ein befallenes Fohlen buchstäblich um sein Leben kämpfen sehen, bekommt der Begriff noch eine weitaus größere Bedeutung. Bakteriämie, Virämie und Blutvergiftung sind weitere Namen für dieses Geißel, die für mehr als die Hälfte aller Todesfälle bei Fohlen verantworlich ist.

Ich kann mich lebhaft daran erinnern, wie meine Professoren an der Vetrinär-Schule der Universität Pennsylvania von Fohlenepidemien berichteten, die sie als junge Praktiker miterlebt hatten.

Als diese älteren Herren sprachen, konnte man ihre Ergriffenheit nachempfinden. Meine Jugend in einer waschechten Pferdefamilie hatte mich dafür sensibilisiert, die Qualen nicht nur der Tiere mitzufühlen, sondern auch der sorgenvollen Besitzer, Angestellten und betreuenden Tierärzte, die die Schrecken und schmerzlichen Erinnerungen teilen und nie wieder vergessen. Bevor Sulfonamidpräparate und Antibiotika zur Verfügung standen, traten bei Epidemien auf großen Zuchtfarmen große Verluste in den Fohlenbeständen auf. Hatte sich eine Infektion erst Eintritt verschafft, wütete sie fast uneingeschränkt im Fohlenstall.

Eine große Population, oder irgendeine Form von Beengtheit, sei es, was die Größe der Weidefläche pro Kopf betrifft, oder den Stallraum, beschwört Krankheiten herauf und sorgt für ihre Ausbreitung. Bei Fohlen, die gezielt auf spezielle Fähigkeiten oder eine genetische Struktur gezüchtet wurden, - sei es um in Wettkämpfen eingesetzt zu werden, oder zukünftigen Generationen zur Verfügung zu stehen, war der unnütze Verlust dieser wertvollen Tiere nahezu ein Frevel.

Ohne Medikamente, die wirklich halfen, und bei einer Sterblichkeitsrate von mehr als 85 %, hatte der Pferdetierarzt - abgesehen von Kontrollmaßnahmen, wie z. B. Quarantäne und anderen Isoliermaßnahmen, verbunden mit sorgfältiger Pflege und stärkender Therapie - wenig zur Verfügung. Dennoch wurde jeder konzentrierte Versuch gemacht, die Ausbreitung dieser Krankheiten unter Kontrolle zu halten. Es erübrigt sich zu sagen, daß die Frustration groß war!

Erkenntnisse, die sich in die Praxis umsetzen lassen, kommen immer langsam und werden stellenweise dann noch langsamer angenommen. Dennoch treffe ich immer wieder auf Besitzer, Manager und Farmpersonal, die nur zu begierig sind, ihr Wissen zu erweitern, was die Gesundheit ihrer Fohlen betrifft. Eigentlich ist es verständlich, daß sie informiert sein wollen, denn der Erfolg ist davon abhängig.

Heute hat eine potentielle Epidemie einen ganz anderen Stellenwert. Wir verfügen über wirksame Antibiotika, die die unterschiedlichen Erreger der tödlichen Erkrankungen ausmerzen können. Dementsprechend sinkt die Sterblichkeitsrate beständig, wenn auch immer noch viel zu langsam. Immer weniger Fohlen sterben, wenn spezifische Antibiotika, unterstützt durch eine Elektrolyt Flüssigkeitstherapie, konsequent zur Anwendung kommen.

Sorgfältige Beobachtung und ein wachsames Auge sind der Schlüssel zum Erfolg.

Für das Farmpersonal ist es gewöhnlich eine Binsenwahrheit, daß ein neugeborenes Fohlen von einem Moment zum anderen so krank werden kann, daß es zum Notfall wird. Ich vertrete die Ansicht, daß für die erfolgreiche Behandlung eines Neugeborenen die Person des Betreuers enscheidend ist, der das Fohlen jede Stunde peinlich genau kontrollieren muß um das geringste Anzeichen von Entkräftung zu bemerken.

Ist man sich seiner Sache nicht ganz sicher, kann man mit einem schnellen Blick zum Euter der Stute feststellen, ob das Fohlen der Norm noch entspricht. Wenn ein junges sich Fohlen krank fühlt, zeigt sich dies zunächst daran, daß es weniger saugt. Die empfindliche Balance im Euter der Mutter wird durch die geringste Änderung der gesaugten Milchmenge beeinträchtigt. Diese Mißverhältnis erkennt man grundsätzlich an einem vergrößerten, strammen und bisweilen wunden Euter. Wird es nicht leergesaugt, bilden sich bald Milchtropfen an den Zitzenenden. Saugt das Fohlen immer weniger, oder stellt es das Saugen ganz ein, läuft die Milch selbständig an den Hinterbeinen der Stute herunter. Jede Veränderung des Euters ist ein sicheres Zeichen dafür, daß das Fohlen krank ist und sollte dazu veranlassen, dringend tierärztliche Hilfe zu holen. Während man auf den Tierarzt wartet, können Körpertemperatur, Atemrythmus und die Farbe der Schleimhäute kontrolliert und die Ergebnisse aufgezeichnet werden.

Seit etwa 20 Jahren sind mir auf einer Farm etwa 300 Pferde darunter 5 Zuchthengste und über 150 Fohlen im Jahr anvertraut. Ich denke gern daran, wie der Besitzer planmäßig seine Runde machte, während alles an der Arbeit war, in jeden Stall sah und auf jede Koppel. Gelegentlich stand er da und sah sich eine Gruppe Saugfohlen in einer Wiese sehr genau an. Seine Aufmerksamkeit galt der Körperhaltung der Fohlen und ganz allgemein ihrem Verhalten. Dann folgte ein erfahrener Blick auf das Euter der Stute, wenn er es für nötig hielt. Diese Runde wurde mehrmals am Tag wiederholt, wobei das Hauptgewicht auf die spätabendliche "Bettkontrolle" gelegt wurde. Alle jungen Tiere, ganz gleich welcher Spezies, werden anfälliger, wenn die Nacht heraufzieht. Schon oft wurde ich nach der Arbeitszeit zu Fohlen gerufen, die einen kranken Eindruck machten. Oft waren sie aber nur müde und erschöpft von einem Tag adtiven Spiels. Bei anderen späten Anrufen stellte sich - noch früh genug - heraus, daß die Fohlen wirklich krank waren; früh genug, um eine erfolgreiche Behandlung noch zu ermöglichen.

Sepsis

Es gibt unterschiedliche Arten von Mikrooragnismen, die eine besondere Affinität zu dem neugeborenen Fohlen habe und wenn sie die Möglichkeit haben, dringen sie nicht nur in den Fohlenkörper ein, sondern lebenswichtige Organe und Körpergewebe. Diese Bakterien bilden dann rasch eine systemische Infektion, die man als Sepsis bezeichnet.

An dieser Stelle möchte ich betonen, wie notwendig es ist, daß ihr Tierarzt bei Warnanzeichen eine eindeutige Diagnose stellt, auch dann, wenn es sich um ein starkes und augenscheinlich gesundes Fohlen handelt. Verstopfung, Durchfall und kolikartige Beschwerden sind jedes für sich ausführlich besprochen worden, doch denken Sie daran, daß alle drei einzeln oder auch gemeinsam ernstzunehmende Vorläufer der gefürchteten Sepsis sind. Ob lediglich die Symptome behandelt werden und dabei eventuell wertvolle Zeit verloren geht oder aber eine strikte Behandlung der Sepsis im Frühstadium durchgeführt wird, ist die schwierige Entscheidung des Tierarztes.

Die Neugeborensepsis (oder -Blutvergiftung) wird beschrieben als eine systemische Infektion, die durch das Eindringen krankheitserregender Bakterien oder ihrer tödlichen Giftstoffe in die Blutbahn des Fohlens verursacht wird. Werden sie im Mutterleib befallen, sterben einige Föten ab und werden abgestoßen. Wenn sie lebend zur Welt kommen, sind sie meist komatös oder äußerst schwach und entkräftet. Fohlenspsis ist ein erschreckendes Wort, das man mit Unheil im Fohlenstall in Verbindung bringt.

Sepsis führt die Liste von Fohlenkrankheiten an, die für Fehlgeburten verantwortlich sind und für die Geburt kranker Fohlen, sowie das Krankwerden gesunder Fohlen. Die Fohlen, die es schaffen, sich von einer verschleppten Sepsis zu erholen, sind meist an ihrer mangelnden Wüchsigkeit, ihrer retardierten Entwicklung und verschiedenen beeinträchtigenden Skelett-Deformierungen zu erkennen.

Es gibt etliche Sepsisformen, die allgemein bekannt sind, und klar erkennbare Symptome und den für sie typischen Angriffsmodus habe. Gelegentlich leidet ein Fohlen jedoch an mehreren Infektionen gleichzeitig. Dringen sowohl bakterielle, als auch Viren-Infektionserreger in ein Fohlen ein, verkomplizieren sich Diagnose, Behandlung und Prognose. Lunge, Leber, Nieren und Magendarmtrakt können angegriffen und die Funktionfähigkeit der einzelnen Organe unterschiedlich stark beeinträchtigt sein. Die beobachteten Symptome können dem erfahrenden Tierarzt Anhaltspunkte geben.

Schweregrad und Verlauf der Krankheit werden weitgehend durch die Bösartigkeit des verursachenden Mikroorganismus, die ererbte Gesundheit, natürliche Widerstandskraft und die Ausstattung des Immunsystems bestimmt. All diese Faktoren entscheiden über Anfälligkeit und/oder Widerstandsfähigkeit.

Septische Infektionen greifen auf zweierlei Weise an,

1. während des embryonalen und fötalen Lebens und führen a) zum Abort oder b) der Geburt eines septischen Fohlens,

2. bei einem gesunden Fohlen, das a) eine Infektion entwickelt, die es in der letzten Zeit der Trächtigkeit erworben hat, oder b) das sich eine Sepsis in der äußeren Umwelt zugezogen hat.

Die Fohlenfrühgeburt sollte durch einen Pathologen untersucht werden, in dem Bemühen, die Todesursache zu finden. Der Stute sollte man anschließend eine Zervix-Tupferprobe entnehmen um anhand von Bakterienkulturen und Resistenztests die Ursache der Frühgeburt herauszufinden und als Vorbereitung auf die nächste Zuchtsaison eine angemessene Behandlung einzuleiten.

Bei einigen schweren Fällen bestehen erstaunlicherweise Embryonalwachstum und Fötusentwicklung fort und das Leben hält sich in dem infizierten Uterus, wenn auch auf niedriger Stufe und so kommt ein krankes und schwächliches Fohlen lebend auf die Welt.

Sepsisformen

gebräuchlicher Name	Verursacher	Symptome	betroffenen Altersstufen
Nabelinfektion	Streptokokkus Zooepidemicus	Fieber, Entkräftung, Schwäche, heißer, geschwollener Nabelstumpf, heiße, geschwollene, schmerzhafte Gelenke, Lahmheit	ab Geburt bis zu 3 Wochen, Gelenkschäden als Spätfolge mit 18 Monaten, Verursacher von Fehlgeburten
Dummy-Fohlen	Aktinobazillus equuli (Pferdstrahlenpilz)	übelriechende Durchfälle, Untertemperatur, Verweigerung des Euters, an-der-Wand-Entlanglaufen, an der Wand-Saugen, geistige Verwirrung und Schwäche, exzessive Wasseraufnahme	ab Geburt bis 3 Wochen, verursacht Aborte
Fohlen-Pneumonie	Corynebakterium equi (Rhodokokkus equi)	hohes Fieber, Entkräftung, Schwäche, keuchender Atem bei geblähten Nüstern, hartnäckiges Saugen, geringes Körpergewicht, Lungenentzündung, Lungenabszesse, Magen-Darmabszesse	etwa im Alter von 3-4 Monaten, verursacht Aborte
Fohlen-Pneumonie verbunden mit Durchfall	Kolibakterien	Fieber, Entkräftung, Schwäche, gestörtes Gleichgewicht, Kopf und Hals bis auf den Brustkorb herumgebogen	etwa 10. - 21. Tag
undefinierbare Sepsisformen	Pseudonomas aeruginose, Salmonella typhimurium Salmonella abortus equi, Salmonella enteritis	Mischung aus Symptomen, unerklärlicher Abort, hohes Fieber, Durchfall, Flüssigkeitsverlust	kein feststehendes Alter

Fohlen, die sich im Uterus eine Sepsis zugezogen haben, sind - sofern sie lebend geboren werden - schwach, kraftlos, untergewichtig und in allem unter der Norm, d. h. zu klein, schlecht entwickelt, mit schwachen Knochen und deutlich verbogenen Gliedmassen.

Untersuchungen der fötalen Flüssigkeiten und der Fruchthäute zeigen gewöhnlich bräunliche Flecken, verdickte Stellen und Verfärbungen, die ein Indiz für eine intrauterine Infektion sind. Mit diesen Erkenntnissesn, kann sofortiges Handeln und eine rigurose Behandlung einsetzen. Dieses Fohlen erhält zu einem frühen Zeitpunkt eine angemessene Behandlung- und überlebt möglicherweise.

Ein augenscheinlich gesundes Fohlen kann mit einer versteckten Infektion zur Welt kommen, die aufflammt, wenn das Fohlen während der Geburt oder kurz nach der Geburt Stress ausgesetzt ist. Solche Fohlen werden innerhalb von Stunden schwach und septisch, ohne jede Vorwarnung.

Am schockierendsten ist es, wenn ein vollständig gesundes, voll entwickeltes und lebensstarkes Fohlen zu irgendeinem Zeitpunkt zwischen den ersten paar Stunden seines Lebens und dem 3. Tag krank wird. Hier liegt eine extrauterine Sepsis vor, die durch die äußere Umgebung hervorgerufen wurde, z. B. durch einen verschmutzen Abfohlstall.

Den größten Seuchenherd auf einer Pferdefarm bildet die Zuchtstute, die ein infiziertes Fohlen zur Welt bringt. Die Infektion verbreitet sich durch kranke Fruchthäute und die dazugehörige Flüssigkeit, die in den Boden der Abfohlbox eindringt. Fohlt die Stute draußen, werden Erdboden und Gras verseucht. Hier besteht allerdings eine größere Chance der Neutralisierung, Zersetzung oder Abschwächung durch Sonnenlicht und frische Luft. Innen in der Abfohlbox herrschen andere Verhältnisse. Trotz hygienischer Maßnahmen und dem Einsatz von Desinfektionsmitteln, einschließlich der in einer erstklassigen Zuchtstätte üblichen Dampfsterilisierung, dringt die infizierte Flüssigkeit tief in die Ritzen des Stallbodens ein und hält sich dort. Folglich bedeutet eine gemeinsame Abfohlbox ein potentielles Infektionsreservoir, das auf die Ankunft des nächsten Neugeborenen wartet. Es muß nicht extra gesagt werden, daß die Gefahr weiterer Fohlenerkrankungen mit der Zahl der Zuchtstuten auf einem Hof zunimmt.

Tritt auf einem Hof Sepsis in irgendeiner Form auf, ist auf die Benutzung einer allgemeinen Abfohlbox zu verzichten. Hier ist es besser, die Stute an einer anderen Stelle fohlen zu lassen, in einer anderen Box, oder sogar draußen, an gänzlich ungestörter Stelle und selbstverständlich unter Beobachtung.

Pathogene (krankmachende) Bakterien dringen bekanntlich auf drei möglichen Wegen in den Körper des normalen Fohlens ein: durch den offenen Nabelstumpf, mit der Nahrung (oral), oder durch Einatmen (Inhalation).

Man kann kaum kontrollieren, was ein Fohlen zu sich nimmt, bzw. einatmet. Nur der Nabel ist leicht zu überprüfen.

Wird der Nabel vorschriftsmäßig mit einem Antiseptikum behandelt, bevor er Krankheitskeimen ausgesetzt ist, kann man diesen uns bekannten Weg der Bakterien wenigstens teilweise ausschalten. Das übliche Antiseptikum enthält einen antibakteriellen Wirkstoff und seine ätzende Beschaffenheit stimuliert die Kontraktion des Gewebes und beschleunigt auf diese Weise, daß das Nabelgewebe sich schließt. Eine 10%ige Jodtinktur ist ein altes Standart-Antiseptikum für den Nabel, das sich über lange Zeit bewährt hat.

Immunschwäche

Betrachtet man die Ursachen der Sepsis, muß man sich darüber klar sein, daß eine gefährliche Prädisposition neugeborener Fohlen existiert, die allgemein als Immunschwäche bezeichnet wird.

Einige Autoren behaupten, daß eine Sepsis per se nicht in ein Fohlen mit einem gesunden, funktionierenden Immunsystem eindringen und es zerstören kann und daß nur die Fohlen erkranken, deren Antikörpertransfer versagt; daß sie krank bleiben, kaum auf eine Behandlung ansprechen und fast immer zugrunde gehen.

Die Beschaffenheit der Abwehrkräfte hat große Bedeutung bei der Diagnose und Behandlung septischer Erkrankungen. Ein Fohlen, das bei der Geburt einen gesunden Eindruck macht, kann dennoch prädestiniert sein, ein Opfer der Sepsis zu werden und wird es auch, weil ihm lebenswichtige Immunkörper fehlen. Bis vor kurzem gab es keine Möglichkeit, diesen gefährlichen Zustand festzustellen oder zu bestätigen, aber nun haben wir die Möglichkeit einer diagnostischen Blutuntersuchung, die am Stall selbst durchgeführt werden kann und uns schon nach Minuten die Resultate liefert: Der Zinksulfat-Trübungstest gehört inzwischen zur Ausstattung jeden tierärztlichen Geburtshelfers oder Pädiaters. Behandlung der Wahl bei einer Immunschwäche ist eine umgehende Serum-Transfusion. Immunschwäche beim neugeborenen Fohlen ist ein aktuelles Thema und soll im einzelnen in Kapitel 4 unter: "Immunschwäche Fohlen" besprochen werden.

Nun sollen die klassischen Formen des Fohlensepsis genauer beleuchtet werden. Für jede Infektionsart werden die Ursachen genannt und die Symptome beschrieben. Es soll auch der zu erwartende Verlauf der Krankheit, die Genesungsdauer, wie die voraussichtliche Prognose untersucht werden.

Noch einmal: Jedes neugeborene Fohlen braucht eine gründliche klinische Untersuchung, die von einem kometenten Pferdearzt so kurz nach der Geburt wie möglich, durchzuführen ist, und zwar auch dann, wenn alle Lebensfunktionen in Ordnung zu sein scheinen. Im Idealfall sollten routinemäßig Blutuntersuchungen gemacht werden. Wenn Sie, als Besitzer, auch nur die geringste Abweichung von der Norm entdecken, machen Sie den Anruf bei Ihrem Tierarzt zu einem Notruf. Warten Sie nicht! Dies ist eine gute Lebensversicherung!

Fohlenlähme und Nabelinfektion

Diagnose: Sepsis; Verursacher: Streptokokkus zooepidemicus
Prognose: mittelmäßig bis schlecht

Behandlung:
1. vollständiges Blutbild und Differentialblutbild
2. Blutkultur (wenn Labor verfügbar)
3. Zinksulfat-Test (Abwehrkräfte)
4. Ernährung per Sonde
5. Ergänzung von Elektrolyten und Flüssigkeit I. V.
6. Antibiotikum der Wahl (Penizillin, Ampizillin, Oxytetrazyklin, Sulfonamide)
7. Gelenkspülung und Injektion; bakterielle Untersuchung der Synovia
8. Behandlung der Nabelschnur, tägl.

Streptokokkus pyogenes ist der Verursacher der berüchtigten Fohlenlähme oder "Nabelinfektion" neugeborener Fohlen.

Streptokokken-Infektionen bei neugeborenen Fohlen werden auf dreierlei Weise erworben und verbreitet: vor der Geburt, durch den Uterus einer infizierten Stute, nach der Geburt durch eine verseuchte Umgebung (Abfohlbox, Stallungen, Unterstände, Transporter, etc.) und andere kranke Fohlen.

Eine Zuchtstute kann sich eine Streptokokken-Infektion auf der Deckstelle holen, entweder beim Deckakt durch einen infizierten Hengst oder durch Verunreinigungen, wenn z. B. antiseptische Maßnahmen unterlassen werden. Sind Stuten einmal infiziert, beherbergen sie die Infektion oft tief in ihrem Uterus.

Der Streptokokkus ist berüchtigt, weil er schlecht auf Behandlungen anspricht: Dieser Mikroorganismus koexistiert mit anderen schweren Infektionen und erst wenn der Streptokokkus ausgemerzt ist, läßt sich der eigentliche Schuldige identifizieren. Eine Streptokokken-Infektion verschleiert automatisch tiefere destruktive Infektionen in der Uteruswand, wie z. B. Pseudomonas oder Shigella-Mikroorganismen. Uterus-Tupfer werden solange ein Wachstum der Streptokokkenkultur aufweisen, bis die Infektion medikamentös ausgeräumt wird und erst jetzt können Pseudomonas und Shigella oder andere widerstandsfähige, infektöse Organismen, die sich allesamt langsam vermehren, nachgewiesen werden. Ist der Streptokokkus bei Stuten, die jahrelang unfruchtbar waren, ausgemerzt, kommt die eigentliche Ursache der Unfruchtbarkeit zum Vorschein. Eine unüberlegte Überbehandlung mit intrauterinen Antibiotika kann zu einer Störung der normal vorhandenen Flora oder Schimmelarten, die die Stute unfruchtbar machen können.

Schickt man eine Zervix- oder Uterustupferprobe ins Labor, kann man widersprüchliche Ergebnisse bekommen. Ein negativer Befund ist meist nicht einmal das Papier wert, auf dem er steht, außer ein Pferdepraktiker hat die Tupferprobe genommen, der in Geburtshilfe und Gynäkologie erfahren ist. Soll der Fruchtbarkeitsstatus einer Stute bestimmt werden, legen einige Praktiker auf eine zusätzliche Uterus-Biopsie (Entnahme einer Gebärmutter-Gewebeprobe) wert. Wird sie richtig durchgeführt, kann eine Uterus-Biopsie den Zellstatus der Gebährmutterschleimhaut aufdecken, von der eine erfolgreiche Trächtigkeit direkt abhängt. Eine gründliche gynäkologische Untersuchung, die möglichst während der Rosse erfolgen sollte, ist bei weitem die beste Methode, um die Geschlechtsgesundheit und Fruchtbarkeit einer Stute zu bestimmen, die in der Zucht eingesetzt werden soll.

Geht jedoch eine "Strep-Stute", mit einem fälschlicherweise negativen Resultat durch und wird dann gedeckt, ist der Hengst - sofern er nicht schon vorher infiziert war - durch die Berührung mit der Infektion stark gefährdet. Traditionell erfolgt auf den Deckstellen das Abwaschen vor dem Deckakt, die Reinigung mit einem Antiseptikum nach dem Deckakt und das Abspülen des Hengstes. Hier handelt es sich lediglich um eine oberflächliche Reinigung - und wenn es sich auch zugegebenermaßen um eine Hygienemaßnahme handelt - ist doch die Wirksamkeit angesichts pathogener Bakterien äußerst fraglich.

Die meisten intrauterinen Infektionen schaffen ein Klima, das nicht nur dem Samen des Hengstes mit seinen normalen Funktionen schadet, sondern auch jedem anschließend befruchteten Ei, dem es gelingt zu überleben und in den Uterus zu gelangen. Entsteht eine Trächtigkeit, die dann trotz der schlechten Bedingungen fortbesteht, befinden sich der robuste Fötus und seine Häute in dauerndem Kontakt mit den Streptokokken-Mikroorganismen und ihren Nebenprodukten. Dieser bösartige (sehr ansteckende) Mikroorganismus dringt leicht ein und zerstört Embryonalgewebe und verursacht so in den meisten Fällen das Ende der Trächtigkeit. Ist die Infektion nicht so ausgeprägt, mag die Trächtigkeit fortbestehen, aber sie ist immer von einer beträchtlichen Retardierung vor Entwicklung begleitet. Ein Abort ist sehr wahrscheinlich.

Ich habe die Beobachtung gemacht, daß das Fohlen, sofern keine Frühgeburt erfolgt, sich auf eine Koexistenz mit der Infektion einrichtet und dann entweder vorzeitig, oder nach dem normalen Termin zur Welt kommt, aber so gut wie nie termingerecht. Eine verfrühte Geburt wird dadurch ausgelöst, daß die Infektion die lebenswichtige Anheftung an den Uterus zerstört und stellenweise ablöst. Eine Streptokokken-Infektion dringt auch in den Fötus selbst und all seine wichtigen Organe ein. Ist vor dem Ende des 10. Trächtigkeitsmonats eine entsprechende Menge des Plazentagewebes losgelöst und geschädigt, kommt bei einem spontanen Abort entweder ein totes Fohlen, oder ein kranker, lebensschwacher Kümmerer zur Welt. Kommt es nach dem 10. Monat zu einer Zerstörung der Plazentafunktion, steht eine Frühgeburt bevor.

Es ist eine große Leistung, wenn ein zu früh geborenes Fohlen überlebt, auch dann, wenn es ganz gesund ist. Wie sind dann die Aussichten eines kranken, zu früh geborenen Fohlens in seinem Kampf ums Überleben! Solch ein Fohlen muß rund um die Uhr betreut werden, um selbst bei intensivster Umsorgung und unterstützender Therapie, schaffen es wenige. Doch es überleben tatsächlich einige Fohlen (Näheres dazu im Kapitel 5 unter: "Frühgeburten".

Es scheint nicht mit rechten Dingen zuzugehen, wenn eine Stute trotz der destruktiven Einwirkung auf die Plazentaanheftung, ein infiziertes Fohlen über das normale Geburtsdatum hinaus weiterträgt. Logischerweise ist dies ein Widerspruch. Doch jede Mutterstute die nach meinen Kenntnissen 2-3 Wochen oder mehr übertragen hat, trug ein Fohlen mit größeren Problemen. (Oft wird von Stuten angenommen, daß sie über die Zeit getragen haben, doch bei exakter Kalkulation liegen sie meist in der Norm). Fohlen, die übertragen werden, sind nicht in der Lage, sich mit der äußeren Umwelt auseinanderzusetzen, und ein Teil von ihnen ist obendrein nicht voll entwickelt. Vielleicht wird das Auslösen des Geburtsvorgangs durch die intrauterine Infektion gehemmt und so ein "pünktliches" Abfohlen verhindert.

Für eine verlängerte Tragzeit verantwortliche Ursachen sind bekanntlich Infektionen des Fötus oder Plazenta, Kontraktion des Fötus, schlaffe Beschaffenheit des Uterus und Uterusriß. Diese Punkten werden in späteren Kapiteln noch behandelt.

Streptokokkus zooepidernicus greift auch ein völlig gesundes Fohlen sofort bei der Geburt oder kurze Zeit danach an, und läßt es krank werden. Ursache dafür ist meistens eine verseuchte Umgebung. Diese Art von Bakterien hält sich überall im Lebensbereich von Pferden auf. Dringt er durch den offenen Nabelstumpf ein, oder wird mit der Nahrung aufgenommen oder eingeatmet, kann dieser Mikroorganismus in 24 Stunden eine voll entwickelte Sepsis herbeiführen.

Hauptsächlich aus diesem Grunde sollen Abfohlställe vor jeder einzelnen Geburt gut gereinigt und desinfiziert werden, einschließlich der Wände und des Bodens. Außerdem ist sorgfältig darauf zu achten, daß gesunde Fohlen und kranke Fohlen, die die Infektion übertragen können, getrennt sind.

Die Fruchthäute von Stuten, die ein Streptokokkenbefallenes Fohlen tragen, haben eine symptomatisch bräunliche Färbung und fleckig entfärbte Stellen. Dem aufmerksamen Betreuer sollte die Färbung auffallen und er sollte den Tierarzt benachrichtigen. Man nimmt an, daß diese fleckige Nachgeburt von übermäßigen fötalen Fäkalien oder Fohlendurchfall während der Tragezeit herrührt.

Die Symptome eines erkranten Fohlens sind: Schwäche, Unvermögen oder Schwierigkeit aufzustehen, aufrecht stehen zu bleiben, die verminderte Fähigkeit ohne Hilfe zu saugen. Oft hat das Fohlen keine Saugreflex und kann seine Zunge nicht um den Finger des Helfers rollen. Diese Fohlen sind meistens Haut und Knochen, untergewichtig, zu kleine feinknochige Individuen mit verbogenen Gliedmassen. Es ist leicht, diesen Fohlentyp herauszukennen. Die Geburt eines solchen Fohlens ist ein Notfall, und die sofortige intensive Behandlung, die die verlorene Flüssigkeit und Elekrolyte ersetzt und mit Antibiotika gegen den Infektionserreger vorgeht, dringend erforderlich. Trotz der modernen Behandlungsmöglichkeiten ist die Prognose für dieses Fohlen aus einem erkrankten Uterus und Plazentagewebe nach wie vor schlecht.

Typischer ist der folgende Fall. Ein Fohlen macht bei der Geburt einen normalen Eindruck, bekommt dann in den ersten Lebenstagen Fieber, Durchfall oder eine Verstopfung und fällt stark ab. Heiße, geschwollene, schmerzende Gelenke (Fohlenlähme genannt) vervollständigen das Krankheitsbild bei einem positiven Befund der mit Recht gefürchteten Streptokokkus zooepidernicus Sepsis. Die Schwellung der Gelenke kann von Tag zu Tag an einer anderen Stelle auftreten, und ist sehr hartnäckig.

Im Labor sollte eine Bakterienkultur der Gelenkflüssigkeit angesetzt werden, um den verantwortlichen Mikroorganismus zu identifizieren, um anschließend das Medikament mit der höchsten Wirksamkeit auszuwählen und eine lokale Gelenksspülung und Instillation vorzubereiten.

Blutuntersuchungen sind unverzichtbar bei der Einschätzung einer Sepsis und der Bestimmung der Wirksamkeit des einzusetzenden Medikaments. Häufige Blutbilder ermöglichen es dem Tierarzt zu erkennen, wie der Abwehrmechanismus des Fohlens reagiert und den weiteren Verlauf und die Prognose zu ermitteln. Eine Infektion des Nabelstumpfes geht stehts mit einer Streptokokken-Infektion einher und wird als "Nabelkrankheit" bezeichnet.

Der Nabelstumpf ist heiß und geschwollen und es treten diskontinuierlich eitrige Absonderungen aus. Weitere Bakterien können in den infizierten Bereich eindringen und das Problem vergrößern. Steifheit und Schmerz sind typische Phänomene, sowie die Abneigung des Fohlens, sich zu bewegen.

Die größte Gefahr liegt darin, daß die Nabelschnur eine direkte Verbindung zu der empfindlichen Bauchhöhle darstellt und speziell zum Urogenitalsystem. Sobald die Streptokokken-Infektion septische Form angenommen hat und in den Blutkreislauf eingedrungen ist, kann sie vielfach sekundäre Infektionsherde in Form von Lungen-, Leber- und Nierenabszessen bilden und verschiedene Formen der Lungenentzündung. Als Folge von Schmerz, Entkräftung und Fieber kann das Fohlen möglicherweise nicht stehen und nicht saugen. Solche Fohlen werden zunehmend schwächer und liegen entkräftet im Stroh.

Im Gegensatz zu den anderen Streptokokkenformen ist der Streptokokkus dafür berüchtigt, behandlungsresistent zu sein und stets in einem Restbestand fortzubestehen. Überlebt ein junges Fohlen, bleibt es gewöhnlich frei von Symptomen, obwohl es einen schlummernden Rest der Infektion in sich beherbergt, bis dann im Alter von 8 bis 18 Monaten die Krankheit plötzlich wieder ausbricht. Das Fohlen hatte sich scheinbar erholt, weil die Infektion ruhte, um dann grausam wieder auszubrechen, zu einem Zeitpunkt, wo das Fohlen soeben erwachsen wird. Zunehmende oder plötzliche Gelenksverdickungen die bisweilen schmerzhaft sind und Steifheit verursachen, stark infizierte Gelenke und/oder ganz allgemein Arthritis, sind die häufigsten Erscheinungsformen beim chronischen Verlauf der Erkrankung. Die Symptome entwickeln sich scheinbar ohne Ursache, sind aber in Wirklichkeit von Tierärzten, die den Verlauf von Streptokokken-Infektionen kennen, vorhersehbar.

Solche latenten Infetkionen können behandelt, aber nicht geheilt werden und von einigen Ausnahmen abgesehen, haben sie irreversible Gelenkschäden zur Folge.

Es gibt längst nicht mehr so viele Streptokokken-Infektionen wie zu der Zeit, als es noch keine Antibiotika gab. Dadurch, daß man die pathogenen Bakterien identifiziert, immer wieder Resistenztests zu Rate zieht und entsprechende chemotherapeutische Mittel einsetzt, sind zweifellos weniger Fohlen und ganz allgemein weniger Pferde betroffen und folglich auch die Fruchtbarkeitszahlen angestiegen.

Die Fohlenverluste durch Streptokokken waren vor der Verfügbarkeit moderner Wundermittel sehr hoch. Heute haben Streptokokken-infizierten Fohlen eine größere Chance zu überleben als Fohlen mit anderen gravierenden systemischen Infekten. Passende, hochwirksame Medikamente stehen zur Verfügung; ein größeres Wissen um diese bedrückende Infektion der Fohlen hat die Überlebensrate steigen lassen.

Es ist schwer zu sagen, wie lange ein krankes Fohlen unterstützt, sondengefüttert und behandelt werden sollte. Solange sich der Zustand nicht verschlechtert, besteht durchaus die Hoffnung, daß es überlebt und eine anstrengende und bisweilen kostspielige Behandlung gerechtfertigt ist. Ihr Tierarzt ist am besten in der Lage, alle Faktoren miteinander abzuwägen, Laborbefunde heranzuziehen und dann eine Entscheidung zu treffen, die der Gesamtsituation gerecht wird.

Dummy, Wanderer oder Sleeper-Fohlen (Frühlähme)

Diagnose: Sepsis, Verusacher: Actinobazillus equuli (Shigella equuli)
Prognose: mäßig bis einigermaßen gut

Behandlung:
1. vollständiges Blutbild mit Differential-Blutbild (zu erwarten: vermehrte weiße Blutkörperchen und leichte Senkung der roten Blutkörperchenzahl)
2. Blutkultur (wenn Labor zur Verfügung)
3. Zinksulfat-Test (Abwehrkräfte)
4. Chloramycentin i. v. 3 x tägl.
5. Chloramphenikol Kapseln
6. Elektrolytlösung mit einer 10%igen Dextrose- oder Glukoselösung angereichert.
7. Sondenfütterung mit Muttermilch 3 bis 6 x tägl., oder wie angegeben; fügen Sie 30 g Magnesiummilch 1 x tägl. hinzu.
8. Neues Blutbild alle 12 Stunden.
9. Wiederholung des Zinksulfat-Tests alle 24 Stunden
10. Serumtransfusion (bereitstellen und verabreichen, wenn der Zinksulfat-Test den Bedarf an präformierten Antikörpern anzeigt)
11. Laktobazillus-Paste, oral (ein handelsübliches Präparat, das nützliche Darmbakterien enthält, die möglicherweise dezimiert sind, wenn tagelang oral Antibiotika verabreicht wurden), nach Angabe des Tierarztes zu geben.

Laktobazillus acidophilus, Lactobazillus bifidus und Lactobazillus casei sind die drei Bakterien, die in erster Linie zur Ergänzung oder Wiederherstellung der essentiellen Darmbakterien eingesetzt werden, die entweder durch die Krankheit oder eine längere orale Antibiotika-Therapie eingebüßt wurden. Probiolika (Mittel, das den darmfreundlichen Laktobazillus beinhaltet, der den Abbau von Zellulose im Pferdedarm unterstützt), z.B. Probiosin und Startbac, sind im Handel erhältliche, segensreiche Bakterien, die gewöhnlich für die Gesunderhaltung des Magendarmtrakts der Fohlen sorgen und unverzichtbar sind. Dieses Produkt wird in Spritzampullen verkauft und enthält die vorgeschriebene Gewichtsdosierung auf dem Etikett. Es handelt sich um ein gutes Produkt, das bei schwachen, frühgeborenen oder kranken Fohlen indiziert ist.

Bevor es diese praktischen Spritzen gab, mußte man Sauermilch und Joghurt besorgen. Sauermilch hat in der Vergangenheit vielen kümmernden Fohlen geholfen.

Im Frühjahr 1986 starben plötzlich eine ganze Reihe neugeborener Fohlen, von denen viele besonders wertvoll waren. Sie alle hatten nachweislich kurz nach der Geburt Probiotika erhalten. Untersuchungen zeigten, daß den Probiolika ein Eisenpräparat namens Ferrous fumarate (Eisenzusatz-Präparat) beigefügt worden war, um einer Kurzzeit-Amämie entgegenzuwirken, an der fast alle Neugeborenen wegen des Eisenmangels der Muttermilch leiden. Es stellte sich heraus, daß Ferrous fumarate von der Leber des Neugeborenen nicht vertragen wird und viele Todesfälle verusachte. Als das Eisenpräparat weggelassen wurde, war der gute Name des heilsamen Lactobazillus wiederhergestellt.

Eine weitere Ursache tödlicher Spsis beim Fohlen ist Actinobazillus equuli, ursprünglich unter dem Begriff Shigella equuli - Infektion bekannt. Dieser Mikroorganismus ist der Urheber des wohlbekannten Syndroms, das man unterschiedlich als "Sleeper", "Wanderer" oder "Dummy" Fohlen bezeichnet.

Infiziert sich das Fohlen im Uterus, wird es voraussichtlich abortiert, oder es wird tot geboren. Kommen diese Fohlen lebend zur Welt, sind sie sehr schwach, halb komatös und unfähig zu stehen. Trotz aller Hilfsmaßnahmen überleben sie selten. So wie bei anderen Sepsisformen, können sich völlig gesunde Fohlen diese hochinfektiösen Mikroorganismen im normalen Lebensbereich der Pferde zuziehen. Sie sind äußerst gefährdet in der Zeit von der Geburt bis zum alter von 3 Wochen. Obwohl vermutet wird, daß es im normalen Lebensbereich der Pferde von diesen Bakterien nur so wimmelt, bin ich der Meinung, daß sie nur dann Fohlenerkrankungen verursachen, wenn sie früh eingedrungen sind und daß sie ihre Lebenskraft erhalten, indem sie durch junge Pferde wandern.

Eine Epidemie auf einer Zuchtfarm beginnt meistens mit der Geburt eines sehr kranken Shigella-Fohlens. Ich habe die Beobachtung gemacht, daß danach im gleichen Abfohlstall geborene Fohlen folgerichtig und mit absoluter Sicherheit die gleiche Erkrankung bekamen. Etwas weniger ansteckend ist das Fohlen, das seine Mutter auf die Deckstelle begleitet.

Dampfdruck-Desinfektion des Abfohlstalles und des angrenzenden Bereichs scheint die Sterblichkeitsrate zu senken, doch trotz aller hygienischen Maßnahmen werden anfällige Fohlen trotzdem krank und zeigen die wohlbekannten Symptome. Sind sie stark genug, um zu stehen, wandern Fohlen, die an dieser schwächenden Erkrankung leiden, in symptomatischer Weise um den Stall herum, kreisen pausenlos nur in einer Richtung und saugen unabläßig an den Stallwänden, am Futtertrog oder anderen Gegenständen in Reichweite, nur nicht an ihren Müttern. Sie scheinen die Mutter vergessen zu haben. Oft ist an den Stallwänden eine Spur feuchter Flecken zu sehen, als Zeichen des dauernden, sinnlosen Saugens. Diese Fohlen scheinen aus einem inneren Antrieb zu handeln und wenn sie erschöpft sind, stehen sie wie benommen da, wie im Zustand geistiger Verwirrung. Sie saugen zwar nicht an der Mutter, nehmen aber Milch aus der Flasche, wenn man das tretmühlenartige Umkreisen des Stalls unterbricht.

Untertemperatur bei normaler Herz- und Atemtätigkeit, schwere Austrocknung, vortretende bläulich-weiße Nickhäute (3. Augenlid) und ein gelblicher, stinkender, quälender Durchfall sind allesamt klassische Symptome einer Shigella-Infektion. Beim vollentwickelten Krankheitsbild ist der spezifische Kotgeruch im Stall ein nützlicher diagnostischer Hinweis. Man kann die Diagnose buchstäblich riechen!

Vor einigen Jahren waren noch 90% dieser Fohlen verloren. Mit zunehmendem Wissensstand und der Verfügbarkeit von Breitspektrum-Mitteln und unterstützender Therapie, überlebt inszwischen die Mehrzahl von ihnen ohne erkennbare Folgeschäden.

Das spezielle Medikament für Dummy-Fohlen, Chloromycetin oder Chloramphenicol (bakterienabtötendes Antibiotikum mit breitem Wirkungsspektrum, praktisch ohne Resistenzentwicklung der Erreger unter der Therapie), ist ein wahres Wundermittel. Wird dieses Medikament mit der erforderlichen Rund-um-die-Uhr-Betreuung gekoppelt, reagiert ein Fohlen oft schon innerhalb von Stunden.

Reagiert ein Fohlen positiv und stellt das ziellose Herumwandern ein, wird es - vielleicht zum 1. Mal überhaupt - quer durch den Stall gehen! Das hartnäckige Bedürfnis dicht an der Wand zu bleiben, nimmt immer mehr ab. Das Fohlen nähert sich der Mutter, als ob es ihre Existenz vorher nicht wahgenommen hätte. Mit zunehmender Besserung berührt und untersucht das Fohlen die Mutter mit ausgestreckter Nase. Die ersten Saugversuche finden meistens an der falschen Stelle statt; so saugt das Fohlen z.B. an den Vorderbeinen der Mutter. Schließlich ist es dann in der Lage, das Euter auszumachen und saugt dann auch richtig. Die anfängliche Verwirrung und Desorientierung, die durch den Aktinobazillus verursacht wurde, verschwindet mit dem stabilisierenden Medikamente im Blut.

Reagiert das Fohlen auf die Behandlung, darf nicht gleich abgebrochen werden. Die orale Behandlung und die i.v. Injektionen sollten täglich für einen Zeitraum von mindestens 7-10 Tagen fortgesetzt werden. Folge-Blutuntersuchungen leiten den Tierarzt und den Besitzer bei der weiteren Behandlung bis zur vollständigen Wiederherstellung des Fohlens.

Leider bildest sich bei einigen Fohlen, die das akute Stadium von Aktinobazillus überlebt habe, eine grau-weiße Stelle in beiden Augen. Die Shigella-Infektion hat die schreckliche Fähigkeit in die Augenkammern einzudringen und sie zu zerstören, indem eitrige, fibrinartige Stoffe abgelagert werden. Die Behandlung ist wenig erfolgreich und und Erblinden kurzfristig die Folge. Ich habe Fälle gesehen, wo die Infektion dazu führte, daß die Hornhaut nachgab und vorfiel. Einschläfern ist die einzige Alternative bei diesen seltenen Fällen.

Pneumonie der Fohlen

Diagnose: Sepsis, Verursacher: Corynebakterium equi (Rhodokokkus)
Prognose: mäßig bis schlecht

Behandlung:
1. vollständiges Blutbild und Differentialblutbild (zu erwarten: vermehrte weiße Blutkörperchen)
2. Blutkultur (wenn Labor verfügbar)
3. Zinksulfat-Test (Immunkompetenz)
4. Serum-Transfusion (zur Versorgung mit präformierten Antikörpern)
5. Antibiotikum der Wahl: Ampicillin i. v. 2 x tägl., oder Neomycin oder Erythromycin in Verbindung mit Rifamyzin 1 x tägl.
6. Elektrolyt-Lösung i. v., bei Bedarf
7. Sondenfütterung 1 x tägl. mit 150 g Magnesiummilch und 90 g Castor-Öl (berechnet für das durchschnittliche Fohlengewicht von 3 Monaten)
8. Wiederholung des vollständigen Blutbildes alle 24 Stunden
9. Wiederholung des Zinksulfattests bei Bedarf

Corynebakterium equi, auch bezeichnet als Rhodokokkus equi, ist ein weitere Mikroorganismus, der während des intrauterinen Lebens oder beim jungen Fohlen tödliche Infektionen verursacht. Anders als andere Formen der Sepsis, die wir zuvor besprochen haben, greift er nicht die ganz jungen Fohlen an, sonder ist am häufigsten bei Fohlen von 3 oder 4 Monaten zu finden, bei denen er besonders destruktiv wirkt. In Bezug auf den Immunstatus, sind es die Fohlen, die es "zwischendurch" erwischt und die folglich sehr empfänglich für Krankheiten sind. Das Kolostrum der Stute liefert günstigenfalls präformierte Antikörper, die das Fohlen über 4-8 Lebenswochen schützen. Nicht vor der 12.-16. Woche fängt das eigene retikuloendotheliale System des Fohlens an, zu reifen und Antikörper zu entwickeln. In der Zwischenzeit, in der die mütterliche Antikörper weniger werden und die Eigenleistung des Fohlens gerade erst beginnt, ist es sehr empfindlich und gefährdet. Corynebakterium equi trifft in dieser Zeit auf besonders günstige Bedingungen; jedes Fohlen mit dieser Infektion sollte besonders sorgfältig beobachtet werden, neben der medikamentösen Behandlung und stärkenden Therapie. Für diese Fohlen sollte ein Immun-Status (Zinksulfat-Test) erstellt und anschließend eine Serum-Transfusion vorgenommen werden, um für ein breites Spektrum schützender Antikörper zu sorgen.

Bis vor kurzem galt das synthetische Anitbiotikum Ampicillin als Medikament der Wahl bei dieser Form der Sepsis. Letzhin hat sich jedoch eine Kombination von Neomycin oder Erythromycin mit Rifamyzin als wirksamer erwiesen. Wenn Ihr Tierarzt Ampicillin einsetzt und das Fieber nicht in den ersten 24 Stunden sinkt, sollte Ampicillin abgesetzt werden und umgehend mit der Behandlung mit Neomycin oder Erythromycin kombiniert mit Rifamyzin begonnen werden. Rifamyzin ist recht teuer, aber es durchdringt die berüchtigten Abszesse mit Erfolg, die von der gefürchteten Fohlen-Pneumonie und ganz allgemein der Sepsis hervorgerufen werden.

Wenn das Fohlen auf dem Wege der Besserung ist, gute Fortschritte macht und wieder krägtig und munter ist, wird Ihr Tierarzt möglicherweise empfehlen,

---

*) Das System ist mithilfe spezifischer weißer Blutkörperchen (Leukozyten) für die Immunabwehr zuständig.

Laktobazillus-Paste oral zu verabreichen, um die normale Darmflora wiederherzustellen; denn orale Antibiotika können das Gleichgewicht der guten und schädlichen Darmbakterien stören, die für die Verdauung und ganz allgemein den Gesundheitszustand große Bedeutung haben.

Fehlen wirksame Medikamente, kann der Anwehrmechanismus des Fohlens das schnelle Wachstum und das Vordringen der pathogenen Keime nicht länger bekämpfen und eine eitrige Infektion bemächtigt sich des ganzen Körpers und führt zum Tod. Dieses Phänomen tritt ein, wenn ein großer innerer Abszess aufbricht. Mit Hilfe von Röntgenaufnahmen kann man Lungenabszesse diagnostizieren und den Grad der Stauung in der Lunge feststellen. Weitere Röntgenaufnahmen zeigen, inwieweit die Behandlung Erfolg hat und die Ausheilung fortschreitet.

Lungenentzündung ist die häufigste Erscheinungsform, doch hat die Infektion auch eine Affinität für die Eingeweide- und Dünndarmlympknoten und das Nierengewebe. Lunge, Nieren, Lymphdrüsen und der Darm sind buchstäblich mit Abszessen übersät und destruktive Gewebsveränderungen finden überall im Körper statt.

Da sie sporadischer Natur ist, tritt diese heimtückische Krankheit möglicherweise nur bei ein bis zwei Fohlen in einer großen Gruppe auf. Folglich ist sie nicht hochinfektiös, aber sie ist ansteckend und man nimmt an, daß sie in erster Linie durch das Einatmen verbreitet wird.

Bei dem Wort Corynebakterium equi denkt man in erster Linie an eine hartnäckige Lungenentzündung der Fohlen, bei genaueren Untersuchungen hat sich aber herausgestellt, daß dieser Mikroorganismus viele andere Wirte hat, einschließlich des Menschen. Er ist ein Bodenverseucher, der sich auf einer Farm einnistet, um dann jährlich wieder aktiv zu werden, Fohlenverluste zu verursachen und Farmbesitzern und Managern Rückschläge zu bescheren.

Ich habe bei hartnäckigen Fällen von Fohlen-Pneumonie mit einer systemischen Infektion unbekannter Genese ein charakteristisches Atemmuster festgestellt, das für Corynebakterium equi recht typisch ist. Diese Fohlen pumpen oder schlagen mit dem Bauch, wenn sie ausatmen und blasen einen Luftstrom aus jeder Nüster, was dem angestrengten Atemmuster erwachsener Pferde ähnelt, die an Dämpfigkeit (Lungenempfysem) leiden. Fohlen mit Corynebakterium equi haben Fieber, das zwischen 102 Grad und 107 Grad schwankt, keuchen mit jedem Atemzug und schlagen mit dem Bauch; allein die Mühe zu atmen erschöpft sie. Dies sind die hervorstechenden Merkmale einer Corynebakterium equi-Infektion beim Fohlen.

Ich habe auch jedesmal ein gequältes starres Stieren beobachtet, hohes Fieber und Verstopfung. Mit Hilfe des Stethoskops lassen sich leicht die verstärkten alveolaren Lungengeräusche (Geräusche der Lungenbläschen, der Alveolen) mit trockenen oder feuchtem Rasseln feststellen, die für diese Infektion bezeichnend sind. Verstopfung ist regelmäßig mit Corynebakterium equi verbunden. Seltsamerweiser wird dieses Symptom übersehen und vernachlässigt. Bei schweren Fällen muß die Verstopfung erkannt und fachgerecht behandelt werden, bevor das hohe Fieber fällt, auch unter einer massiven Antibiotika-Therapie. Nach meiner Erfahrung, ist es am besten, die Verstopfung zuerst zu beseitigen, solange das Antibiotikum der Wahl angewendet wird und anschließend laufend eine stärkende Therapie zu verabreichen. Die Kombination hat sich gut bewährt.

Ist er in den Fohlenkörper eingedrungen, verusacht Corynebakterium equi unklare Symptome. Die Diagnose ist nur schwer zu stellen. Das Erscheinungsbild ist indefinierbar und es fehlt ein spezifischer Test oder eine andere spezifische Bestimmungsmöglichkeit. Serologische Untersuchungen und Routine-Kulturen zeigten widersprüchliche Ergebnisse, bisweilen blieben sie ganz ohne Ergebnis. Auch bei Nasentupfern und Laborkulturen waren die Ergebnisse widersprüchlich. Scharfe Beobachtung ist das einzige Instrument das dem Praktiker immer schon zur Verfügung stand.

Es gibt kein deutliches Symptom, bzw. keine klar definierbare Kombination von Symptomen, die eine definitive Diagnose zulassen würde. Kraftlosigkeit, Husten, erhöhte Körpertemperatur - mit Schüben von Wechselfieber - verbunden mit einer keuchenden Atmung, können mit Abszessen der Eingeweidelymphknoten enden, lange bevor irgendwelche äußere Krankheitszeichen erkennbar sind.

Die Diagnosestellung ist heute durch die bakteriologische Untersuchung einer ... Spülprobe erleichtert. Dies ist eine exakte Methode, die tückischen Mikroorganismen zu züchten und zu identifizieren.

Auch andere, neuere Verfahren haben als diagnostische Hilfsmittel bei der Erkennung und Behandlung dieser entmutigenden Fohlenerkrankung gute Dienste geleistet.

Isolierte Krankheitsfälle sind häufig verloren, weil weder der Verlauf der Krankheit noch ihr Schweregrad äußerlich erkennbar ist oder in der physischen Verfassung des Fohlens wiedergespiegelt wird, bevor es zu spät ist. Es ist traug, doch interessant festzustellen, daß diese Fohlen weitersaugen, obwohl sie hohes Fieber haben und Schwierigkeiten zu atmen und so bis kurz vor dem Tod ein erstaunlich gutes Körpergewicht halten. Als junge, unerfahrene Praktikerin erlebte ich zu meinem größten Erstaunen, wie ein wohlgenährtes junges Fohlen mausetot auf der Seite liegen sah. Die Ursache: eine plötzlich ausgebrochene Corynebakterium-Infektion.

Bei Früherkennung, scharfer Beobachtung und effektiven Behandlungsmethoden überleben einige Fohlen. Die innerlichen Gewebsveränderungen scheinen dann auszuheilen, denn in den Fällen, die ich kenne, hat man keine funktionelle oder äußerlich erkennbare bleibende Schädigung feststellen können.

Erscherichia Coli Infektion

Diagnose: Sepsis; Verursacher: Escherichia coli
Prognose: mittelmäßig bis gut

Behandlung:
1. vollständiges Blutbild und Differntialblutbild

2. Blutkultur (wenn Labor verfügbar)
3. Zinksulfat-Test (Immunkompetenz)
4. Chloromycetin i. v. 3 x tägl.; oder Trimethoprim (Sulfat); oder Aminoglycoside (Kanamycin, Glutamicin oder Amikacin)
5. Stärkende Therapie (Elekrolyt-Flüssigkeiten und Sondenfütterung)
6. Serum-Transfusion (wenn der Zinksulfat-Test die Notwenigkeit aufzeigt)

Escherichia coli ist ein harmloser Mikroorganismus solange er sich in seiner normalen Umgebung, dem Darm, aufhält. Verschafft sich dieses gefürchtete Bakterium Zugang zu anderen Körperteilen, wird sie zu einem potenten Pathogen, das schwere Krankheitszustände verursacht, einschließlich einer Sepsis bei Fohlen im Alter von 10 bis 21 Tagen. Das Erkennungsmerkmal dieser Sepsisform ist ein gestörtes Gleichgewicht des schwankenden, kranken Fohlens, das zeitweilig an einem Kopf- und Halsspasmus leidet. Symptomatisch ist, daß Kopf und Hals zwanghaft und krampfartig in einer zittrigen aber bestimmten Bewegung zur Seite, bis zum Brustkorb herumgezogen werden, um dort vorübergehend zu verbleiben. Wird dieses auffällige Symptom bei einem kraftlosen, schwachen, fiebrigen Fohlen festgestellt, ist die Diagnose eine Escherichia coli-Infektion.

Escherichia coli verläßt per Zufall den Magendarmtrakt und gelangt schnell in die Blutbahn, wenn auch nur die geringste Gewebsveränderung in der Darmwand oder Darmschleimhaut eingetreten ist. Die Schleimhaut dient normalerweise als Schutzwall, der alle Gifte, Toxine, Gewebstrümmer und Fäkalien im Magendarmtrakt zurückhält - fern vom Blutkreislauf - während der Durchgang von Nährstoffen - Flüssigkeiten - Mineralien, ect., die zur Gesunderhaltung gebraucht werden, stattfinden kann. Verändert sich die Beschaffenheit der Mukosa (Schleimhaut) durch Krankheit, Toxine und Reizstoffe, gewinnen die Escherichia coli Bakterien gemeinsam mit anderen pathogenen Keimen schnell Zugang zum Blutkreislauf und führen zu einer Sepsis (Blutvergiftung).

Als Enterotoxämie man alle Zustände oder Pathogene, die ein Zusammenbrechen der Darmschranke verursachen und den Erregern so Zugang zum Körper verschaffen.

Beim sehr jungen Fohlen, kann das Escherichia coli-Bakterium durch den offenen Nabelstumpf eindringen. In die Stute gelangt er häufig durch die Schamlippen und verursacht dann einen unangenehmen und resistenten Gebärmutterhalskatharr und eine Gebärmutterschleimhautentzündung.

Die Fälle, die ich diagnostiziert und behandelt habe, haben alle positiv reagiert, sich erholt und wurden in keinem Fall rückfällig.

Undifinierbare Sepsisformen

Salmonella typhimurium, Salmonella enteritis, Salmonella abortus equi, und Pseudomonas aeruginosa sind vier weitere Übeltäter, die bekanntlich Fehlgeburten verursachen und verschiedene, nicht benennbare Infektionen und Sepsis-Formen. Zum Glück treten sie heute allesamt viel seltener in Erscheinung.

Keine der vier Formen zeigt charakteristische Symptome, die eine Unterscheidung ermöglichen, daher wird die Diagnose gewöhnlich nach dem Tod bei der Sektion gestellt.

Eine Salmonellose ist eine tödliche Infektion, die von schweren Durchfällen mit einem gestörten Elektrolyt-Haushalt begleitet ist.

Salmonella abortus equi ist dafür bekannt, Fehlgeburten zu verursachen und Salmonella typhimurium ist der Urheber allgemeiner systemischer Infekte, die sich gewöhnlich in Form von hartnäckigen Durchfällen äußern.

Salmonella enteritis ist dafür berüchtigt, die Fohlen die 4-6 Wochen alt sind zu befallen, schwere Durchfälle, hohes Fieber und eine lebensbedrohende Austrocknung zu verursachen. Trotz der schweren Durchfälle sieht man selten Anzeichen von Kolik, und wenn, treten sie unregelmäßig auf. Bei unbehandelten oder schlecht betreuten Fohlen liegt die Sterblichkeit bei 50%. Man weiß, daß diese Infektion dort auftritt, wo Nager, speziell Ratten, sind, und durch den Kot dieser Tiere wird der Erreger verbreitet, der unbemerkt in das Pferdefutter gelangt und gefressen wird. Eine Salmonellen Infektion ist einerseits sehr schwer zu behandeln, andererseits hochinfektiös; ist sie einmal im Bestand vorhanden, ist es fast unmöglich, sie auszumerzen.

Durch das Engagement vieler Leute, das Wissen und den sorgfältigen Einsatz von Medikamenten, sind diese gefährlichen Mikroorganismen in den letzten 20 Jahren sehr viel weniger in Erscheinung getreten.

Primäre Fohlenpneumonie

Obwohl die meisten bei einer Sepsis des Neugeborenen verschiedene Formen von Lungeninfekten sowie Lungenentzündungen unterschiedlicher Ausprägung erschwerend hinzukommen, befällt die Primäre Fohlenpneumonie ältere Fohlen, und zwar zwischen 4 und 12 Wochen, wenn der von der Mutter gespeiste Antikörperspiegel schwindet und das eigene Immunsystem des Fohlens noch leistungsschwach ist. In dieser Altersstufe sollten Fohlen besonders beobachtet werden, da sie für alle Arten von Infekten besonders empfänglich sind.

Die Ursachen sind vielfältig. Zum berüchtigten, zuvor besprochenen Corynebakterium equi kommt der Stroptokokkus zooepidemicus als schwer greifbare, häufige Ursache der Pneumonie, die schwer zu beschreibende Symptome hervorruft. Der Streptokokkus equi hingegen ist leicht zu erkennen, wegen der symptomatisch geschwollenen Lymphdrüsen unter dem Kiefer und rund um den Kopf, die oft eine Lungeninfektion begleiten.

Druse

Druse ist der landhäufige Ausdruck für die gefürchtete Erkrankung, die vom Streptokokkus equi verursacht wird. Ähnlich wie beim Corynebakterium equi kann man davon ausgehen, daß die Fohlen im Alter von 8-12 Wochen und älter befallen werden. Es ist das Alter in dem das Fohlen den niedrigsten Gehalt mütterlicher Immunstoffe aufweist und die Zeit, in der das eigene Immunsystem des

Fohlens noch nicht leistungsfähig ist. Mit wenig oder keiner Abwehrkraft ist es nicht verwunderlich, daß fast alle Fohlen irgendeine Form der Streptokokken-Infektion durchmachen. Die Symptome sind Fieber mit Entkräftung, Freßunlust, eitrig-schleimiger Nasenausfluß und die charakteristisch geschwollenen Drüsen. Hinzu kommt gelegentliches Husten oder Niesen.

Glücklicherweise ist der Streptokokkus, der am häufigsten die jungen Pferde befällt, weniger aggressiv und bösartig; wenn er sorgfältig beobachtet wird, kann er ohne Behandlung wieder verschwinden. Die verdickten Drüsen unter und um den Unterkieferknochen, brauchen manchmal mehrere Wochen um wieder abzuschwellen und schließlich zu verschwinden. Diese Art von Infekten trägt dazu bei, daß sich eine schützende Immunität gegen zukünftige Gefahren bildet und macht sich im Farmalltag relativ wenig bemerkbar.

Ganz anders sieht es aus, wenn die virulente Form des Streptokokkus equi in den Bestand eindringt und die Fohlen befällt. Hier sind sehr kranke Fohlen mit vergrößerten, schmerzempfindlichen Drüsen, hohem Fieber (104 Grad bis 105 Grad), Freßunlust, Infektionen der Atemwege und - wenn die Behandlung zu spät einsetzt - Lungenentzündung an der Tagesordnung. Tierärztliche Hilfe wird sofort benötigt. Handelt es sich um eine schwere Infektion, entkommt kein Mitglied des Bestands der Ansteckung.

Ohne tierärztliche Behandlung und beim Fohlen normaler schützender Antikörper treten die Streptokokkus equi leicht aus den geschwollenen Lymphdrüsen aus, verursachen Abszesse im ganzen Körper und führen zu einer chronischen Erkrankung, die man als "Bastard Druse" bezeichnet.

Achtung bei der Behandlung dieser Erkrankung! Penizillin ist ein leicht erhältliches, preisgünstiges, allgemeines Antibiotikum. Es ist sehr wirkungsvoll bei der Behandlung des hohen Fiebers. Aber bei dieser Erkrankung ist sein Einsatz kontraindiziert.

Während es das Fieber senkt, greift es die Zellwand des Streptokokkus equi genau dort an, wo die Antikörperreaktion erfolgt und zerstört sie. Letztendlich bleibt die Infektion so unbesiegt!

Mittel der Wahl sind hier: Ampicillin, Polyflex, Amp-Euine, Okytetracyklin und Trimethoprin plus Sulfonamide.

Durch tierärztliche Behandlung und Betreuung kann die Erkrankung unter Kontrolle gebracht werden, indem die erkrankten Tiere behandelt, das Pflegerpersonal beraten und bei Bedarf mit der Lanzette die bisweilen großen, schmerzhaften Abszesse in der Kiefergegend geöffnet werden, um den Druck zu verringern.

Wenn der Streptokokkus equi zuschlägt, sollte das gesamte Peronal alamiert sein, damit die Krankheit nicht verbreitet wird. Das eitrige Material, das aus einem Drüsenabszess austritt, ist buchstäblich geladen mit ansteckenden Streptokokkus equi und bei mangelnder Achtsamkeit des Stallpersonals und durch herumlaufende Hunde, Katzen und Nager verbreitet sich das krankheitserregende, verseuchte Material.

In den Fort Dodge Laboratories (Tiermedizinisches Labor in Fort Dodge, Iowa, USA) wird eine Streptokokkus equi Vakzine hergestellt, die gut wirkt, wenn sie von Tierarzt vorsichtig eingesetzt wird. Sie ist von großem Wert, wenn ein Ausbruch bevorsteht, vor allem dann, wenn viele Pferde betroffen sein können, die zusammen aufgestallt sind.

Verwechseln Sie nicht Druse mit Tympanie (fehlerhafter Luftsack). Zu Anfang sind sie sich ähnlich, bis zu dem Zeitpunkt, wo man die Schwellung fühlen kann.

Andere Lungeninfekte

Obwohl sie sehr viel seltener in Erscheinung treten, sind Klebsiella pneuomiae, Actinobazillus equuli und Salmonella typhimurium allesamt als Urheber besonders hartnäckiger und chronischer Fälle von Fohlenpneumonie nachgewiesen worden.

Viren, z. B. der Pferde-Herpesvirus I und die Grippeviren sind für Infekte der oberen Luftwege verantwortlich und schwächen das Lungengewebe, so daß es für Bakterienbefall empfänglich wird. Es handelt sich bei den Viren folglich nicht um Primärverursacher, sondern um Komplizen.

Prädisponierende Faktoren einer Fohlenpneumonie sind Parasiten, besonders die Larvenwanderungen der Askariden (Spulwürmer), sowie äußere Reizstoffe, wie verseuchte Luft (mangelhafte Luftzirkulation) und eine verschmutzte, kontaminierte Umgebung.

Zeichen einer Fohlenpneumonie sind schweres Atmen, Fieber, Entkräftung, Schwäche, Nasenausfluß und für gewöhnlich Husten.

Bei der Untersuchung sollte der Brustbereich mit dem Stethoskop abgehorcht werden, um sicherzustellen, daß die Luft tatsächlich in und aus dem Lungenbereich dringt. Beim Vorhandensein von toten Zonen und feuchtem Rasseln handelt es sich um eine Pneumonie.

Schweres Atmen, speziell Brustkorbatmung und Bauchatmung sind Anzeichen von Stress und weisen auf eine Lungenstauung hin.

Ein Blutbild kann von unschätzbarem Wert sein, wenn es um die Diagnose geht und die Entscheidung für die anschließende Behandlung. Bei der Fohlenpneumonie kann ein vollständiges Blutbild einen Anstieg der Zahl der Leikozyten (weiße Blutkörperchen), Leukozytose genannt, aufdecken, der Folge einer bakteriellen Infektion ist. Ein Absinken der weißen Blutkörperchen, ein Zustand, den man Lymphopenie nennt, tritt in den Fällen auf, wo ein Virus Primärursache ist. Doch kann eine schwere Lymphopenie auch ein Versagen des Immunsystems des Fohlens anzeigen. Auch bei diesem Befund sollte der Tierarzt sofort eingreifen.

Lange herumzurätseln mit welchem verursachenden Mikroorganismus man zu tun hat und welches Mittel möglicherweise wirken könnte, ist Unfug - kostbare Zeit geht so verloren. In Laborkulturen - entweder vom Nasenschleim oder aus der Luftröhre - können die Übeltäter isoliert werden und die Mittel herausgefunden werden, auf die der Mikroorganismus am besten reagiert. So kann man die Gefahr einer medikamentresistenter Infektion umgehen.

Lungenstauungen werden leicht bei der Untersuchung mit dem Stethoskop übersehen oder fehlinterpretiert. Es gibt andere diagnostische Hilfsmittel, wenn die Symptome auf eine Stauung hindeuten.

So kann eine Röntgenaufnahme der Brust des jungen Fohlens Stauungsbereiche anzeigen und Auskunft darüber geben, in welchem Maße das Lungengewebe angegriffen ist. Aufeinanderfolgende Lungenaufnahmen sind gut geeignet, die Therapie zu kontrollieren und zu lenken.

Ein weiteres wertvolles Hilfsmittel bei Lungenstauungen ist der Einsatz des Ultraschalls. Wenn man die Brustwand absucht, können Abszesse und Flüssigkeitsansammlungen entdeckt werden.

Eine frühe, intensive Medikamententherapie kombiniert mit einer unterstützenden Elektrolyt-Therapie kann sogar schwere Fälle von Pneumonie mit Erfolg behandeln. Die Behandlung sollte noch eine volle Woche nach der Normalisierung der Temperatur fortgesetzt werden. Hier kann die Blutuntersuchung als Barometer dienen und ankündigen, wann die weißen Blutkörperchen wieder im Normalbereich sind.

Fiebersenkende Mittel, wie z. B. Phenylbutazon, Aspirin und Novalgin können die Beschwerden eines Fohlen mit Lungenentzündung lindern und es beruhigen. Eine Verbesserung des Appetits und längere Ruhepausen erreicht man durch die Anwendung dieser Mittel in Verbindung mit der regulären Antibiotikabehandlung. Das Mittel Isoniazid i. m. gespritzt, hat sich als erfolgreich bei der Behandlung von Lungenstauungen und Lungenabszessen erwiesen.

Barker Fohlen

Es gibt noch eine andere systemische Infektion beim neugeborenen Fohlen, die allgemein als Barker-Syndrom oder konvulsives Syndrom des Neugeborenen bezeichnet wird. Barker-Fohlen beziehen ihren Namen von den unmißverständlich diagnostisch bellenden Lauten, die sie kurz nach der Geburt von sich geben. Solche Fohlen landen gewöhnlich auf der Seite im Stroh und sind unfähig aufzustehen. Man beobachtet diese Syndrom am häufigsten bei Tieren, die noch nicht trocken sind, aber auch Fohlen, die man zunächst für völlig gesund ansieht, können nach einigen Lebensstunden plötzlich Krämpfe bekommen und unaufhörlich "bellen", bis sie erschöpft sind. Diese Krämpfe zeigen sich in ungewolltem Kopfschütteln und Krämpfen der Glieder und des Körpers. Da Stuten meist mitten in der Nacht fohlen, ist der schaurige, primitive Schrei, ausgestoßen von einem kleinen, feuchten Körper, der sich im Stroh windet, eine solche Abweichung von der Norm, daß man ihn nie wieder vergißt.

Es gibt Berichte darüber, daß ein Barker Fohlen überleben kann, wenn es wiederholte Krämpfe überlebt und dann sondengefüttert werden kann, bei leichter Sedierung, intensiven Antibiotikagaben und unterstützender Therapie. Einigen Autoren zufolge dauert es 4-5 Tage bis die Symptome langsam verschwinden, ein schwacher Saugreflex entsteht und die anderen Fähigkeiten des Fohlen wiederkommen. Dies mag wahr sein, doch habe ich nie das Glück gehabt, die Genesung eines Barker Fohlens mitzuerleben.

Der Urheber diese bedrückenden Zustands ist unbekannt. Eine zeitlang glaubte man, daß das Eingreifen des Menschen bei der Geburt einen Faktor darstellt, da Barker Fohlen häufiger in gut-geführten, heizbaren und schlecht gelüfteten Ställen mit fachmännisch betreuten Geburten gemeldet wurden. Eine neuerdings favorisierte Therapie ist die, daß Sauerstoffmangel des Gehirns die Ursache der Krämpfe und Anfälle ist. Alle auch noch so unbedeutenden Faktoren, die die Geburt verzögern oder verlängern, erhöhen die Wahrscheinlichkeit, daß eine Sauerstoffminderversorgung der Gehirnzellen des Fohlens eintritt.

Wir kennen drei Faktoren, die im Verlauf des sogenannten normalen Geburtsverlaufs einen Sauerstoffmangel hervorrufen können: die vorzeitige Ablösung der Plazenta; ein frühes Abreißen der Nabelschnur sowie eine zusammengedrückte, verdichtete Nabelschnur während der Geburt, die man vor allem bei einer Hinterendlage beobachtet.

Trennen sich die fötale Plazenta und das mütterliche Endometrium (Schleimhautwand des Uterus) zum falschen Zeitpunkt, - man nennt dies Placenta previa oder Plazentaablösung (abruptio placentae) - fällt das lebenserhaltende System des Fohlens vorzeitig aus.

Reißt die Nabelschnur direkt nach der Geburt, bevor das Fohlen die wichtigen 500-600 cc Plazenta-Blut erhalten hat, kann dies ein dramatisches Abfallen des Blutdrucks verursachen, die Luftversorgung des Lungengewebes vermindern sowie den verfügbaren Sauerstoff im Blutkreislauf. Die Nabelschnur kann zu früh reißen, wenn eine übernervöse Mutterstute plötzlich aufsteht, sobald das Neugeborene im Stroh landet. Ich habe beobachtet, daß Stuten, die es offensichtlich nicht abwarten können, ihr Fohlen zu begrüßen, aufspringen, sich herumdrehen um zu beschnuppern und anzusehen. Zahllose Male habe ich Stuten, die als nervös bekannt sind, kurz vor der Geburt eine kleine Menge Beruhigungsmittel verabfolgt. Dieses Eingreifen hat traumatische Fohlentragödien verhindern können.

Eine weitere Ursache für das vorzeitige Abreißen der Nabelschnur ist die Unwissenheit wohlmeindender, übergewissenhafter Betreuer. In dem Bemühen, der Stute ihr Fohlen zu zeigen, ergreift der Betreuer das Fohlen und zerrt es abrupt zu ihrem Kopf. Diese plötzliche Bewegung läßt die Nabelschnur reißen, das wertvolle Plazenta Blut läuft weg und es kommt möglicherweise zu einem drastischen Sinken des Blutdrucks und Sauerstoffgehalts beim Fohlen.

Da die Nabelschnur dem neugeborenen Fohlen als Lebensader dient, kann sich eine Hinterendlage für die Sauerstoffversorgung während der Geburt gefährlich auswirken. Diese umgekehrte Lage des Fohlens führt unvermeidlich zu langanhaltendem Druck auf die intakte Nabelschnur, die gegen das knöcherne Becken der Stute gepreßt wird. Sobald die Hinterendlage entdeckt wird, sollte alles dazu getan werden, unnötige Verzögerungen zu vermeiden. Alle Bemühungen sollten darauf zielen, die Geburt langsam voranzutreiben.

Dem Barker Fohlen kann durch Behandlung geholfen werden, aber es ist eine wirklich komplizierte, gewöhnlich ermüdende und frustrierende Angelegenheit. Ich habe mit Spritze und Nadel in einer Box gestanden, bereit ein Barker Fohlen zu sedieren, als es plötzlich einen Anfall bekam. Die Gewalt des Krampfes warf mich buchstäblich von den Beinen, wobei die Spritze durch die Luft flog. Das Personal muß rund um die Uhr auf dem Posten sein, um selbstzugefügte Verletzungen zu verhindern, die die Fohlen sich bei den exponierten Anfällen zuziehen. Ohne ständige Beobachtung läßt sich der Tod nicht vermeiden.

Vielleicht gelingt es der Forschung in der nächsten Zeit, die definitive Ursache des Barker Syndroms herauszufinden und diese beunruhigenden Fragen zu beantworten.

Shaker Fohlen-Syndrom

Eine weitere Geißel der Fohlen ohne bekannte Ursache, ist das Shaker Fohlen-Syndrom.

Es handelt sich um eine äußerst verhängnisvolle neuromuskuläre Erkrankung, die bei Saugfohlen im Alter von etwa 3-8 Wochen auftritt. Die Fälle von Shaker-Fohlen Syndrom scheinen sowohl örtlich wie auch zahlenmäßig zuzunehmen.

Typische Symptome sind die Unfähigkeit aufzustehen, Schwäche, und mit Muskelschwäche verbundenes, starkes Muskelzittern. Wenn ihnen geholfen wird, können diese Fohlen vielleicht auf die Beine kommen und schwache Saugversuche unternehmen, aber im allgemeinen erschweren Mukelzittern und Beben das Stehen und das Fohlen fällt kraftlos zurück ins Stroh.

Das intensive Muskelzittern verstärkt sich zu unkontrollierbarem Schütteln, das es dem Fohlen unmöglich macht zu stehen, oder auch nur zu sauen. Entkräftung ist die baldige Folge und der Tod tritt durch Atemlähmung, trotz Behandlung, etwa drei Tage nach Beginn der Erkrankung ein.

Neuere Forschungen bringen die todbringenden Clostridium botulinum Mikroorganismen mit dem myteriösen Shaker-Syndrom in Verbindung (C. botulinum ist der Verursacher einer tödlichen Erkrankung, Botulismus (bakterielle Lebensmittelvergiftung) genannt, beim ausgewachsenen Pferd). Es bleibt zu hoffen, daß diese neuen Erkenntnisse, in Verbindung mit fortgesetzter Forschung und allen bisher über Botulismus verfügbaren Daten zu einer verbesserten Behandlungsmethode oder sogar einem Weg der Heilung führen. Ab 1988 wird ein neuer Impfstoff für Zuchtstuten zur Verfügung stehen. Bis heute sind wird auf Vorbeugungsmaßnahmen beschränkt.

Muskelzittern und - schwäche entsteht durch die verringerte Anzahl oder das Fehlen der Cholinesterase an den Nervensynapsen (Verbindungen der Nerven- zu den Muskelzellen) in den Muskelmassen. Unbestimmt Mengen an Cholinesterase können eine neuromuskuläre Blockierung verursachen, die in massivem Muskelzittern und Parese (unvollständiger Lähmung) resultiert. Folglich sind Cholinesterase-Hemmer zu meiden: Aminoglycoside, Tetracycline und Procain-

Penizillin sollten nicht eingesetzt werden. Folgende Behandlung ist zu empfehlen:

1. Natrium-Penicillin ist sicher, seine Verwendung wird daher empfohlen.
2. Neostigmin ist ein Cholinesterase-Förderer und seine Anwendung indiziert. Die Dosis sollte 20 mg Neostigmin in 500 cc 5%iger Dextrose i. V. über 30 min infundiert sein. Bitte langsam spritzen!
3. Epsomsalz (Mg SO4) mittels Nasenschlundsonde verabreicht, (1 Teetasse in 1 Liter Wasser) beschleunigt die Ausscheidung der im Magendarmtrakt enthaltenen Nahrung und man hofft, daß der Gebrauch des Laxans zur Ausscheidung jeglicher vorher aufgenommener toxischer Stoffe führt.
4. Führen Sie Sauerstoff durch eine Maske oder einen kleinen Endotrachealschlauch zu, um jeglichem Auftreten von Atemkomplikationen vorzubeugen.
5. Eine unterstützende Flüssigkeits-Therapie zur Erhaltung oder Ergänzung sollte in Betracht gezogen werden. Einem appetitlosen Fohlen im Alter von 3 bis 8 Wochen verabreicht man etwa 3500 cc pro Tag, einschließlich eines ausgewogenen Elektrolyt-Präperats, Glukose, Ringer-Laktat (Stutenmilchersatz) und Sodium-Bikarbonat. Fohlen werden beängstigend schnell hypoglykämisch (der Blutzuckergehalt ist herabgesetzt). Die Zuführung von Glukose ist unverzichtbar, um die Leber des sehr jungen Fohlen vor Toxinen und Schwankungen zu schützen. Eine Acidose (übermäßiger Säuregehalt des Bluts) kann mit Ringer-Laktat und Sodium-Bikarbonat bekämpft werden. Bleiben sie ungehandelt, kann sowohl eine Hypoglykämie (niedriger Blutzucker), wie auch die Azidose (niedriger Bikarbonatgehalt) direkt eine Verschlechterung des Zustands herbeiführen und schließlich den Tod des Fohlens.
6. Eine Serum-Transfusion ist eine wirksame Unterstützung der übrigen Behandlung und stärkt das Immunkörper-System des Fohlens.
7. Clostridium botulinum Antitoxin hat sich gut bewährt bei der Behandlung der Shaker-Fohlen Krankheit. Dieses Hyperiummunisierungs-Serum, das vor lebensrettenden Antikörpern strotzt, ist schwer erhältlich und recht teuer. Steht es zur Verfügung, so geben Sie 70.000 bis 80.000 I.E. intravenös, so früh wie möglich. Es besteht nur dann Hoffnung für eine Genesung von dieser verheerenden Krankheit, wenn die Behandlung frühzeitig einsetzt.

Es ist sehr ernüchternd, wenn man erfährt, daß bisher kein erfolgreich behandelter Fall bekannt ist. Die FDA (Überwachungsstelle für Lebens- und Arzneimittel in den USA) steht - wie man weiß - kurz davor, ein hervorragendes Bakterin gegen Botulismus herauszuchristallisieren, das eine Schutz-Immunisierung ermöglichen wird. Als Tierärztin empfinde ich die Herstellung dieses Produkts als einen großen Segen und freue mich darauf, es in mein biologisches Waffenarsenal einzureihen. Botulinum-Bakterin kann dann, gemeinsam mit den anderen vitalen Auffrischungsimpfungen einen Monat vor dem errechneten Geburtstermin den tragenden Stuten verabreicht werden. Diese "Raketen" setzen die Produktion passiver Schutz-Antikörper in Gang und verbessern den Spiegel der im Kolostum vorhandenen Immunkörper, die das Neugeborene erwarten.

Verursacht wird Botulismus beim ausgewachsenen Pferd durch die Aufnahme präformierten Toxins mit dem Futter und hervorgerufen durch Clostridium botulinun, das sich für gewöhnlich in verdorbenem Futter, Getreide oder Heu aufhält. Wird dieser, normalerweise den Boden bewohnende Mikroorganismus, im Darm des Pferdes angetroffen, so wirkt er nicht schädlich, wird er aber mit dem verdorbenen Futter aufgenommen, produziert er Exotoxin (von lebenden Bakterien abgesonderter Giftstoff), das für das Tier zur tödlichen Gefahr wird. Es ist offensichtlich, daß ein Schutz-Bakterin dringend notwendig ist.

Nichtinfektiöse Fohlenpneumonie

Diagnose: Aspirationspneumonie
Prognose: Gut bei sofort einsetzender Behandlung

Behandlung:
1. Antibiotikum der Wahl (Ampizillin oder Oxtetrazyklin)
2. Röntgenaufnahme des Brustkorbs
3. Ultraschall-Untersuchung
4. Sauerstoff-Therapie (verwenden Sie einen Schlauch oder eine Maske; die empfohlene Dosierung beträgt 5 Liter/Minute).
5. Diuretika
6. Routine-Blutbild zur Kontrolle des Genesungsverlaufs.
7. Ständige Beobachtung auf Anzeichen sekundärer bakterieller Eindringlinge.

Die nichtinfektiöse Fohlenpneumonie kann verschiedene Ursachen haben, von denen die mechanischen weitaus am häufigsten sind. Die mechanische Pneumonie ist das Ergebnis des unbeabsichtigten Einatmens fremder Substanzen und tritt am häufigsten bei kranken Fohlen auf.

Das Einatmen fötaler Flüssigkeit während einer schweren oder langanhaltenden Geburt, das unbeabsichtigte Einatmen von Milch bei einem schwachen Fohlen oder das Einatmen von durch unerfahrene Personen oral verabreichten Medikamenten, sind drei Beispiele dafür, wie eine mechanische Pneumonie entstehen kann. (So manch einer hat in seiner Arglosigkeit verursacht, daß ein Fohlen durch falsches Einatmen halb erstickt, beim Verabreichen oraler Mittel oder einer zwangsweisen Milchmahlzeit!) Auch jedes Thorax-Trauma, das während, oder unmittelbar nach der Geburt erlitten wird, kann zu einer Lungenanschoppung beitragen.

Die Symptome einer Lungenentzündung sind die gleichen und konstant, ob es sich um eine infektiöse oder nichtinfektiöse Pneumonie handelt; die üblichen Anzeichen sind, Abgeschlagenheit, mangelnder Appetit, Fieber, und - am wichtigsten von allen - Atemnot und/oder eine eingeschränkte und schmerzhafte Bewegung des Brustkorbs.

Eine mechanisch verursachte Lungenentzündung verschafft anderen Infektionserregern bald Zutritt, folglich ist eine frühzeitig einsetzende Behandlung hier von entscheidender Bedeutung.

Tyzzer Krankheit

Die Tyzzer Krankheit ist eine akute und lebensgefährliche Lebererkrankung, die die Fohlen im ersten Lebensmonat befällt. Wenig ist über die Symptome bekannt, da der Verlauf der Erkrankung so rapide ist, daß die meisten Fohlen tot aufgefunden werden. So wird die Diagnose gewöhnlich bei der Sektion gestellt.

Verusacht durch den Bacillus piliformis, wird diese Krankheit vermutlich durch die Nahrungsaufnahme verbreitet und möglicherweise durch Nagetiere weitergetragen, die als Träger der plötzlich ausbrechenden Krankheit verdächtigt werden.

Zur Zeit sind weder Möglichkeiten der Behandlung noch der Eindämmung bekannt. Obwohl ich persönlich noch nie die Tyzzer Krankheit diagnostiziert habe, würde ich sehr erstaunt sein, wenn sich diese Fohlen als immunfähig herausstellen würden.

Wenn der Verdacht auf Tyzzer Erkrankung besteht, würde ich auf jeden Fall empfehlen, eine gründliche Reinigung vorzunehmen, die hygienischen Maßnahmen zu verbessern und besonders Augenmerk auf die Ausrottung von Nagern zu richten, zu identifizieren und zu kontrollieren.

Wassertrinker Syndrom

Jedes Fohlen hat in seiner natürlichen Umgebung Wasser zu seiner Verfügung. Aber nur in Ausnahmefällen, oder Krankheitsfällen sieht man ein Fohlen wirklich Wasser trinken. Am bedenktlichsten ist es, wenn ein Fohlen Wasser trinkt und dabei nicht gesehen wird.

Manchmal muß man sehr genau aufpassen, um diese Fohlen, mit vom Durchfall nassen Schwänzchen, am Wassereimer zu überraschen, doch der übelriechende, wässerige Durchfall ist der eindeutige Beweis. Trinkt ein junges Fohlen Wasser, so ist dies ein Zeichen von Krankheit. Für Abhilfe ist unbedingt zu sorgen!

Fohlen mit verschmutztem, feuchtem Hinterteil fühlen sich immer sehr unwohl und verlieren schließlich alle Haare in diesem Bereich, wenn nichts unternommen wird. Eine Reinigung mit milder Seife und Wasser behebt das körperliche Unbehagen, nimmt den Juckreiz und verhindert, daß das Haar ausgeht. Tägliches Einreiben mit reichlich Vaseline verschafft Linderung bei diesem unangenehmen Zustand.

Nichtinfektiöser Durchfall

Infektiöse Durchfälle werden den Sepsisformen zugerechnet und als gefährlich eingestuft. Auch nichtinfektiöse Durchfälle können zu einer gefährlichen Dehydration und Störung im Elektrolythaushalt führen und ein Fohlen in kurzer Zeit für Infektionen empfänglich machen. Diese als harmlos bezeichnete Form des Durchfalls ist ebenso gefährlich wie der infektiöse Durchfall und sollte dementsprechend beachtet werden.

Trauma und Krankheit

Benachrichtigen sie Ihren Tierarzt. Während Sie auf ihn warten, wenden Sie Erste-Hilfe-Maßnahmen an, um Ihrem gequälten Fohlen Linderung zu verschaffen. Die meisten Fohlen reagieren gut auf Darm-Adstringentia und Antidiarrhetika, wie z. B. Kaopektat, Magnesiummilch, Kohlepräparate, Paregorik oder Paraffinöl (schwer).

Zu den Maßnahmen Ihres Tierarztes gehört die Kontrolle der Körpertemperatur und ein schnell ausgezähltes Blutbild, um frühe Anzeichen von Sepsis ausschließen zu können.

Bekannte Ursachen des nichtinfektiösen Durchfalls sind: Kotfressen, (Koprophagie), Pica, eine falsche Ernährung, Parasiten, Antibiotika und der Fohlenrossedurchfall.

Koprophagie ist die Gewohnheit Kot zu fressen und gilt als üble Angewohnheit. Manchmal geschieht dies heimlich und wird erst festgestellt, wenn es unerwartet zu hartnäckigen Durchfällen kommt. Wenn Sie den Verdacht haben, daß Koproghagie vorliegt, warten Sie, bis Ihre Stute abmistet. Sobald eine frische Kotmenge anfällt, wird das Fohlen schnell etwas davon fressen. Eine Reizung des Darms ist die baldige Folge, da der Magendarmtrakt sich mit Unrat und Fremdstoffen füllt. Am meisten wird das System des Fohlens dadurch beeinträchtigt, daß der aufgefressene Mist buchstäblich gespickt ist mit Parasiten und reizenden Abfallstoffen. Unsäglich Krankheitserscheinungen müssen von Kot fressenden Fohlen durchgestanden werden.

Verblüffenderweise stelle ich immer wieder fest, daß Koprophagie bei großen, gutgezogenen und gut ernährten Fohlen in gutgeführten Zuchtstätten auftritt. Bei schlecht betreuten und unterernährten Fohlen existiert dieses Problem nicht. Vielleicht gibt die Forschung einmal die Antwort auf diese paradoxe Erscheinung.

Da weder die Ursache bekannt ist, noch ein Heilmittel, bleibt den frustrierten Betreuern nur ein zu tun, nämlich peinlichst genau allen anfallenden Kot so prompt wie möglich zu entfernen, in der Hoffnung, die scheußliche Angewohnheit zu durchbrechen. Ich habe festgestellt, daß frühes Absetzen (etwa mit 3 Monaten), vor allem bei frühreifen Fohlen der abstoßenden Angewohnheit ein Ende setzt.

Pica ist die Gewohnheit unnatürliche Substanzen zu fressen. Ebenso als schlechte Angewohnheit eingestuft, geht Pica wesentlich mit subklinischen oder geringgradigen Infektionen einher. Manchen Autoren zufolge ist die Ursache ein nicht näher bekannter Mangel; in einigen Fällen scheint jedoch eine Verhaltensstörung oder Neurose zu überwiegen. Im Gegensatz zu den Kotfressern, fressen Pica-Fohlen, für jeden sichtbar, unnatürliche Substanzen, wie z. B. Sand, Kies oder Erde in nahezu besessener Manier. Eine Reizung der Darmwände des Fohlens, die durch das Fressen fremder Stoffe entsteht, führt bald zu Durchfällen.

Die Behandlung bei Pica besteht in milden Abführmitteln und Darmgleitmitteln zur Entfernung des unnatürlichen Sediments. Kleie-Mash ist gut geeignet, um Sand aus dem Magendarmtrakt zu entfernen. Paraffinöl ist sehr wirksam, wenn es therapeutisch eingesetzt wird- daß heißt, so lange, bis die gewünschte Wirkung erreicht ist. Dann sollte es abgesetzt werden. Geringe Tagesdosen sollten vermieden werden, da Paraffinöl bekanntlich die Absorbierung der notwendigen fettlöslichen Vitamine A, D, E und C beeinträchtigt. Folglich können tägliche Paraffinölgaben über eine längere Zeit unter anderem einen Vitaminmangel hervorrufen.

Die an Pica erkrankten Fohlen, die ich behandelt habe, waren zwischen einer und drei Wochen alt und litten fast alle an einer unklaren chronischen Infektion, die sich später als Shigella equuli Infektion bzw. Actinobazillus equuli Infektion herausstellte.

Abgesehen von den seltsamen Freßgewohnheiten, entwickeln sie einen unstillbaren Durst auf Wasser, nicht Stutenmilch. Wenn man sie gewähren läßt, können sie sich buchstäblich zu Tode trinken!

Diese "Wassertrinker" liegen entkräftet im Stroh, im Schockzustand, hochgradig ausgetrocknet und an schweren Durchfällen erkrankt. Können Elektrolyte und Sodium Bikarbonat schnell ersetzt werden, erholen sich einige Fohlen. Anschließend ist es für das Weiterleben des Fohlens entscheidend, daß genau diagnostiziert und auf Shigella behandelt wird.

Zur Verhütung müssen alle verdächtigen Fohlen fern von fließendem Wasser, unter ständiger Beobachtung, gehalten werden, solange die Behandlung dauert. Der Wassereimer der Stute sollte so hoch angebracht werden, daß das Fohlen ihn nicht erreichen kann, oder ganz aus dem Stall entfernt werden. Die säugende Stute muß dann gesondert mit Wasser versorgt werden.

Chloromycetin i. v. ist das Mittel der Wahl bei Shigella Infektionen und sollte erst abgesetzt werden, wenn das Blutbild an drei aufeinanderfolgenden Tagen normale Parameter aufweist.

Am Verhalten des Fohlens kann man zuverläßig ablesen, ob die Infektion überwunden ist. Das wiederhergestellte Fohlen trinkt an seiner Mutter und interessiert sich nicht für das zur Verfügung stehende Wasser - so wie es sein sollte. Ein normales Saugfohlen trinkt selten nennenswerte Mengen Wasser; ein paar kleine Schlucke sind das Äußerste.

Ein fütterungsbedingter Durchfall tritt besonders bei sich gutentwickelnden Fohlen auf, die große Mengen Milch schnell herunterschlucken und sich dabei übernehmen. Fast immer hat die Mutter solch eines Fohlens eine hervoragende Milchleistung. Der Tierarzt muß sehr vorsichtig sein, wenn er nach Ursachen und Behandlungswegen für den Fohlendurchfall sucht, besonders dann, wenn Überfütterung dafür verantwortlich ist.

Ein weiterer Durchfall dieses Typs kann durch die Trennung von Stute und Fohlen entstehen, wenn die Stute zur Deckstelle gebracht wird. Wenn sie zu ihrem hungrigen und aufgeregten Fohlen mit prallem Euter zurückkommt, kann es schnell zu Durchfall kommen.

Es kommt auch zu fütterungsbedingtem Durchfall, wenn Fohlen bestimmte Heuarten fressen. Der noch unreife Verdauungsapparat des jungen Fohlens tut sich schwer bei der Verarbeitung fibrösen Materials, das in einigen Heuarten enthalten ist.

Der Parasitendurchfall wird durch eine Vielzahl von Endoparasiten hervorgerufen. Strongylus vulgaris, Strongylus edentatus und Parascaris equorum (Wurmarten) sind oftmals verantwortlich, am häufigsten trifft man jedoch auf den Strogyloides westri in einem sehr jungen Fohlen.

Strongyloides westri halten sich in der Muttermilch auf und neugeborene Saugfohlen nehmen große Mengen infektiöser Larven in sich auf. Diese Larven gehen dazu über, die Innenwand des kleinen Darms zu schädigen und beeinträchtigen die Verdauungseuzyme. Das Resultat ist Durchfall.

Um Strongyloides westeri zu diagnostizieren, nehmen Sie eine Probe Stutenmilch und eine Kotprobe des Fohlens und lassen Sie diese im Labor untersuchen und bestimmen. Cambenzole und Thibenzole sind wirksame Mittel gegen Strongyloides westeri.

Für die Gesundheit und das Wohlbefinden aller Tiere, aber besonders der Fohlen, ist die Vorsorge gegen Parasitenbefall von größter Wichtigkeit (vgl. Kapitel 6).

Ein durch Antibiotika verusachter Durchfall ist nicht ungewöhnlich. Oral verabreichte Antibiotika, vor allem, wenn sie über einen längeren Zeitraum gegeben werden, sind bekannt dafür, schwer zu beeinflussende Diarrhöen hervorzurufen.

Aus dieser grundlegenden Erwägung ziehe ich es vor, Fohlen- soweit nötig - mit Injektionen zu behandeln und vermeide so eine Störung des empfindlichen Gleichgewichts der Darmflora, ohne das eine gute Verdauung nicht möglich ist. Aber bei einigen Erkrankungen kann nicht auf oral verabreichte Antibiotika verzichtet werden. In diesen Fällen muß die Konsistenz, Farbe und sonstige Beschaffenheit des Stuhls streng beobachtet werden. Eine begrenzte tägliche Dosierung über kurze Zeitperioden ist sehr zu empfehlen. Dann sollte der Fall neu beurteilt werden, bevor zusätzliche Medikamente verabreicht werden.

Schnell absorbierte Medikamente beeinträchtigen die nützlichen Bakterien und den Verdauungsvorgang weniger, da sie bald den Darm passieren. Offensichtlich sind die schlecht absorbierten Antikbiotika, so wie Neomycin und Gentamycin offensiver, bedingt durch ihr langes Verweilen im Verdauungstrakt. Aber selbst einige injizierbare Antibiotika, wie z. B. Tetracylin und Erythromycin können bei empfindlichen Fohlen Durchfall verursachen.

In Zweifelfällen sollten Sie die Antibiotika-Therapie unterbrechen. Geben Sie Laktobazillus-Kulturen oral, entweder in Form von handelsüblichen Präparaten oder in Sauermilch oder Joghurt, das sie beim Lebensmittelhändler bekommen. Diese wohltuenden Bakterienkulturen unterstützen die Wiederherstellung der normalen Darmflora des jungen Fohlens, das sich vom Antibiotika-Mißbrauch erholt.

Das Fohlenrossedurchfall, eine Form des nichtinfektiösen Durchfalls wurde bereits besprochen.

Empfohlene Mittel zur Behandlung der nichtinfektiösen Diarrhöe:

- Kaopekt schützt die Darminnenwand und wird vom jungen Patienten bereitwillig genommen.
- Magnesiummilch ist ein zuverläßig wirkendes säurebindendes Mittel und Darm-Emollentium.
- Wismut-Subsalicylium schützt die Darminnenwand, verringert den Giftgehalt und ist bekannt dafür, bakterielle Infektionen zu bekämpfen.
- Kleine-Mash sorgt für Volumen im Dickdarm und wirkt lindernd bei Diarrhöe. Es ist ein reines Naturprodukt, ungefährlich und nahrhaft.
- Tinctura Opii camphorata lindert Unbehagen und Krämpfe im Darmbereich und wirkt motilitätshemmend.
- Aktivkohle neutralisiert Toxine und Giftstoffe.

Achtung: Der Gebrauch von Atropin, Antihistamin oder jedem anticholinergischen Mittel ist streng kontraindiziert und beim jungen Fohlen völlig unangebracht.

Ich habe miterlebt, wie 4 an Durchfall erkrankte Fohlen kurz nach einer Diathalinjektion, einem anticholinergischen Mittel, starben. Der Aufkleber auf dem Medikament empfiehlt seine Verwendung zur Vermeidung von Diarrhoe. Es sollte verboten werden!

Fehlanpassungssyndrom der Neugeborenen

Das Fehlanpassungs-Syndrom der Neugeborenen ist sofort nach der Geburt festzustellen, und gekennzeichnet durch bizarre Verhaltensstörungen. Gehirnblutung, ödematöse Schwellungen, bis zu einer mangelnden Blutversorgung, sind bekannte Befunde bei diesen Fohlen. Wegen ihres seltsamen Verhaltens, wie Krämpfen, Schütteln, manchmal wildem Schlagen, hat man den Opfern dieses wenig erforschten und sehr frustrierenden Leidens alle möglichen Namen gegeben, wie "Wanderer", "Dummies", "Barker", "Shaker" und "Fohlen mit epileptischen Krämpfen".

Es gibt Vermutungen, daß anhaltender Hirndruck, der entweder im Uterus entsteht, im Verlauf einer verzögerten, unbetreuten Geburt, oder während einer tatfräftig betreuten Geburt Ursache der Gehirnschädigung ist, an der diese Fohlen leiden. Die Zeit und die Wissenschaft werden hoffentlich eine Antwort auf all diese Fragen finden.

Sedierung, Sondenfütterung und i. v. Flüssigkeits- und Elektrolytversorgung in Verbindung mit Sodiumbikarbonat sowohl i. v., wie oral verabreicht, haben sich gewährt. Ein warmes und bequemes Lager, das bei angemessener Lüftung ruhig und zugfrei ist, sollte dem Fohlen zur Verfügung stehen.

Omphalitis oder Nabelstumpfabszesse

Eine Omphalitis, bzw. Nabelstumpfabszesse enstehen im und um das Nabelstumpfgewebe. Gewöhnlich kommt es im Alter von zwei bis drei Wochen zu diesen Abszessen, die durch den Schmerz, die Schwellung, die feuchten Absonderungen und das Unbehagen, die sie verursachen, entdeckt werden. Eitriges Material, das in fokalen Bereichen des Gewebes verbleibt, sondert häufig eitrige Ausscheidungen ab und kann, wenn keine angemessene Behandlung erfolgt, nach innen vordringen und zu einer Sepsis oder Bauchfellentzündung führen.

Im Gegensatz zur Nabelinfektion und Blutvergiftungen, handelt es sich der Omphalitis um eine auf die Nabelstumpfgegend beschränkte Infektion, die - wenn sie nicht grob vernachlässigt wird, über diesen Bereich nicht hinausgeht. Die Symptome der Omphalitis und der Nabelinfektion sind einander sehr ähnlich, denn beide führen zu einem vergrößerten, heißen und schmerzhaften Nabel, doch sollten die beiden Krankheitszustände nicht miteinander verwechselt werden.

Zur Vorbeugung dienen gute Versorgung und Beobachtung des Nabelstumpfes in den ersten sechs bis sieben Tagen. Um das Austrocknen und Schrumpfen des Nabelgewebes zu gewährleisten, ätzen sie den Nabel mehrmals täglich mit einer starken Jodtinktur oder 7%iger Jodtinktur mit Glycerin zu gleichen Teilen. (Vgl. "Nabelschnur" in Kapitel 1.).

Eine chirurgische Entfernung der Abszesse und des verdickten oder fibrösen Nabelgewebes kann sich als notwenig erweisen, wenn das geätzte Gewebe nicht genügend trocknet und nach etwa einer Woche Behandlungszeit nicht entsprechend reagiert. Eine unterstützende Therapie und Antibiotika können einige Tage nach dem Eingriff gegeben werden. Leidet ein Fohlen dieser Altersstufe an Omphalitis, ist dies ein sicheres Zeichen mangelnder Pflege und Verwahrlosung.

Vor dem Abfohlen sollte immer die Einstreu kontrolliert werden. Vermeiden Sie jegliche Verwendung von Sägespänen, Sägemehl oder eines verschmutzten Einstreumaterials. Eine saubere Umgebung und gute Hygiene sind das mindeste, was wir unseren langerwarteten Fohlen schuldig sind.

Fohlen können die unterschiedlichsten Krankheiten bekommen. Viele von ihnen sind vermeidbar, durch:

1. eine saubere Umgebung
2. gute persönliche Hygiene
3. ein vom Tierarzt aufgestelltes Programm zur Parasitenbekämpfung
4. das Einhalten des Impfplans
5. eine planmäßige Ernährung
6. die Vermeidung von Stress durch aufgeregte oder traumatische Betreuung
7. Ruhe; das regelmäßige Einhalten von Zeitplänen

Transport eines kranken Fohlens

Ein krankes Fohlen sollte dem Stress und den Erschütterungen einer Fahrt im Transporter ausgesetzt werden, außer wenn dadurch eine lebensrettende Behandlung möglich wird und auch dann nur, wenn das Fohlen für die anstrengende Fahrt entsprechend vorbereitet werden kann. Wenn Sie diese Regeln beachten, verbessern Sie die Überlebenschancen Ihres Fohlens beträchtlich. Können diese Grundregeln nicht befolgt werden, ist es besser, das Fohlen zuhause zu lassen.

Im folgenden ein paar allgemeine Ratschläge für die Behandlung eines schwerkranken neugeborenen Fohlens, das der betreuende Tierarzt zur intensiven Behandlung in eine Klinik eingewiesen hat.

Die meisten kranken Fohlen leiden sowohl an Hypoglykämie (ihr Blutzuckerspiegel ist zu niedrig), als auch an Azidose (sie haben einen niedrigen Blutkarbonatgehalt).

Folglich ist die intravenöse Behebung der Azidämie und Versorgung mit Blutzucker sowohl vor, wie auch während des Transports vorrangig. Bitten Sie Ihren Tierarzt einen Katheder in der Jugularvene (Haupthalsschlagader) anzulegen; er wird gesichert, indem er mit einem Pflaster um den Hals des Fohlens befestigt wird. Dann sorgen Sie für einen langsam und gleichmäßig laufenden Tropf mit 10%iger Dextrose-und Kochsalzlösung. Vermeiden Sie den häufigen Fehler, intravenös eine große Ampulle oder Überdosis von 50% Dextrose/Kochsalz zu verabreichen. Diese Lösung wird oft in der Eile gegeben und erweist sich immer als falsch. Sie hat eine kurzanhaltende Wirkung und kann fatale Folgen haben, durch das übermäßige Freiwerden von Insulin, das einen Schock auslöst, der wahrscheinlich mit dem Tode endet.

Sofern der behandelnde Tierarzt einverstanden ist, geben Sie außerdem eine kleine Milchmahlzeit mit der Nasensonde, vor und während der Fahrt zur Klinik. Dies gibt dem schwachen Fohlen Kraft, dies es so sehr nötig hat.

Machen Sie es ihrem Fohlen so warm und bequem, wie möglich. Sorgen Sie dafür, daß der Transporter zugfrei und gut gepolstert mit Kissen oder vorzugsweise Luftmatrazen ist und - am wichtigsten von allem - daß ein aufmerksamer Betreuer es baufsichtigt. Ein Anruf in der Tierklinik vor der Abfahrt, ist in jedem Fall angezeigt.

Es tut in der Seele weh, wenn man mitansehen muß, wie Fohlen ohne Polsterung in die Klinik gebracht werden, mit blauen Schleimhäuten und eiskalten Gliedern. Wenn Sie ein schwerkrankes Fohlen im Hänger transportieren, ohne diese grundlegenden Maßnahmen zu beachten, wird Ihr Fohlen in den meisten Fällen im Schockzustand ankommen und sterben, trotz aller noch so aufopfernder Behandlungsbemühungen.

4. Kapitel

Angeborene, ererbte und entwicklungsbedingte Zustände

Die Grundverfassung und körperlichen Merkmale eines Fohlens und seiner Veranlagung können von einem geübten Auge voll erfaßt und bewertet werden. Die körperlichen Merkmale und Züge sind ererbt oder angeboren. Häufiger hängt der Wert eines Pferdes jedoch von den verborgenen, inneren Werten ab - die, ebenfalls ererbt, leider weitgehend im Dunklen liegen. Möglicherweise gibt es eines Tages eine Methode, auch diese unwägbaren Fähigkeiten messen zu können.

Schon immer war es frustrierend für Züchter und potentielle Käufer junger Sportpferde über das Vorhandensein oder Fehlen unsichtbarer Anlagen lediglich Spekulationen anstellen zu können. Der kluge Züchter bemüht sich, Leistungsgene mit wünschenswerten äußeren Merkmalen zu kombinieren, in der Hoffnung, daß die Nachzucht über starke innere Werte verfügt. Vielleicht hat daher das alte Sprichwort nach wie vor Bestand: "Verbinde Bestes mit Bestem und hoffe das Beste".

Kommt ein Fohlen mit einem Geburtsfehler oder einem eklatanten Defekt zur Welt, der ererbt oder angeboren ist, entschließt sich der Züchter fast immer darfür, beim nächsten Mal den Hengst zu wechseln - und er tut gut daran. Diese vernünftige Entscheidung soll keinesfalls den Hengst diskriminieren, sondern lediglich verhindern, daß eine mögliche Unverträglichkeit von Genen sich wiederholt.

Im Gegensatz zum Humanmediziner, hat der Fachtierarzt für Pferde keine Methode zur Verfügung, um schon im Mutterleib Geburtsfehler oder ererbte Funktionsstörungen festzustellen. Ist man um die Gesundheit des neugeborenen Kindes besorgt, kann man in der Humanmedizin durch eine Punktion des Amnions (die Entnahme von Fruchtwasser durch eine lange Nadel, die zum Zweck der späteren Analyse in den Uterus eingebracht wird) wertvolle Informationen über das Geschlecht des Kindes, sowie über einige bekannte Geburtsfehler sowie einige Chromosomen-Mißbildungen erhalten.

Der Pferdetierarzt ist nicht in dieser glücklichen Lage. Es fehlen dringend Forschungsergebnisse darüber, welchen günstigen oder schädlichen Einfluß Fütterung, Medikamente oder Chemikalien auf den latent verletzlichen und schnell wachsenden Fötus haben. Die meisten verantwortungsbewußten Pferdeleute halten sich an die altbewährte Regel "absolut keine unnötigen Medikamente, keine Chemikalien einschließlich Düngemitteln und keine Fremdstoffe" im Umfeld ihrer Zuchttiere zuzulassen.

Die Plazenta der Stute ist ziemlich eigenwillig in ihrer Funktion, denn einerseits läßt sie keinerlei nützliche Antikörper zum Fötus vordringen, andererseits weiß man, daß fast alle Medikamente, die die Stute während der Trächtigkeit erhält, freien Zugang zum Fohlenköper haben. Allein diese Tatsache sollte jeden Besitzer einer Stute hellhörig werden lassen!

Es wird die Ansicht vertreten, daß der sehr junge Embryo in dieser Zeit besonders rapiden Wachstums und starker Gewebsveränderungen Chemikalien gegenüber ganz besonders empfindlich ist.

Ich bin überzeugt davon, daß einige angeborene Mißbildungen durch Medikamentenmißbrauch während der Trächtigkeit verursacht werden. In Ermangelung von Forschungsergebnissen müssen wir davon ausgehen, daß alle Medikamente oder Chemikalien eine potentielle Gefährdung der Gesundheit und der ungestörten Entwicklung des Embryos bedeuten können. Seitdem ich Zuchtstuten tierärztlich betreue, habe ich den Einsatz von Medikamenten peinlichst vermieden, abgesehen von kritischen Fällen in denen die medikamentöse Behandlung nicht mehr zu umgehen war.

Zu dieser Regel gibt es zwei voll akzeptierte Ausnahmen. Ein angemessenes Impfprogramm ist die erste. Zusätzlich zu den vorgeschriebenen Impfungen, die während der langen Trächtigkeit erfolgen, sollten die zukünftigen Mütter Auffrischungsdosen erhalten, und zwar möglichst einen Monat vor dem errechneten Geburtstermin. Diese Auffrischungsdosen sollten sich auf die Mengen beschränken, die der behandelnde Tierarzt verordnet. Bei tragenden Stuten muß immer sorgfältig darauf geachtet werden, um welches Mittel, welchen Hersteller, welche Dosierung und welche Art der Anwendung es sich handelt; auch die genaue Stelle an der eine Injektion zu machen ist, ist zu beachten und zu befolgen.

Die zweite Ausnahme bilden die Entwurmungsmittel, bzw. Anthelmintika, zur Eindämmung und Beseitigung innerer Parasiten. Dieser heikle Bereich sollte vom behandelnden Tierarzt genau und sorgfältig beobachtet werden. Jedes Wurmmittel, das während der Trächtigkeit zur Anwendung kommt, ist genau auf seine Ungefährlichkeit hin zu überprüfen und sollte wirken, ohne toxisch zu sein.

Die Faustregel ist, daß eine tragende Stute nach dem neunten Trächtigkeitsmonat keinerlei Wurmmittel erhält. Achten Sie auf gutes natürliches Futter, frisches Wasser und Salz zur ständigen freien Verfügung.

Ihr Tierarzt kennt den Anwendungsbereich und mögliche Gefahren der Wurmmittel am besten, vor allem wenn sie einer Zuchtstute verabreicht werden sollen.

Obwohl sie die meisten inneren Parasiten wirksam bekämpfen, sind bestimmte Wurmmittel, die sogenannten Organophosphate, meines Erachtens für tragende Stuten nicht ungefährlich und sollten daher weggelassen werden.

Fohlen sind bei ihrer Geburt mit einer unbekannten genetischen Struktur ausgestattet. Einige bringen gleich bei der Geburt eine Reihe deutlich erkennbarer Probleme mit; andere bergen anlagebedingte, verborgene Defekte in sich, die zu einem späteren Zeitpunkt oder in einer beliebigen Altersstufe zum Vorschein kommen.

Manchmal sind angeborene Defekte so schwerwiegend, daß der Tod schon vor der Geburt eintritt. Andere werden direkt bei oder kurz nach der Geburt offensichtlich und sind verantwortlich für Phasen, in denen Gesundheit und Leben des Neugeborenen auf dem Spiel stehen. Andere genetische Merkmale des Neugeborenen bleiben im Verborgenen, bis das Fohlen ein bestimmtes Alter erreicht oder einen genau festgelegten Punkt einer Entwicklungsstufe oder sogar das Erwachsenenalter, um sichtbar zu werden. Erst dann erkennt man, ob der Defekt behandelt werden kann, chirurgischen Maßnahmen zugänglich ist, kurzum beeinflußbar ist; oder aber dem Leben des Tieres ein Ende setzt.

Ererbte und angeborene Probleme

Fohlenmißbildungen
    Hydrocephalus (Wasserkopf)
    Schistosoma Reflexum (Fehlen der inneren Bauchwand und -haut)
    Anasakra des Fötus (Amnionwassersucht)
Zerebelläre Hypoplasie und Degeneration
Herzfehler
    interventrikulärer Septum-Defekt (Kammerseptumdefekt)
    offener Arterienkanal
Mißbildung des weichen Gaumens (Gaumenspalte)
Mißbildung des Mastdarms oder Enddarms
    Atresia ani
    Atresia recti
Kiefermißbildungen
Brachygnathie (Karpfengebiß)
Prognathie (Hechtgebiß)
Polidaktylie (das vorhandensein überzähliger Zehen)
Krankhafte Veränderungen am Auge
    Linsentrübung
    zu kleine Augäpfel
    farblose Iris
    Netzhautablösung
    persistente hyaloide Gefäße
    Hornhautdermoide (Hautgebilde an der Hornhaut)
    einwärts gekehrte Augenlider (Entropium)
    nach außen gekehrte Augenlider (Ektropium)
durchlässige (undichte) Nabelschnur
durchlässiger oder offener Harngang)
Harnblasendefekt (Blasenriss)
Mißbildungen der Gliedmaßen (Schwäche und Verkrümmungen)

Kniescheibenfixation (nach oben blockierte Kniescheibe)
Kontraktion
  Bockhuf
  ernährungsbedingt
Brüche (Nabelbruch und Hodenbruch)
fehlerhafter Luftsack (Tympanie)
Wobbler
  Ataxie der Pferde
  Inkoordination der Pferde
Hodenhochstand
  Kryptorchismus
  Monorchidismus
Gelbsucht
  Isoerythrolyse
  Ikterus
Immunschwache Fohlen
Ohrzysten
Hämophilie

Mißbildungen bei Fohlen

Monströs oder extrem deformierte Fohlen sind selten im Vergleich zu den Mißbildungen bei Kälbern. Entstellte und unvollständige Kälber sind nicht ungewöhnlich und und werden auf Farmen mit vielen Kälbergeburten als unvermeidlich angesehen.

Bei den Pferden werden Mißgeburten selten voll ausgetragen. Meistens werden sie in den letzten Trächtigkeitsmonaten abgestoßen. Jeder Stop in der fortschreitenden Entwicklung des Fötus verursacht unvermeidlich den Tod im Mutterleib; und die Stute abortiert sofort.

Der Tod mit nachfolgendem Abort tritt ein, wenn eine oder mehrere lebenserhaltende Komponenten einzeln oder gemeinsam ausfallen und das fötale Wachstum nicht mehr gewährleistet ist.

Die Funktionen des Fohlens, das als Mißgeburt zur Welt kommt, sind unzureichend, so daß das Fohlen die extrauterine Umwelt gar nicht verkraften kann. Vom Grad der Mißbildung hängt ab, ob das Fohlen lediglich als mißbildet angesehen wird, ober ob es eine Mißgeburt ist. Die wenigen Mißgeburten, die ich in der tierärztlichen Praxis erlebt habe, kamen mit schwachen Lebenszeichen auf die Welt, so daß die unvermeidliche Entscheidung, sie einzuschläfern, etwas leichter wurde. Schwer beeinträchtigte Fohlen, mit unvollständigen oder fehlenden Körperteilen, verdienen ein schnelles und humanes Einschläfern.

Es gibt drei anerkannte Arten von Mißgeburten, die alle gewöhnlich tot auf die Welt kommen oder kurz nach der Geburt sterben.

Hydrocephalus Fohlen, die, wie man landläufig sagt, an Gehirnwassersucht leiden, kommen meistens vorzeitig zur Welt, sind zu klein und unentwickelt. Dieser leicht erkennbare Befund ist durch einen ungewöhnlich stark vergrößerten Schädel charakterisiert, einen staksigen, unsicheren Gang und verschiedene Störungen des zentralen Nervensystems. Eine Behandlung ist nicht bekannt und Einschläfern ist erforderlich.

Das Schistosoma Reflexum bezeichnet das angeborene Fehlen der ventralen abdominalen Wand und Haut; d. h. die gesamten abdominalen Baucheingeweide sind exponiert. Manchmal nennt man dies auch den "nach außen gekrempelten Magen". Die wenigen Fälle, die ausgetragen werden, kommen gewöhnlich tot zur Welt.

Das fötale Anasakra (oder die Amnionwassersucht) ist ein erebtes oder angeborenes Leiden, das Stute und Fohlen befällt.

Der Fötus ist in einen weichen, gräulich-weißen Sack eingehüllt, das Amnion. Es ist der Teil der Plazenta, der das Fohlen enthält und in dem es ständig von Fruchtwasser umgeben ist. Der normale Fötus schluckt während der ganzen Entwicklungszeit ständig Fruchtwasser. Ist ein Fohlen mit einem fehlerhaften Verdauungstrakt unfähig, Fruchtwasser entsprechend zu schlucken, kommt es zum Anasakra des Fohlens und zur Amnionwassersucht bei der Zuchtstute. Auch eine unzureichende Plazenta-Zirkulation ist als mögliche Ursache dieses Leidens bekannt, sowie möglicherweise ein kranker oder infizierter Uterus.

In jedem Fall sammelt sich eine übermäßige Menge von Fruchtwasser im Uterus an, meist im siebten bis neunten Monat der Trächtigkeit, die Ödeme und eine Bauchwassersucht (unangemessene Wasserretentionen) im Gewebe des Fötus - verbunden mit einer starken Dehnung des mütterlichen Uterus - auslöst. Diese Stuten sehen plötzlich so aus, als ob sie Vierlinge bekämen, schwanken von einer Seite zur anderen und, obwohl das Verhalten unauffällig bleibt und der Appetit gut, sind alle, die mit ihrer Betreuung zu tun haben besorgt und beunruhigt.

Ich habe miterlebt, daß Stuten kaum in der Lage waren durch eine normale Stalltüre zu gehen - einige wurden wirklich von Tag zu Tag dicker. Obwohl sie einen zufriedenen Eindruck machten und sich offensichtlich wohl fühlten, war es beängstigend zu sehen bis zu welchem Ausmaß ein Stutenkörper sich ausdehnen kann. Diese Stuten litten wirklich an dem seltsamen Phänomen des fötalen Anasakra, bzw. der Amnionwassersucht.

Eine übermäßige Dehnung des Uterus führt häufig zu einer uterinen Erschlaffung, bzw. der völligen Unfähigkeit, sich zusammenzuziehen, ganz gleich ob der Fötus abgestoßen wurde oder das Fohlen termingerecht zur Welt kommt.

Wird ein Inertia uteri diagnostiziert, bedeutet das, daß das Fohlen auf die Welt geholt werden muß. Dies vergrößert das Dilemma zusätzlich.

Das Übermaß an intrauteriner Flüssigkeit bewirkt einen außergewöhnlichen Druck auf den geschlossenen Muttermund und den festen Gebärmutterhals, aber zum Glück läßt die Natur verschiedene Grade des Weichwerdens zu, und eine daraus resultierende Erweiterung, bei der etwas Flüssigkeit entweicht.

Die schreckliche Lage der Stute, die nicht fähig ist, ohne Hilfe zu fohlen, muß unbedingt erkannt werden und der Tierarzt zu einem eiligen Notbesuch gerufen werden. Leitet dieser die Geburt ein, kann er sicher sein, zur Belohnung mit etwa 80 bis 120 Litern Fruchtwasser überschüttet zu werden, das sich in der Stute angesammelt hat und nun Kleidung, Haare und Schuhe tränkt und den ganzen Stall überflutet. Dieses ekelhafte, lauwarme Bad wäre noch hinzunehmen, wenn nicht das Fohlen in jedem Fall tot wäre!

Diese Fohlen sind immer vollgesogen mit Wasser, haben eine blaugraue Färbung und wirken leicht geschwollen. Die Sektion ergibt gewöhnlich, daß zu dem Grundleiden, Anasakra des Fötus, meist noch ein oder mehrere Entwicklungsfehler hinzukommen.

Hat die uterine Zirkulation nicht funktioniert, so daß sich das Fruchtwasser ansammelte oder hat der Fötus durch seine Unfähigkeit zu schlucken das Leiden hervorgerufen?

Vielleicht ist von Interesse, daß meines Wissens keine Stute, die dies einmal durchgemacht hat, noch einmal an derselben Erkrankung gelitten hätte, noch daß eine von ihnen keine normalen Fohlen mehr bekommen hätte.

Zerebelläre Hypoplasie und Degeneration

Man nimmt an, daß eine Zerebelläre Hypoplasie (Minderentwicklung des Kleinhirns) und Degeneration angeboren oder ererbt ist. Bis heute ist diese Krankheit nur bei der arabischen Rasse festgestellt worden. Die Symptome treten vom Zeitpunkt der Geburt bis zum Alter von sechs Monaten auf; Hengstfohlen erkranken häufiger als Stutfohlen und alle befallenen Tiere haben ein zu kleines Kleinhirn, verbunden mit multiplen Gewebsveränderungen. Ein Tremor des Kopfes und des Körpers beeinträchtigt in zunehmendem Maße die Fähigkeit des Fohlens zu laufen und - in fortgeschrittenen Fällen - wird Paddeln mit den Beinen ausgelöst, sowie andere kompensatorische Anstrengungen. Hinzu kommen Sehstörungen und eine Beeinträchtigung des Lidschlags.

In Ermangelung jeglicher Behandlungsmöglichkeiten schreitet der degenerative Prozess ungehindert fort. Einschläfern ist die einzige akzeptable Lösung.

Herzfehler

Angeborene oder ererbte Herzfehler sind bei Pferden ungewöhnlich. Es gibt allerdings zwei Erscheinungen, die gelegentlich bei Fohlen auftreten; der interventrikuläre Septum-Defekt und der offene Arterienkanal.

Der interventrikuläre Septum-Defekt besteht aus einem unnatürlichen Loch in der Herzscheidewand zwischen den Herzkammern, durch das Flüssigkeit austreten kann und das eine effiziente Herzfunktion beeinträchtigt. Der offene Arterienkanal ist ein fehlerhafter Kanal, der nicht korrekt schließt, folglich die Sauerstoffzufuhr einschränkt und erhebliche Störungen der Zirkulation hervorruft.

Dieser Befund wird sehr viel häufiger bei Menschen festgestellt, (die sogenannten blauen Babies) und bei Hunden. Die fortschrittliche Chirurgie ist heute in der Lage allen zu helfen, außer unglücklicherweise den Fohlen.

Vielleicht ändert sich das einmal!

Es gibt für diese seltene Erkrankung keine Behandlung. Kommen Schwäche, mangelnde Wüchsigkeit und geringe körperliche Belastbarkeit zusammen, sollte man das Fohlen einer gründlichen kardio-vaskulären Untersuchung unterziehen.

Nur Spezialisten können diese Untersuchung durchführen und eine genaue Prognose stellen.

Mißbildungen des weichen Gaumens

Die Mißbildung des weichen Gaumens (Gaumenspalte) ist ererbt oder angeboren und wird bei der Geburt, oder kurz danach festgestellt. Jeder kann deutlich sehen, wie eine Mischung aus Milch und Nasenflüssigkeit beim Saugen und unmittelbar danach, aus den Nüstern des Neugeborenen fließt. Dieser überraschende Befund ist symptomatisch für eine Gaumenspalte. Normalerweise reicht der weiche Gaumen des Pferdes bis zum Schlund, so daß keine freie Passage zwischen Mund- und Nasenhöhle stattfinden kann. Die doppelte Funktion des normalen weichen Gaumens ist es, einerseits die getrunkene Milch direkt in die Speiseröhre zu leiten (den Eingang zum Magen), andererseits zu verhindern, daß Flüssigkeiten oder feste Nahrungsbestandteile in den Atemtrakt gelangen. Der defekte weiche Gaumen ist im Gegensatz dazu unvollständig, was die Länge betrifft, oder er enthält einen Spalt oder eine Öffnung im palatalen Gewebe (Gaumengewebe). Jede Abweichung von der Norm bei dieser Membran, die die beiden wichtigen Höhlen voneinander trennt, führt zu einer Funktionstörung. Ein beträchtlicher Anteil der ernährenden Milch gelangt so nicht zur Speiseröhrenöffnung, sondern in den Rachenraum und fließt aus der Nasenhöhle ab. Bedingt durch diesen Milchverlust, saugen diese Fohlen fortwährend und versuchen den leeren Magen zu füllen, wobei sie ständig würgen, husten und das Maul aufsperren. Dabei kommt es bals zur Erschöpfung. Sie leiden nicht nur an einem Nahrungsdefizit sondern sind bei dieser unzureichenden Nahrungsaufnahme mit Saugen beschäftigt, wenn sie eigentlich ausruhen sollten.

Eine Gaumenspalte beim Fohlen ist von außen nicht zu erkennen und anfänglich weisen allein die charakteristischen Symptome auf die Diagnose hin.

Durch die modernen, flexiblen Fiberglas- Endoskope kann der Tierarzt direkt in den verborgenen Palatal-Bereich, den Ort des Übels, sehen.

Wenn dieser Mangel nicht festgestellt oder behandelt wird, ist die Gefahr einer Aspirations- Pneumonie groß. Je größer Frustration und Ermüdung sind, desto wahrscheinlicher kommt es zum unbeabsichtigten Einatmen von Milch und einer sich bald daraus ergebenden Lugenentzündung.

Diese Mißbildung des Gaumens ist nicht zu verwechseln mit einer ähnlichen Erscheinung beim Menschen, die allgemein als Hasenscharte oder Wolfsrachen bezeichnet wird. Die Beeinträchtigung beim Menschen ist sichtbar und hörbar und zum Glück chirurgisch korrigierbar. Bei einem Fohlen mit einer Gaumenspalte ist das nicht der Fall. Chirurgische Eingriffe waren bisher in diesem Bereich wenig zufriedenstellend. Die Fohlen weisen weiterhin Anzeichen von schlechter Ernährung, Erschöpfung, mangelnder Wüchsigkeit und allgemeiner Schwäche auf. Sie sind ständig von einer Lungenentzündung bedroht.

Mißbildung des Colons oder des Rectums

Mißbildungen am Colon (Dickdarm) oder Rektum (Mastdarm), die auch unter der Bezeichnung Atresia ani und Atresia recti bekannt sind, werden gewöhnlich als erblich oder angeboren eingestuft und treten verhältnismäßig selten auf.

Beide Erscheinungsbilder ähneln einander schon wegen ihrer benachbarten Lage und der Symptome, die bei beiden entstehen. Bei der Atresia ani kommt es zu einer Entwicklungsstörung, die sich - anatomisch gesehen - in einer Sektion des kleinen Colon befindet, der abrupt in einem Blindsack mündet. Das andere Ende des Colon endet ebenfalls in einem Blindsack. In einigen Fällen fehlt ein beträchliches Stück, oder ganze Abschnitte des Colons. Im Falle der Atresia recti endet das Rectum wiederum in einem abrupten Blindsack, gewöhnlich in der Nähe des Anus.

In beiden Fällen machen die Fohlen bei der Geburt einen normalen Eindruck und zeigen kurz darauf kolikartige Symptome, vor allem nach der Aufnahme von Kolostrum. Immer wenn ich einem neugeborenen Fohlen ein Klistier mache, das erfolglos bleibt, werde ich hellhörig. Wegen des grundlegenden Fehlens eines Tonus im Rectum oder Colon, kommt wenig oder gar keine Flüssigkeit wieder zum Vorschein. Für mich bedeutet dies, daß Verdacht auf Atresia ani besteht.

Wenn es sich um Atresia recti handelt, kommt der Inhalt des Klistiers meistens wieder zum Vorschein; es fehlen aber die fäkalen Bestandteile, sowie die Färbung. Jedes dieser Merkmale ist verdächtig und signalisiert die Notwendigkeit genauer Beobachtung auf Anzeichen von Unwohlsein.

Beide Störungen des Magendarmtrakts sind durch keine Behandlung zu beeinflussen, außer durch einen chirurgischen Eingriff. Für diese Fohlen gibt es nur eine Überlebenschance: das frühe Stellen der Diagnose und ein sofortiger chirurgischer Eingriff.

Bei der Anastomose, bzw. der Verbindung blinder Darmenden ist dies erfolgreich, wenn innerhalb weniger Stunden nach der Geburt ein Eingriff erfolgt.

Kiefermißbildungen

Überbiß und vorstehender Unterkiefer sind zwei Kiefermißbildungen, die beim jungen Fohlen auftreten. Beide sind wiederum erblich oder angeboren und beide stellen einen Mangel dar. Bis heute ist keine zufriedenstellende Behandlungsmethode bekannt.

Beim Überbeißer (Brachygnathie) ist der Unterkiefer kürzer als der Oberkiefer. Für den Pferdezüchter, der auf Perfektion bedacht ist, ist dies eine herbe Enttäuschung. Es ist ungewiß, ob ein verstärktes Wachstum des Oberkiefers (Maxilla)

Angeborene, ererbte und entwicklungsbedingte Zustände

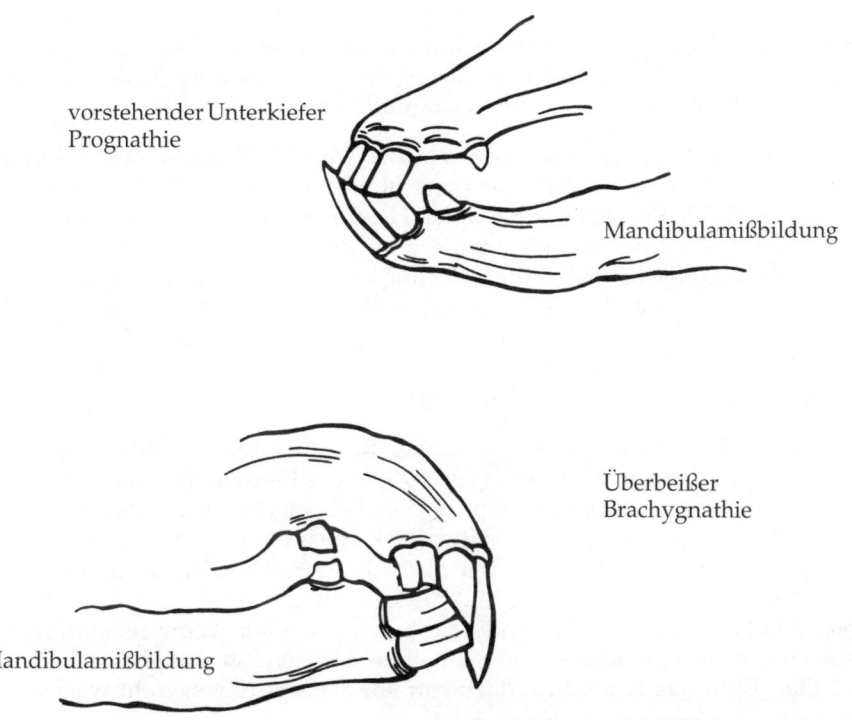

zu diesem Erscheinungsbild führt, oder ein fehlerhafter Unterkiefer (Mandibula).

Beim vorstehenden Unterkiefer (Prognathie) handelt es sich um eine Mißbildung des Kiefers, die vom Erscheinungsbild das genaue Gegenstück zum Überbeißer ist. Die Maxilla ist in diesem Fall verkürzt. Wenn Sie einmal Gelegenheit haben, in eine Schweineschnauze zu sehen, werden Sie verstehen, warum man diese Mißbildung im Englischen als "Sow Mouth" (Schweineschnauze) (A.d.Ü.) bezeichnet. Diese Mißbildung tritt seltener auf, als der Überbeißer.

Dadurch, daß die großen Zahnbögen nicht aufeinander passen - dies ist eine Begleiterscheinung bei Kieferungleichheiten - kommt es zu einer falschen Apposition der Schneidezähne, die wiederum zu einer abnormen Abnutzung und einem ungleichmäßigen Nachwachsen der Zahnoberflächen führt. Die vorn gelegenen, gut sichtbaren Schneidezähne sind davon betroffen, wie auch die vielen großen, stark beanspruchten Molaren, die, für das Auge unsichtbar, weit hinten im Maul zu finden sind. Es kann zu einem schmerzhaften Befund kommen, wenn sich die Schneidezähne in das weiche Gewebe der anderen Kieferhälfte eingraben, anstatt auf die gegenüberliegenden Zähne zu treffen, so wie die Natur es vorgesehen hat. Immer wenn die Zahnbögen nicht zueinander passen, kommt es zu Beeinträchtigungen des Kauvorgangs, was sich nachteilig auf Gesundheit und Wohlbefinden des Pferdes auswirkt.

Zum Glück muß die Mißbildung schon sehr ausgeprägt sein, um Saugen und Ernährung des Neugeborenen zu beeinträchtigen. Grasen ist jedoch manchmal so gut wie unmöglich, denn bei einer ausgeprägten Mißbildung ist das Abreißen des Grases mit den Schneidezähnen hochgradig erschwert.

Sich selbst überlassen, können sie das kurze Gras der Pferdeweiden nicht greifen und nicht überleben, aber in einer betreuten Umgebung, bei Futterkonzentraten, üppigen Weiden und entsprechenden Heugaben, wachsen sie zu nützlichen Tieren heran. Die Vorder- oder Schneidezähne dienen nur zum greifen; die große, muskulöse Zunge befördert die Nahrung nach hinten, wo die starken Molaren das Kauen und Mahlen übernehmen. Sollen diese Pferde ihr Futter richtig mahlen, ist eine häufige und regelmäßige Behandlung der Zähne immer erforderlich, bei der die scharfen Zahnkanten entfernt werden, die wegen der mangelhaften Apposition übermäßig nachwachsen.

Eine kontinuierliche Eruption der Zähne, das ganze Leben hindurch, ist eine Besonderheit der Pferde. Alle bleibenden Zähne des Pferdes, abgesehen von den Hakenzähnen, werden kontinuierlich aus dem Bereich der Zahnwurzeln nachgeschoben. Das Nachwachsen wird weitgehend durch die Einwirkung der gegenüberliegenden Zähne kontrolliert. Eine normale Apposition ist ausschlaggebend für eine gleichmäßige Abnutzung und die Erhaltung eines ebenmäßigen Zahnbogens. Fehlt der gegenüberliegende Zahn, wird das Wachstum nicht begrenzt und Beschwerden beim Kauen und mangelnde Effizienz sind die Folge. In extremen Fällen kann das Wachstum dazu führen, daß der ungehemmt wachsende Zahn im gegenüberliegenden Kiefer festsitzt.

Eine halbjährliche Zahnkontrolle sollte bei Pferden mit normalem und anormalem Gebiß vorgenommen werden, um sie gesund zu halten.

Polydaktylie

Zusätzliche Glieder, oder Polydaktylie, kommen beim Pferd selten vor. Soweit bekannt, handelt es sich in allen Fällen um eine Extension des Griffelbeins (Metacarpus), die nur an den Vorderbeinen und nur innen auftritt. Die wenigen bekannten Fälle befanden sich an der medialen Seite der Vorderbeine und wurden ausnahmslos erfolgreich chirurgisch entfernt.

Es wird von einem Fall bei einem Standardbred-Fohlen (Traber-Rasse) in Australien berichtet, einem Fall, in dem ein Araberfohlen in den USA betroffen war und vor kurzem hatte ich das zweifelhafte Vergnügen den einzigen bekannten Fall von Polydaktylie bei einem Vollblüter zu entdecken. Ich röntgte das Bein des Stutfohlens und fand ein komplettes Extrabein vor, einschließlich eines Miniatur-Röhrbeins, der Strahlbeine, des Fessel-Kron- u. Hufbeins (1. 2. und 3. Fesselbeins) alles winzig, aber genau im Detail vorhanden. Nach dem chirurgischen Eingriff wuchs das Stutfohlen zu einem vollausgewachsenen, voll leistungsfähigen Rennpferd heran, ohne jedes Anzeichen eines phänomenalen Erbfehlers. Ihre Mutter bekam in der Folgezeit noch mehrere Fohlen von dem gleichen Hengst, von denen keins in irgendeiner Form an Polydaktylie litt.

Krankhafte Veränderungen der Augen

Augenfehler ererbten oder angeborenen Ursprungs gelten als selten bei Pferden. Dennoch treten gelegentlich Linsentrübung, zu kleine Augäpfel, farblose Iris, Netzhautablösung, persistent hyaloide Gefäße sowie Hornhautdermoide (Hornhautgeschwulste) auf.

Das normalsichtige Fohlen braucht zwischen 48 und 60 Stunden nach der Geburt, um ein effizientes Sehvermögen zu entwickeln, das es ihm ermöglicht, sich in der Außenwelt zu orientieren. Bezweifelt man die Sehschärfe eines Fohlens, kann professionelle Hilfe, mittels eines Helmholtz-Augenspiegels und pupillenerweiternder Mittel, Augen- oder Sehprobleme diagnostizieren.

Veränderungen am Auge durch eine Hornhautreizung findet man relativ häufig bei jungen Fohlen. Heu, Stroh und Staub sind bekannte Erreger, aber dies sind Umweltfaktoren. Ich habe viele neugeborene Fohlen gesehen, die tränende Augen und eine gereizte Hornhaut hatten, als Resultat einer verzögerten Geburt. Alle reagierten gut auf das Einbringen von Augensalbe mit einem leichten Hydrocortisongehalt.

Einwärtsgedrehte Augenlider, auch Entropium genannt, verursachen eine schwere Hornhautentzündung (Keratitis) ererbten oder angeborenen Ursprungs. Ein Entropium ist gekennzeichnet durch einwärtsgedrehte oder umgeklappte untere Augenlider, wobei die Wimpern und äußere haarige Teile des Augenlids in enge Berührungen mit der Hornhaut kommen und dadurch schwere Entzündungen hervorrufen. Dies ist mit Abstand die häufigste Veränderung am Auge, die man beim Neugeborenen vorfindet. Meistens ist das untere Augenlid betroffen und der Befund geht gewöhnlich, aber nicht grundsätzlich, mit Frühreife, Schwäche, und vor allem Austrocknung einher. Schlechtes Befinden, starker Tränenfluß, häufiges Blinzeln und Photophobie (Lichtscheue) lenken die Aufmerksamkeit auf diese Veränderung.

In einigen Fällen kann durch eine vorsichtige Manipulation vorübergehend Linderung verschafft werden. Machen Sie Augen und Augenlider durch eine milde Augensalbe gleitfähig; vermeiden Sie Kortikosteroide. Drehen Sie mit der Hand das betroffene Augenlid nach außen, indem Sie die überschüssige Haut vorsichtig mit dem Daumen nach außen rollen. Die Haut dreht sich leicht wieder in die Ausgangslage zurück, folglich ist diese Prozedur so oft wie möglich, möglichst stündlich, rund um die Uhr, zu wiederholen. Es ist sorgsam darauf zu achten, keine weiteren Reizungen und Verletzungen zu verursachen.

Läßt man diesen Befund auch nur für einige Stunden unbehandelt, wird die Oberfläche der Hornhaut trocken und es treten Sekundärbeeinträchtigungen des Auges ein.

Auf der Hornhaut erscheint ein überwiegend bläulicher Schimmer und es bilden sich stellenweise winzige Flecken, als Zeichen dafür, daß ständig Irritation und Trauma stattgefunden haben. Eine Keratitis (Entzündung der Hornhaut), Hornhautgeschwüre, Lidkrämpfe, (unkontrollierbares Blinken) und sogar gelegentliche Blindheit können daraus entstehen.

Ist der Grad der Inversion groß, und manuelle Bemühungen zur Korrektur erfolglos, ist eine chirurgische Korrektur angesagt, um eine weitere Irritation zu verhindern und der Hornhaut die Möglichkeit zu geben, auszuheilen. Die Korrektur besteht in einem einfachen horizontalen Schnitt, der die überflüssige Haut entfernt und einer gut plazierten Naht, die den chirurgischen Eingriff saumartig abschließt. In Fällen von Entropium ist die Chirurgie so erfolgreich und lohnend, daß ich es vorziehe, früh zu operieren, als das Risiko einzugehen, daß es zu Hornhautentzündungen und Geschwüren kommt.

Nach außen gedrehte Augenlider, auch Ektropium genannt, bilden eine erbliche oder angeborene Veränderung des Augenlides und kommen selten bei Fohlen vor. Die einzigen Fälle von Ektropium, die ich gesehen habe, waren die direkte Folge von Verletzungen und folglich nicht erblich. Alle waren leicht durch minimale chirurgische Eingriffe zu korrigieren.

Durchlässige Nabelschnur (fehlende Verödung des Urachus)

Eine undichte Nabelschnur (bzw. ein durchläßiger oder offener Harngang) ist nichts außergewöhnliches bei Fohlen. Der Harngang ist ein kleines, röhrenförmiges Gebilde, das sich innerhalb der Nabelschnur befindet und die überflüssige Flüßigkeit in der Zeit vor der Geburt aus der fötalen Blase in das Plazentagewebe leitet. Nach der Geburt sollte sich der Urachus natürlich verschließen, wenn die Nabelschnur reißt. Schließt sich der Urachus erwartungsgemäß, kann der Urin von der Blase durch den Harnleiter nach außen fließen.

Ein undichter Nabel entsteht, wenn der Urachus sich nicht verschließt, und folglich ständig Urin aus dem Nabelbereich tröpfelt. Das Tröpfeln in diesem Bereich entwickelt sich zu einem Urinstrom, wenn das Fohlen zu urinieren versucht. Dieser Befund ist leicht zu erkennen, denn man sieht, wie der Urin mitten am Bauch abfließt und nicht im Bereich der normalen Öffnung. Bei einem Hengstfohlen kann es passieren, daß man eine undichte Nabelschnur einige Tage lang nicht bemerkt, weil es sich in der Nähe des Schlauchs befindet. Für den Besitzer eines Stutfohlens ist es immer ein erschreckendes Erlebnis, wenn er ein Stutfohlen mit einem undichten Nabel urinieren sieht.

Durch das Tröpfeln des Urins wird der dauernd feuchte, verschmutzte, warme Nabelstumpf zum idealen Nährboden für pathogene Bakterien und es besteht ständig die Gefahr einer Infektion, einschließlich einer systemischen Infektion.

Unbehandelt tritt selten Besserung ein. Die Mehrzahl der mangelhaften Verschließungen muß täglich mit Silbernitrat oder Jodtinktur geätzt werden. Zusätzlich zur täglichen Behandlung muß das Eintrocknen und Schrumpfen des Nabelstumpfs unbedingt sorgfältig kontrolliert werden. Die Behandlung sollte erst abgebrochen werden, wenn der Nabelstumpf reagiert und keine Anzeichen von Feuchtigkeit oder Urinverfärbungen mehr zeigt. Sobald festgestellt wird, daß ein

Fohlen an einem undichten Nabel leidet, ist eine gründliche körperliche Untersuchung vorzunehmen und ein vollständiges Blutbild zu erstellen, um ggf. eine Sepsis, eine Immunschwäche oder andere Krankheitsbilder zu entdecken.

Ein undichter Nabel läßt sich gewöhnlich innerhalb von ein paar Tagen beheben, doch sollte er in jedem Fall ernst genommen werden und wachsam machen. Ich habe die Erfahrung gemacht, daß einem hohen Prozentsatz der Urachus-Fälle verschiedene Formen intrauteriner Infektionen vorausgehen. Die Krankheitszeichen sollten als einfacher undichter Nabel behandelt werden, aber man sollte aufmerksam auf verborgene Anzeichen einer systemischen Infektion achten, die schon bald deutlich wird und überhand nimmt.

Harnblasendefekt

Harnblasendefekte werden kurz nach der Geburt entdeckt und die Fohlen weisen die gleichen Symptome auf, wie Fohlen mit einem Blasenriss. Obwohl man allgemein annimmt, daß ein Blasenriß durch ein körperliches Trauma im Verlauf der Geburt erlitten wird, hält man kleine Risse und Öffnungen in der Blasenwand für eine erbliche oder angeborene Anlage.

Alle Löcher und Risse in der Blase weisen identische Symptome auf und sind durch chirurgisches Redressement zu beheben. Regelmäßig auftretende Symptome sind periodisches Pressen, ein aufgeblähter Bauch, leicht erhöhte Temperatur und Mattigkeit bei keuchender Atmung.

Wenn keine Behandlung erfolgt, erlischt die Sehkraft, und Krämpfe setzen ein. Ihr Tierarzt stellt die Diagnose mittels einer Bauchpunktion (Parazentese), um Urin im Bauchhöhlenpunktat festzustellen. Eine Operation bietet die einzige Möglichkeit, das Leben zu erhalten und führt meistens zur vollständigen Genesung.

Mißbildungen der Gliedmaßen

Schwache oder krumme Gliedmassen waren schon von jeher für den Züchter ein Grund zur Sorge. Ein normales Fohlen kommt mit einer gut entwickelten Muskulatur und einem Gottgegebenen Gleichgewicht zwischen dem Tonus der Flexor- und Extensor-Muskeln (Beuge- und Streckmuskeln) zur Welt. Das Fohlen, das, wie erwünscht, korrekt auf den Beinen steht, kann ohne besondere Anstrengung den erforderlichen festen Stand erreichen.

Jedes Jahr kommt ein bestimmter Prozentsatz der Fohlen mit verbogenen Beinen zur Welt. Da sie nicht das exakte Ebenbild eines idealen Fohlens darstellen, sind ihre Besitzer unnötiger- jedoch verständlicherweise enttäuscht. Die meisten Verstellungen der Gliedmaßen sind erblich oder angeboren und bestimmte Veränderungen tauchen in bestimmten Blutlinien immer wieder auf, als Indiz dominanter Familienmerkmale.

Einige Linien sind Träger spezieller Fähigkeiten und haben z. B. Springtalent, sind besonders schnell oder verfügen über eine Veranlagung, die verborgen oder unerwartet ist. Diese Merkmale können durch Zuchtprogramme entweder verstärkt oder unbewußt ausgeschaltet werden. Verstellte Gliedmaßen oder Gebäudefehler sind nun mal für jeden sichtbar; lassen sich jedoch durch sorgfältiges Studium und eifriges Nachforschen bei den Produkten der Stute und der Nachkommenschaft des Hengstes vermeiden.

Viele dieser Probleme hängen mit der Lage im Mutterleib zusammen, der Nahrung und Bewegung der Stute. Die meisten verschwinden innerhalb von ein paar Tagen durch normale Bewegung.

Die Gliedmaßenstellung der Fohlen kann in vier verschiedene Richtungen abweichen. Anterior-posteriore (nach vorn oder nach hinten) Abweichungen der Gliedmaßenstellung sind wesentlich hervorgerufen durch ein Mißverhältnis der Beuge- und Streck-Muskeln und Sehnen (oder Mißverhältnis der Weichteile); medial-laterale (von einer Seite zur anderen) Abweichungen sind in erster Linie das Ergebnis von Mißbildungen des Skeletts. Betrachtet man das Fohlen von der Seite, können die Abweichungen anterior (nach vorn weisend) oder posterior (nach hinten weisend) sein; betrachtet man es von vorn oder von hinten, so sind sie entweder medial (zur Mittellinie hinweisend) oder lateral (von der Mittellinie wegweisend).

In Fällen von Gewebsschwäche oder atonischen Beugesehnen, die eine weiche Fesselung hervorrufen, weist der Fesselkopf in die posteriore Richtung.

Viele Verstellungen der Gliedmaßen korrigieren sich von selbst, wenn das Fohlen in der Lage ist, aufzustehen und zu saugen. Gibt man ihnen etwas Zeit, kommen auch solche Fohlen, denen geholfen werden muß, erstaunlich gut zurecht. Dennoch brauchen einige Fohlen intensive Hilfsmittel in Form von Stützbändern, Gipsverbänden und Hilfen zum Auffußen.

Fohlen mit schwachen Fesselgelenken, die wie man sagt "durchtreten", stellen den größten und harmloseren Teil der Fälle. Im Extremfall laufen die Fohlen tatsächlich mit den hinteren Fesselköpfen auf dem Boden. Kein Grund zu verzweifeln: Es hat sich herausgestellt, daß gute Ernährung und sorgfältiges, ausgewogenes Training zu einer unglaublichen Verbesserung führt und die mangelhafte Muskelgruppe ihren Tonus wiedererlangt, bzw. aufbaut. Einige der am schwersten betroffenen Fohlen werden zu brauchbaren Pferden, die mit Erfolg an Leistungsprüfungen teilnehmen.

Schwache Fesseln gehen auf einen verminderten Flexor-Muskeltonus zurück; überdehnte Beugesehnen führen zu einem überstreckten Fesselkopf, der dadurch rückwärts-abwärts sinkt. Die Beugesehnen werden durch Entlastungsmaßnahmen schwächer und diese Schwäche kann letztendlich zu einer weichen Fesselung des Fohlens führen. Bei diesen Fohlen ist jede Art von Stützbandage streng kontraindiziert. In Extremfällen, wenn der Fesselkopf den Boden berührt, sind Schutzverbände, die nur die Fersengegend bedecken sollten, angebracht, um Abschürfungen und Wundwerden zu verhindern. Allerdings besteht die Gefahr, daß sie das Fohlen an der unbedingt notwendigen Bewegung hindern.

Fohlen, die geringfügig verstellt sind, werden in ein paar Tagen von selbst gerade; bei schweren Verstellungen dauert es gewöhnlich einige Wochen.

Wenn auch grundsätzlich alle Bandagen und Entlastungsvorrichtungen zu vermeiden sind, sind Eisen mit verlängerten Schenkeln in einigen extremen Fällen nützlich. Auch Fohlen, die davon stark betroffen sind, machen bemerkenswerte Fortschritte und erreichen innerhalb von wenigen Monaten eine annähernd normale Stellung.

Extrem schwache Sehnen sieht man bei schwachen, zu früh geborenen Fohlen, Fohlen die an einer Sepsis erkrankt sind, oder Fohlen von schlecht ernährten Müttern; aber ich habe auch ebenso viele derartige Fälle bei Fohlen von gut ernährten, gut gehaltenen Stuten erlebt. Offensichtlich ist die Ursache unbekannt.

Posteriore Verstellungen des Vorderfußwurzelgelenks sind ein Zeichen für eine Schwäche der Beugesehnen und spiegeln häufig die anatomische Struktur des Vorderfußwurzelgelenks wieder. Eine als "Kälberknie" oder Rückbiegigkeit bezeichnete Stellung, sieht man oftmals in Verbindung mit einer schwachen Fesselung, gelegentlich auch unabhängig davon. Diesen Zustand findet man allgemein bei zu kleinen oder mangelhaft entwickelten Vollblutfohlen. Ich habe auch ein häufiges Auftreten von "Kälberknien" bei gut gebauten Quarter-Horses herrvorragender Blutlinien gesehen. Leider ist die Prognose bei allen Rassen die gleiche. Dieser erblich bedingte Zustand wird immer ein Problem bedeuten. Hier läßt sich nur sehr wenig wirklich korrigieren, wenn die Röntgenbilder ergeben, daß die gewichtstragenden Flächen der Gelenke allgemein fehlerhaft sind.

Wenn Fohlen vorspringende Vorderfußwurzelgelenke haben oder "in den Knien hängen", bei einer Fehlstellung nach vorn, ist dies das Zeichen für ein Mißverhältnis im Tonus der Beuge- und Strecksehnen, wobei die Beugesehnen den stärkeren Zug ausüben. Wenn die Winkelung nicht extrem ist, ist kein Grund zur Sorge gegeben. Bei normaler Ernährung und genügend Bewegung verschwindet die Fehlstellung bis zum Absetzen des Fohlens.

Verwechseln Sie nicht vorspringende Vorderfußwurzelgelenke, die gewöhnlich bei beiden Vorderbeinen auftreten, mit einem anderen Zustand des Gelenks, der ebenfalls erblich bedingt ist und bei der Geburt offensichtlich wird, dem Riß des gemeinsamen Zehenstreckers. Bei diesem Befund befindet sich direkt über dem Vorderfußwurzelgelenk eine weiche, mit Flüssigkeit gefüllte Ausbuchtung, die mit einem Riß des gemeinsamen Zehenstreckers einhergeht. Im äußeren Erscheinungsbild ähnelt dies der Vorbiegigkeit. Eine genaue Diagnose läßt sich durch sorgfältiges Abtasten der Gegend um das Vorderfußwurzelgelenk stellen. Bei Vorbiegigkeit fühlt man lediglich knochiges Gewebe, während ein Riß der gemeinsamen Zehenstreckersehne zur Bildung einer mit Flüssigkeit gefüllten Ausbuchtung führt. Im ersteren Fall sind beide Beine betroffen, im letzteren gewöhnlich nur ein Bein. Die Behandlung der Wahl beim Sehnenriß ist Stallruhe, bei Verwendung von Stützschienen, Fiberglasgipsverbänden, oder Gipsrohren. Die Prognose ist gut.

Ich habe allerdings die Beobachtung gemacht, daß ein Zusammenhang besteht zwischen dem Auftreten einer gerissenen Zehenstreckersehne und der Kontraktion der tiefen Beugesehne am gleichen Bein. Eine geringfügige Durchtrennung des Ligaments korrigiert die Kontraktion auf chirurgischem Wege und

Das Lot vom Brustbein aus gefällt, teilt das Bein in zwei Hälften

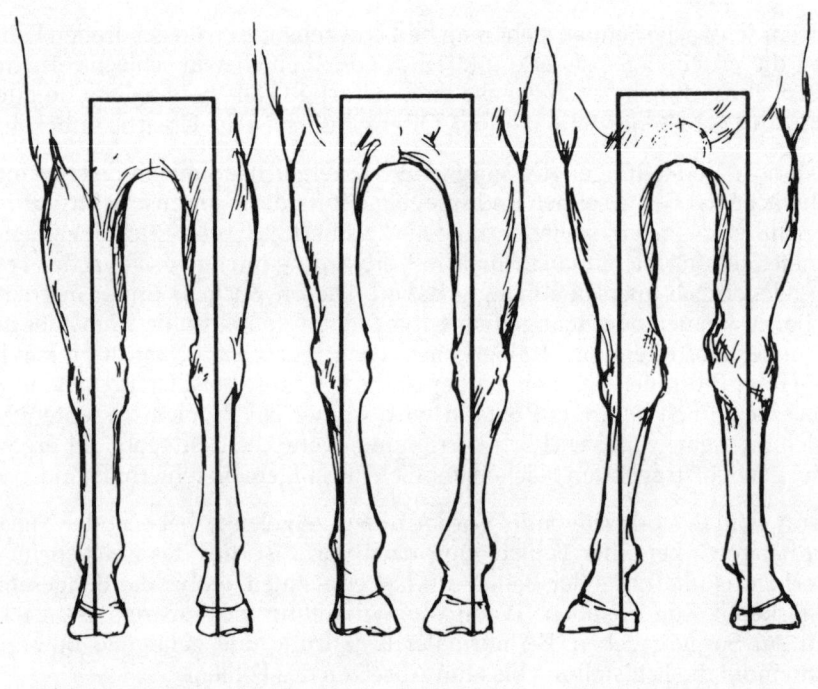

gerade Vorderbeine   knieweite Stellung   bodenweite Stellung

ermöglicht dem Fohlen sein Körpergewicht zu tragen, zu laufen und beim Saugen zurechtzukommen. Unter diesen Umständen heilt nach meiner Erfahrung der dazugehörige Sehnenriß von selbst vollständig, ohne Sekundärschäden aus.

Vorderfußwurzelgelenke, die lateral abweichen, (das Gegenteil ist "bodenweit") zeigen einen potentiellen Mangel an. Im Gegensatz zu den zuvor aufgeführten Verstellungen der Gliedmaßen, ist dieser Zustand dauerhaft. Bei normaler Bewegung und Arbeit hält sich der Zustand, oder aber er verschlechter sich nach und nach.

Bodenweite Fohlen oder Fohlen deren Vorderfußwurzelgelenke sich einander nähern, haben weitaus bessere Aussichten.

Ist die Abweichung nach innen geringfügig, korrigiert sie sich mit der Zeit durch Bewegung und gute Ernährung von selbst. Sogar mittelschwere Fälle scheinen sich von selbst zu beheben, wenn man sie in Ruhe läßt. Die Zeit ist der wesentliche Faktor dabei.

Angeborene, ererbte und entwicklungsbedingte Zustände

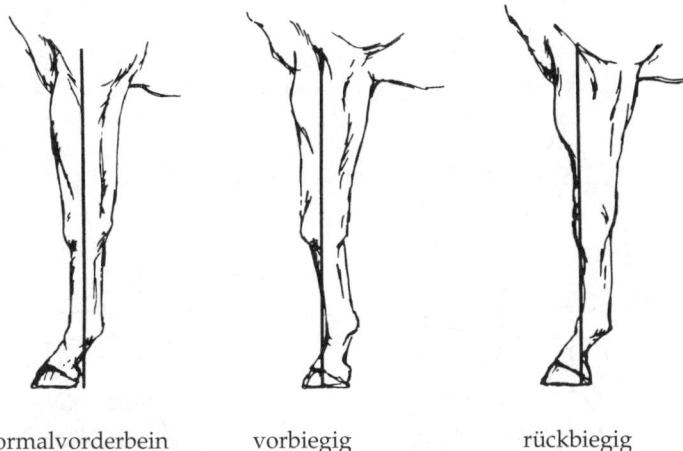

Normalvorderbein   vorbiegig   rückbiegig

Will man verstehen, warum laterale und mediale Verstellungen sich jeweils umgekehrt auswirken, ist es notwendig, sich zu vergegenwärtigen, wie die Gewichtsbelastung auf den Vorderbeinen des Pferdes verteilt ist. Stellen Sie sich vor das Fohlen und fällen Sie ein imaginäres Lot vom Brustbein auf den Boden. Im Idealfall sollte diese Linie die Vordergliedmaße in zwei gleiche Teile teilen, doch leider trifft dies nur selten zu. Ich habe nie eine Begründung dafür finden können. Ich vermutete eine mangelhafte züchterische Selektion, unausgewogene Futterrationen, etc., aber es ist auch denkbar, daß der Grund dafür in dem Mißverhältnis zwischen dem Rumpf des Fohlens und seinen maßlos langen Gliedern zu suchen ist.

Jedenfalls geht die veterinärmedizinische Wissenschaft davon aus, daß 90% der Gewichtsbelastung von einer imaginären Senkrechten aus gesehen innen liegt und folglich die Gelenkflächen nach außen drückt. Verstellungen nach außen hätten demzufolge die Tendenz, diese Druckwirkung nach außen noch zu verstärken, bzw. im günstigeren Fall die Beinstellung nicht zu beeinflußen. Andererseits scheint eine mediale Verstellung sich durch Bewegung und mit dem Wachstum günstig zu verändern.

Extreme Fälle bodenweiter Stellung bessern sich nicht. Es gibt zwei schwerwiegende und unterschiedliche Formen der bodenweiten Stellung, die genau zu diagnostizieren sind und eine Spezialbehandlung erfordern. Störungen im Bereich der Epiphysenfugen einerseits und eine mangelhafte Ossifikation (Knochenentwicklung) des Karpus (Vorderfußwurzelgelenks) andererseits, sind die beiden angeborenen Zustände, die besonders zu beachten sind und leider nur eine mäßige bis schlechte Prognose haben.

Eine Epiphysenfuge ist eine Wachstumszone, die sich am unteren und oberen Ende eines langen Röhrenknochens befindet und im Unterschied zu echtem

bodenweites Fohlen (x-beinig)

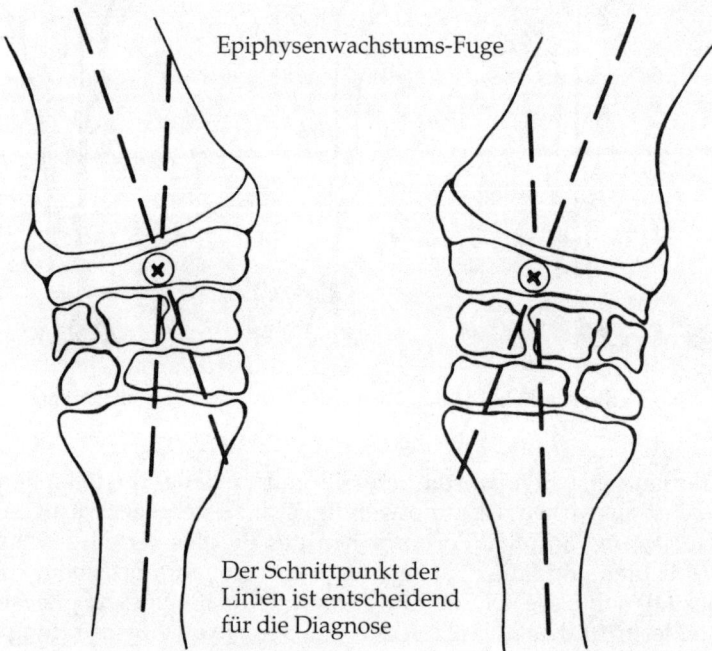

Epiphysenwachstums-Fuge

Der Schnittpunkt der Linien ist entscheidend für die Diagnose

Knochengewebe gegenüber der Einwirkung des Körpergewichts und Veränderungen der Belastung solange empfindlich sind, bis das Pferd ausgewachsen ist und sich die offene Fuge im Alter von 18 bis 24 Monaten schließt.

Durch "Trial und Error" haben Tierärzte herausgefunden, daß, obwohl sich auch an anderen Röhrenknochen Epiphysenfugen befinden, der Radius im Vorderbein des Pferdes besonders gut Aufschluß über den Entwicklungsstand des Tieres gibt, und, was noch bedeutender ist, über den Grad seiner Unreife. Hierauf basiert die Gewohnheit, gute Junghengste routinemäßig zu röntgen, bevor mit einem ernsthaften Training begonnen wird.

Es ist schwierig, anhand einer klinischen Untersuchung eine normale Epiphysenfuge genau zu lokalisieren, doch durch Röntgenaufnahmen läßt sich eine Beurteilung und Bewertung des Entwicklungsstandes vornehmen.

Völlig anders ist die Situation, wenn eine Störung der Epiphysenfuge vorliegt. Eine knubbelige Auftreibung bildet sich im inneren oberen Bereich der Vorderfußwurzel, die deutlich erkennbar und eindeutig einzustufen ist. Mit fortschreitender Epiphysenentzündung bildet sich auch außen am Bein eine Verdickung, der inneren Schwellung gegenüberliegend. Obwohl fälschlicherweise angenommen wird, daß die Ursache in der Vorderfußwurzel zu suchen ist, rührt der pathologische Befund von einer Reihe von Stressfaktoren, die die Epiphysitis her-

Angeborene, ererbte und entwicklungsbedingte Zustände

bodenweites (x-beiniges) Fohlen

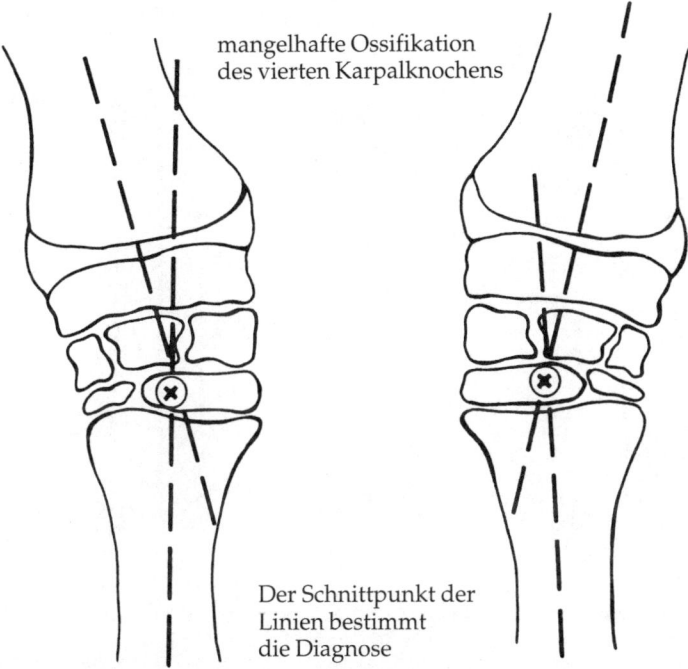

beiführen. In Wirklichkeit gehört die Wachstumslinie auch nicht zum Bereich des Vorderfußwurzelgelenks, sondern zum unteren Ende des langen Röhrenknochens, der sich oberhalb des Vorderfußwurzelgelenks befindet.

Im Gegensatz zum echten Knochen, ist dieses weiche knochige Gewebe für das Knochenwachstum beim jungen Tier zuständig. Bei einer Schwächung durch Stress oder Krankheit, wächst dieser Bereich weiter, erweitert sich oder aber wird durch die Belastung des normalen Körpergewichts, bzw. der normalen Bewegung gequetscht und zusammengedrückt. Es ist typisch für diese Knochenregionen, daß sie einseitig reagieren, was dann jewels zu einer lateralen (äußeren) Quetschung führt und einer kompensatorischen medialen Verbreiterung, die so typisch ist für bodenweite (x-beinige) Fohlen.

Ein chirurgischer Eingriff, das "Heften", kann weitere Loslösungen eindämmen und eine weitere chirurgische Maßnahme, das "Freilegen der Knochenhaut" ist ebenfalls erfolgreich. Doch ist ein chirurgischer Eingriff nur sinnvoll, wenn er früh genug vorgenommen wird und damit die Wahrscheinlichkeit, daß die noch nachteiligeren sekundären Veränderungen in Fesselkopf und Huf entstehen, vermindert werden kann. Ein rechtzeitiges Entfernen der "Hefter" kann in einigen Fällen verhindern, daß eine kompensatorische Torsion (Verdrehung) der Fesselköpfe und Hufe eintritt.

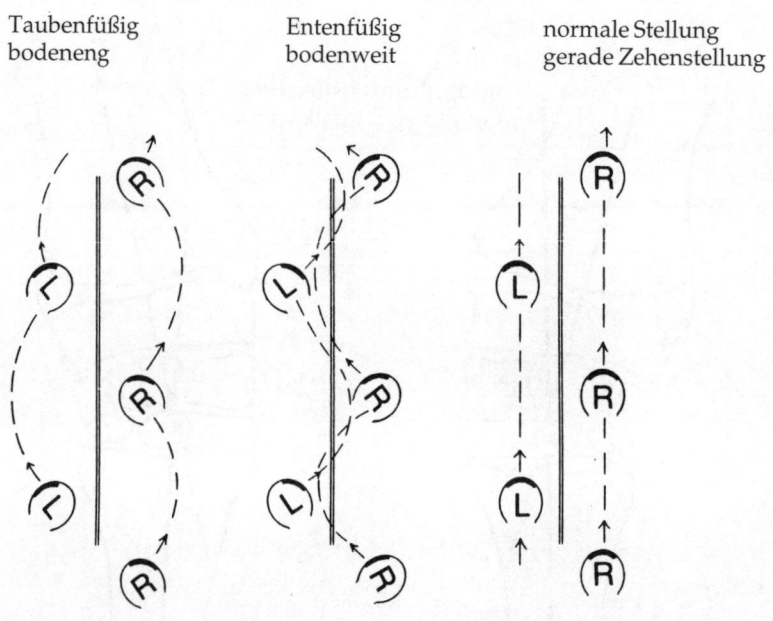

◣ Stelle, an der der Huf abrollt.

Der andere gravierende, angeborene Zustand bei x-Beinstellung des neugeborenen Fohlens ist eine mangelhafte Ossifikation der kleinen Knochen, aus denen die Vorderfußwurzel des Fohlens besteht. Die unvollständige oder mangelhafte Ossifikation (Verknöcherung) des Karpus ist eine echte Ursache medialer Verstellungen der Vorderfußwurzel und tritt in Verbindung mit Störungen an der Epiphysenfuge am gleichen Bein auf. Da die Ossifikation dieser Knochen zu einem späteren Zeitpunkt der Fötalentwicklung stattfindet, in der Endphase der Trächtigkeit, ist verständlich, daß eine vorzeitige Geburt oder jegliche Verzögerung des Ossifikationsprozesses dazu beiträgt, daß das Fohlen mit schwachen, knorpelartigen Knochen zur Welt kommt, die nur unvollständig ossifiziert sind. Diese kleinen knorpelartigen Knochen können das Körpergewicht nicht tragen, werden zerdrückt und schrumpfen, so daß sie einer unebenen Epiphysenfuge ähneln. Röntgenaufnahmen sind hier hilfreich zur Stellung der Differentialdiagnose.

Die Behandlung besteht in Ruhe, dem Anbringen von Stützschienen und leichten Gipsverbänden, die ein fortschreitendes Wegrutschen des Fohlenbeins verhindern sollen.

Die Zeichnung illustriert die beiden Ursachen der medialen Fehlstellung des Karpus.

Eine alte Faustregel erweist sich immer wieder als richtig: Bei einer medialen Verstellung ist die Prognose befriedigend bis gut, während die Aussichten, eine laterale Verstellung zu korrigieren, nur mäßig sind.

Fohlen stehen häufig bodenweit oder bodeneng. Es ist schon eine erfreuliche Ausnahme, ein Fohlen zu sehen, daß wirklich korrekt und gerade steht. Ob bodeneng oder bodenweit, in jedem Fall sind Fesselkopf, Fessel und Huf des Fohlens direkt in Mitleidenschaft gezogen.

Eine bodenweite Stellung des Hufs deutet im allgemeinen auf einen reduzierten Beugesehnentonus hin, der bewirkt, daß der Fesselkopf medial abweicht und schließlich zu einer lateralen Deflektion von Fessel und Huf führt. Häufig sind diese Fohlen schwach gefesselt, denn bei dieser Stellung kommt es zu einer unregelmäßigen Belastung der Gelenkflächen und einer daraus resultierenden Dehnung der dazugehörigen Stützbänder. Durch die veränderte Art zu gehen, kommt es zu traumatischen Störungen in Form von Quetschungen, denn der eine Vorderfuß schlägt in der Bewegung gegen den medialen Bereich des gegenüberliegenden Fesselkopfes (Streichen).

Wenn keine Behandlung erfolgt ist die Fehlstellung bereits vorprogrammiert. Gute Ernährung in Verbindung mit regelmäßiger Bewegung und einer geringfügigen aber regelmäßig vorgenommenen sorgfältigen Hufkorrektur sind die entscheidenden Faktoren, die diesen Zustand ändern können.

Besorgen Sie sich für die Korrektur eines bodenweiten Fohlens eine Raspel vom Schmied. Raspeln und kürzen Sie einmal pro Woche, oder alle 10 Tage, die laterale oder äußere Seite der Hufsohle an beiden Vorderbeinen durch mehrere sorgfältig von hinten nach vorn geführte Striche. Der kleine Huf wird sich anschließend geraderichten. Jeder Fohlenbesitzer kann sich eine Raspel besorgen und früh genug diese regelmäßige Hufpflege vornehmen. Man sollte auch den vorderen Teil des Hufs bis zur Mitte rundraspeln; mit ein oder zwei abrundenden Raspelstrichen entfernt man die Spitze, die sich naturgemäß bildet. So erhält die Zehe die gewünschte Form. Das Fohlen wird dadurch veranlaßt, an der Hufmitte abzurollen so, wie es in der Vorwärtsbewegung normal ist und nicht innen, wie alle bodenweiten Fohlen. Geht man dem Problem nicht zu Leibe und das Fohlen rollt weiterhin seitlich von der Hufmitte ab, führt der unnatürliche Gang des Fohlens zu Schäden an den überlasteten, weichen, nachgebenden Knochen und knorpelartigen Gelenkoberflächen.

Eine bodenenge Stellung sieht man sehr viel seltener, als die gespreizte bodenweite Stellung. Tatsächlich halten alte Hasen unter den Pferdeleuten eine geringgradig bodenenge Stellung für ein Zeichen besonderer Stärke, obwohl ein starkes Einwärtsdrehen genauso schlimm ist, wie das Auswärtsdrehen. Beides sind Merkmale beeinträchtigender, mechanischer und das Gebäude betreffender Defekte. Die Gelenke werden über Gebühr beansprucht und in beiden Fällen besteht die Gefahr eines zukünftigen Mangels, wenn der Zustand sich selbst überlassen bleibt. Obwohl hier das Streichen kein Problem bildet, wird das ständige Bügeln, das mit einer bodenengen Stellung einhergeht, als störend empfunden.

Auch hier ist wieder die Raspel des Hufschmieds das beste Gegenmittel. Bei einer bodenengen Stellung neigt das Fohlen dazu, an der Außenseite der Zehe abzurollen. Wieder sollte die Raspel bedachtsam eingesetzt werden, um die Spitze der Zehe abzunehmen, den vorderen Teil des Hufs quadratisch zu formen, um den Huf zu zwingen, mitten vorn abzurollen, so wie von der Natur vorgesehen.

In diesem Fall sollte die mediale Seite der Hufsohle leicht gesenkt werden; und der Zeitplan zur Korrektur sollte der gleiche sein, wie bei bodenweiten Fohlen.

Im Gegensatz zu der verbreiteten Ansicht, daß Hufkorrektur in keinem Fall ein brauchbares Mittel darstellt, um Fohlen mit Gliedmaßenverstellung zu helfen, bin ich der Meinung, daß hier mit geringen Mitteln günstige Resultate erzielt werden können. Aber alle Korrekturmaßnahmen müssen zu einem frühen Zeitpunkt im Leben des Fohlens einsetzen und beendet sein, bevor der Knochen ausgewachsen ist und die Epiphysenfugen sich schließen. Wie sehr Sie sich auch bemühen mögen, der Grad des erreichten Erfolgs hängt vom anfänglichen Ausmaß der Abweichung ab, sowie davon, ob die Gliedmaßen wirklich in Mitleidenschaft gezogen sind. Also eine Besserung ist immer zu erkennen.

In den Fällen, die auf eine konsequente, wohlüberlegte Raspelkorrektur nicht ansprechen, kann die Verstellung des Beins zu Veränderungen des Skeletts führen, mit einer Schrägstellung der Gelenksflächen, - d. h. einer medialen oder einer lateralen Schrägstellung der Gelenke des Fohlenbeins. Ist dies bereits der Fall, mögen sich zusätzliche Korrekturmaßnahmen als notwendig erweisen.

Bringt das Raspeln keine Besserung, bis das Fohlen 2 Monate alt ist, kann man anhand von Röntgenaufnahmen feststellen, ob Gelenksverschiebungen stattgefunden haben.

Dieser Befund ist generell Begleiterscheinung einer hochgradigen Verstellung der Zehe und ist ein verhängnisvolles Anzeichen zukünftiger Fehlerhaftigkeit. Es ist jetzt unerläßlich, mit definitiven Korrekturmaßnahmen einzusetzen, um alle Gelenkflächen wieder geradezurichten, bevor dauerhafte Veränderungen eintreten.

Um dies zu erreichen, sollte zunächst der Huf korrigiert werden, je nach Verstellung, wie zuvor beschrieben. Bei bodenweiter Stellung sollte ein kleines gesondert angefertigtes Halbeisen an der inneren Hälfte des Fohlenhufs angebracht werden. Handelt es sich um eine bodenenge Stellung, muß das halbe Eisen außen am Huf angebracht werden.

Aber in jedem Fall sollte das halbe Eisen bis zur Mitte der Zehe oder drüberhinaus reichen.

Formen Sie das Eisen an der Zehe gerade, damit das Fohlen gezwungen ist, genau an der Mitte der Zehe abzurollen und genau geradeaus zu gehen.

Wiederholen Sie dies drei bis vier mal alle drei Wochen. Beginnt man damit, wenn das Fohlen sehr jung ist, ist ein gutes Ergebnis zu erwarten.

Angeborene, ererbte und entwicklungsbedingte Zustände

Jede angeborene Verstellung birgt die Gefahr in sich, daß die zukünftige Gebrauchsfähigkeit des Pferdes beeinträchtigt wird, und niemand kann exakt voraussagen, wie stark diese Beeinträchtigung sein wird. Viele Pferde haben ungewöhnlich viel Schwung, Vermögen und Talent; sie gleichen damit ihre Handicaps aus und haben immer wieder Erfolg. Verständlicherweise werden Sie beim Kauf eines Fohlens darauf achten, daß es keine schwachen oder verstellten Gliedmaßen hat, wenn aber das Fohlen, das Ihnen der liebe Gott und Ihre Zuchtstute in den Stall gelegt haben, nicht perfekt ist, so heißt das noch lange nicht, daß seine Zukunft trübe aussieht. Wenn die äußeren Bedingungen für die Arbeit förderlich sind, kann die genetische Struktur bei jedem Pferd Leistungsvermögen zutage treten lassen.

Anterior-posteriore Verstellungen des Fesselgelenks sind gewöhnlich Sehnen- und Muskelabhängig und ziehen eine Problematik nach sich, die das umgekehrte Bild der Verstellung der Vorderfußwurzel ergibt.

Eine anteriore (nach vorne gerichtete) Verstellung des Fesselgelenks ist schwerwiegender für ein neugeborenes Fohlen und weist eine ungünstigere Prognose auf, als posteriore (nach hinten gerichtete) Verstellungen. Gips- und Stützverbände sollten niemals an einer Fessel mit posteriorer Verstellung angebracht werden. Die Hauptursache ist nämlich in einem reduzierten Sehnentonus zu sehen und eine Ruhigstellung schwächt die betroffenen Strukturen nur zusätzlich. Die andere Seite der Medaille, das "Überköten" oder die anteriore Verstellung, reagiert oft gut auf leichte Gipsverbände oder Stützen, soweit sie sachgerecht angelegt werden und ausschließlich in den ersten 24 bis 48 Lebensstunden des Fohlens verwandt werden. Dauert das Überköten über diesen kurzen Zeitraum hinaus an, kann sich ein chirurgischer Eingriff für notwendig erweisen, um den ungleichmäßigen Zug der Sehnen zu korrigieren, der diese Abnormität verursacht.

Bisweilen sieht man einen Zustand am Fohlenhuf, der dem Überköten sehr ähnlich ist. Das Fohlen läuft auf der Zehenspitze und ist nicht in der Lage, die Ferse auf den Boden zu bringen. Diese Spitzentanz-Stellung entsteht auf Grund eines ungleichmäßigen Zugs der Sehnen und führt nach und nach aber unvermeidlich zu einem Bockhuf (kurze Zehenwand, hohe Trachten).

Verstellungen der Hinterhand oder anormale Winkelungen treten häufig auf - besonders bei großen Fohlen. Obwohl sie häufiger vorkommen, sind die Probleme an den Hinterbeinen weniger schwerwiegend als die der Vorderbeine. Vielleicht spielt dabei eine Rolle, daß weniger Körpergewicht auf den Hinterbeinen ruht. Die Lage des Fötus im Uterus, die Ernährung und Bewegung der Stute während der Trächtigkeit und - wohl in besonderem Maße - die genetische Beschaffenheit des Fohlens, sind die Hauptursachen, die man für verstellte Hintergliedmaßen verantwortlich macht.

Die häufigsten Fehlstellungen am Hinterbein sind gerade Kniegelenke, Säbelbeinigkeit mit Hasenhacken, Faßbeinigkeit, Kuhhessigkeit, schwache oder verbogene Fesselköpfe und die Subluxatio (unvollständige Verrenkung) von Fessel- und Kronbein (Phalanx I und II).

Gerade Kniegelenke findet man im Zusammenhang mit einem geraden Hinterbein. Sie sind ein Anzeichen möglicher Schwäche, die zur Unbrauchbarkeit führen kann. Jeder sieht gern ein gerades Hinterbein, nur der Tierarzt nicht, der weiß, daß zu einem geraden Hinterbein ein gerades Kniegelenk gehört, sowie ein überdehntes Sprunggelenk.

Je gerader das Bein ist, desto weniger gewinkelt ist das Kniegelenk und desto größer ist die Gefahr der zukünftigen Unbrauchbarkeit. Bei einer reduzierten Winkelung zwischen dem großen Femur und der darunter liegenden Tibia hat die Patella zusätzlichen Bewegungsspielraum, was Schmerz und Unbehagen verursacht. Es kann zu Knacken, Knarren und sogar zu Blockierungen kommen, wenn das Kniegelenk gerade oder lose ist. Manchmal führen normales Wachstum, gute körperliche Kondition und Bewegung zu einer Besserung.

Zugpflaster, Injektionen oder eine einfache chirurgische Maßnahme, "Patellare Desmotomie" (Kniescheibenbanddurchtrennung) genannt, können notwendig sein, will man eine dauerhafte Besserung erzielen.

Säbelbein und Hasenhacken sind im allgemeinen unmittelbar nach der Geburt deutlich sichtbar. Von der Seite betrachtet, ist das Fohlen am Widerrist höher als an der Kruppe und es hat den Anschein, als fiele es der Hinterhand schwer, der Vorhand zu folgen. Vom Kniegelenk abwärts sind die Hinterbeine unter das Fohlen gebogen und weisen die Form eines Säbels auf - daher der Name.

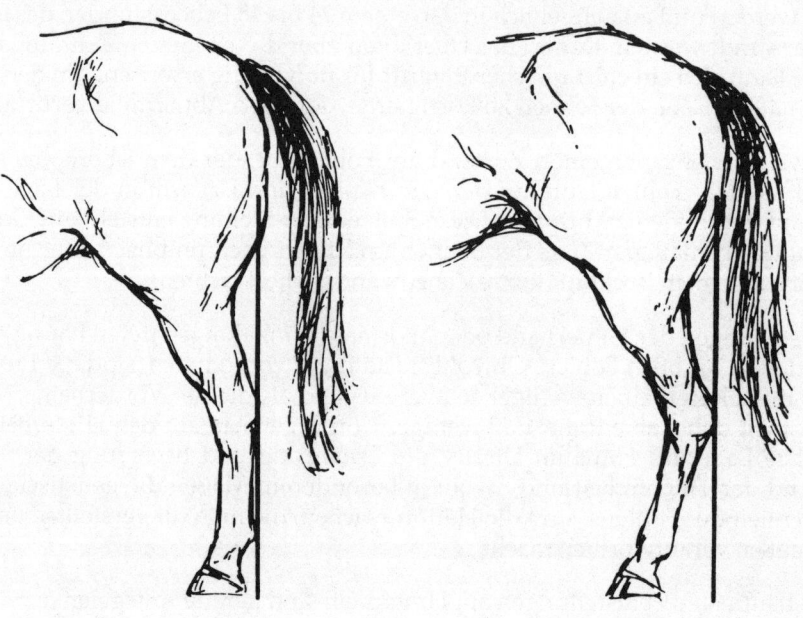

normales Hinterbein   Säbelbeinigkeit

Angeborene, ererbte und entwicklungsbedingte Zustände 113

Fällt man das Lot vom Sitzhöcker auf den Boden, wird die Hinterhand in zwei Teile geteilt.

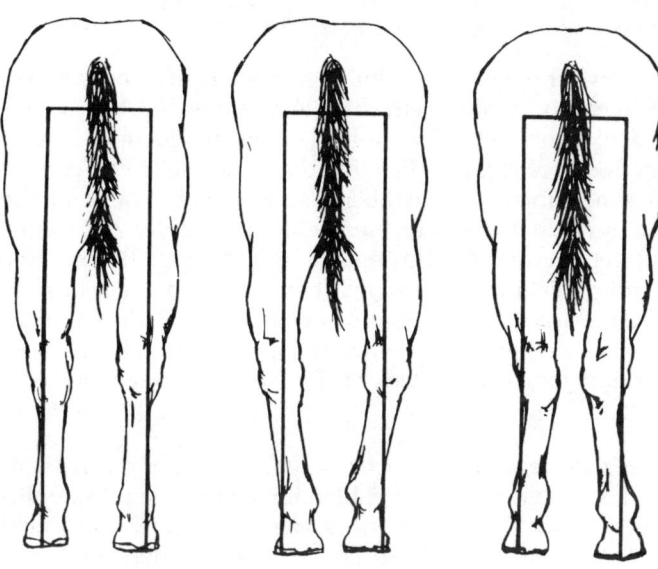

gerade Hinterglied-   faßbeinige Stellung   kuhhessige Stellung
maßen

Zu Säbelbeinen gehören so gut wie immer Hasenhacken, Überdehnungen oder Vorwölbungen des plantaren Ligaments hinten unten am "runden" Sprunggelenk. "Rundes Sprunggelenk" sagt man landläufig zu allen Formen von Säbelbeinigkeit, Hasenhacken, und deren Kombinationen, wie auch allen Formen einer schwachen Stellung der Hinterhand.

Es ist erstaunlich zu beobachten, welche Fortschritte Fohlen innerhalb von ein paar Wochen machen, die mit einem "runden Hinterbein" zur Welt gekommen sind und noch erstaunlicher sind die Fortschritte nach ein paar Monaten. Dies ist umso erfreulicher, als es keine speziellen Behandlungsmöglichkeiten gibt. Man muß kein besonders erfahrener Pferdekenner sein, um diese frühen Verstellungen auch später noch erkennen zu können, aber die Mehrzahl dieser Fohlen wächst zu brauchbaren Pferden heran.

Wenn ich miterlebe, wie ein großes, schönes Hengstfohlen geboren wird, wird meine spontane Begeisterung gedämpft, wenn sich das Fohlen hinstellt und plötzlich ein rundes Hinterbein sichtbar wird. Obwohl dies seine Leistungsfähigkeit nicht ernsthaft einschränkt, bedeutet es doch fast automatisch, daß ihm eine Schau-Karriere in der Zukunft verwehrt bleibt. Ich bin immer freudig überrascht, wenn ich ein großes Hengstfohlen mit "klaren" Beinen und normalen

Sprunggelenken sehe. Einige Leute vertreten die Meinung, daß übermäßig große Fohlen während der letzten zwei Monate der Trächtigkeit, wenn die Wachstumsrate des Fötus sich verdoppelt, im Uterus eingeengt sind. Große Föten zwängen ihre großen Hinterbeine eng unter den Körper: dies beeinträchtige die Sprunggelenke.

Andere Abweichungen der Hinterbeine kann man besser erkennen, wenn man das Fohlen von hinten betrachtet. Aus dieser Warte können Sie sich eine imaginäre Senkrechte vom Sitzbeinhöcker aus an jedem Hinterbein vorstellen, die bis zum Boden reicht und die Hinterhand in zwei Teile teilt. Ein faßbeiniges Fohlen hat seine Hinterhufe dicht beieinander stehen, während seine Sprunggelenke sich außerhalb der Senkrechten befinden. Mit der Zeit stellt sich bei sachgemäßer Bewegung und Ernährung eine geringfügige Besserung des Zustands ein. Gelegentlich sieht man bei schwachen Fohlen, daß ein Bein faßbeinig steht und das andere sich den Konturen des verbogenen Beins parallel dazu anpaßt. Diese Fohlen haben eine schiefstehende Hinterhand, die sich über die Gesetze der Schwerkraft hinwegzusetzen scheint, so als ständen sie seitlich an einem Berg.

Obwohl es sich hier um eine hochgradige Abweichung von der normalen Stellung handelt, strecken sich diese Fohlen im allgemeinen erstaunlich gut. Durch das Aussehen dieser Fohlen entmutigt, denken unerfahrene Züchter bisweilen daran, das Fohlen einschläfern zu lassen, doch werden sie durch die schnelle Verbesserung des Zustands eines Besseren belehrt. Denken Sie immer daran: Solange ein Fohlen aufstehen kann um zu trinken und sich wieder hinlegen kann, sich bewegt und sich ausruht, kann es unglaubliche Fortschritte in der Entwicklung seines Muskelskeletts machen. Viele neugeborene Fohlen, die Krüppel zu sein scheinen, werden zu brauchbaren, leistungsbereiten Pferden. Es ist wichtig, sich in solchen Fällen von erfahrenen Pferdezüchtern beraten zu lassen oder von Pferdetierärzten mit langjähriger Erfahrung.

Kuhhessige Fohlen haben eine zehenweite Stellung, während die Sprunggelenkhöcker und die Fesselköpfe sich an der Innenseite unserer imaginären Senkrechten befinden.

Mit fortschreitendem Wachstum, zunehmender Bewegung und guter Ernährung, kann es zu einer leichten Besserung kommen, doch bis zu einem gewissen Grad wird diese Verstellung das Fohlen sein Leben lang beeinträchtigen.

In der Vorwärtsbewegung streicht sich ein kuhhessiges Fohlen bei jedem Tritt, indem es mit dem einen gegen das andere Bein schlägt. Dieses Problem kann zu periodischer Lahmheit führen, wenn das Pferd arbeitet. Korrekturbeschlag bzw. korrigierendes Ausschneiden hilft die selbstbeigefügten Verletzungen so gering wie möglich zu halten. Der Huf ist zum Fesselstand passend zu kürzen und die Spitze abzustumpfen, so daß der Huf veranlaßt wird, genau an der Spitze der Zehe abzurollen und so gerade und nach vorn zu treten. Ständige Hufpflege und - Kontrolle sind notwendig, da die Gliedmaßen sich nicht verändern lassen und so bleiben wie sie sind.

Kniescheibenfixation

Eine Kniegelenksfixation, bzw. eine nach oben fixierte Kniescheibe ist ein ziemlich häufig auftretender angeborener Zustand. Eine gerade Stellung des Hinterbeins verursacht oft, daß die Kniescheibe blockiert. Seine Bänder verfangen sich zeitweise an der inneren Femur-Trochlea (Gelenkwalze am Endstück des Oberschenkelknochens), wobei das Bein in rückwärtiger Streckung blockiert wird. Wegen des stumpfen Winkels bei geraden Hinterbeinen, kommt es zu einem Mißverhältnis zwischen den Kniegelenksbändern und knochigen Bereichen, wobei sich das große patellare Ligament an den Knochenhöckern des Femur verfängt und so eine Blockierung in gestreckter Stellung verursacht.

Eine Fixation des gestreckten Hinterbeins ist sowohl für das Tier, wie auch seinen Halter beängstigend. Meist bewegt sich das Pferd versehentlich, das patellare Ligament löst sich und das Pferd ist wieder frei. Eine oder beide Kniescheiben können betroffen sein.

Veranlaßt man das Pferd rückwärts zu gehen, löst sich in einigen Fällen die Blockierung sofort. Eine letzte Möglichkeit ist, eine Hand fest auf das Kniegelenk zu legen und nach innen zu drücken, während die andere Hand das Bein anhebt und nach außen zieht. Hierzu braucht man Kraft und Geschick, sorgen Sie also für ein oder zwei Hilfskräfte.

Ist die Fixation hartnäckig und tritt sie immer wieder ein, bringen lokale Injektionen mit Gegenreizmitteln vorübergehend Erleichterung, oder ein geschickter chirurgischer Eingriff, die "mediale patellare Desmotomie" (Ligamentsdurchtrennung), bewirkt eine dauerhafte Korrektur des Zustands.

Kontraktion

Der Begriff Kontraktion bezieht sich auf eine unnatürliche Spannung der Sehnen, die auf die Skelettstruktur des jungen, in der Entwicklung befindlichen Fohlens einwirkt. Sie hat verheerende Auswirkungen und ist lebensbedrohlich während der fötalen Entwicklung, oder schränkt Vermögen und Zukunftschancen der Fohlen erheblich ein, die überleben und geboren werden. Das Schicksal des Fötus hängt weitgehend vom Ausmaß der Kontraktion ab und davon, wann sie eintritt.

Bei dem Begriff Kontraktion, denkt man unwillkürlich an eine Kontraktion der Sehnen, doch dies ist ein Irrtum. "Kontraktion" wird heute fälschlicherweise für eine ganze Reihe von Zuständen benutzt. Im folgenden sollen die verschiedenen Formen und - was noch bedeutender ist - die verschiedenen Ursachen deutlich unterschieden und identifiziert werden.

Kontraktion ist eine Allgemeinerkrankung, die in erster Linie das neuromuskuläre System erfaßt und in zweiter Linie das Skelett. Durch unbarmherzigen, unnatürlichen Zug, bzw. Spannung, kommt es bei einer Kontraktion dazu, daß die Knochen und besonders ihre distalen (dem Rumpf abgewandten) Enden, sich verbiegen, verdrehen und verrenken. Der Verkrüppelungseffekt reicht von der Kontraktion eines einzelnen Hufs, im Fall eines betroffenen Fohlens, oder zur Beteiligung des gesamten Skeletts, die zum Tod des Fötus führt.

Ist ein Fötus im Mutterleib betroffen, ist es bezeichnend, daß die Wirbelsäule, der Schädel und die Glieder in starkem Maße kontrahieren und sich verrenken bis sie zu einer fast unkenntlichen Masse verändert sind. Ein konsistentes Merkmal ist eine Skoliose (seitliche Verbiegung) der Wirbelsäule, wenn solche Fohlen abortiert oder geboren werden. Obwohl es schwer nachzuweisen ist, gehen einige Forscher davon aus, daß bei allen Fohlen oder Pferden, die an irgendeinem Körperglied eine Kontraktion haben, gleichzeitig eine Skoliose im Brustwirbelbereich vorliegt. Dies darf nicht mit einer ernährungsbedingten Kontraktion verwechselt werden, bei der ein oder zwei Glieder betroffen sind.

In einem typischen kontrahierten Fötus versteifen die Gliedmaßen und nehmen eine starre Haltung ein. Die unbeweglichen Gelenke und Gelenksstrukturen hören auf, sich zu entwickeln und bleiben unvollständig. Sie sind nie in der Lage ihre Funktion zu erfüllen, trotz aller Hilfsmaßnahmen oder aufopfernder chirurgischer Bemühungen.

Ist der Fötus nahezu voll ausgetragen, wenn der intrauterine Tod eintritt und der Abort bevorsteht, kann die starre Masse nicht ohne Hilfe zur Welt gebracht werden; dies ist nur möglich bei einem kleinen zurückgebliebenen Fötus, der in einem frühen Entwicklungsstadium abstirbt und die Geburtswege der Stute problemlos passieren kann. Unglücklicherweise werden die meisten Fälle von Kontraktion erst zu einem späten Zeitpunkt der Trächtigkeit festgestellt und häufig erst bei der Geburt selbst. 95% aller schweren Geburten (Dystokien) bei Zuchtstuten werden durch eine Form der Kontraktion verursacht. Diese von Kontraktion oder Ankylose (Gelenkversteifung) betroffenen zukünftigen Fohlen befinden sich oft in den Abortmassen. Zu größten Problemen kommt es, wenn ein erkrankter Fötus im Uterus weiterlebt und wächst, ohne gangbare Möglichkeit herauszukommen.

Soll ein normales Fohlen auf natürliche Weise geboren werden, müssen beide Vorderbeine vor dem Kopf und langen Hals des Fohlens voll ausgestreckt sein. Durch die starre Fixierung der verbogenen Vordergliedmaßen eines kontrahierten Fohlens, ist der Gesamtdurchmesser von Schultern und Brustkorb erheblich vergrößert. Folglich kann allein aus mechanischer Sicht ein kontrahiertes Fohlen oder großer Fötus das Becken nicht passieren.

Ich weiß, wie betroffen ein behandelnder Tierarzt ist, der bei der Untersuchung einen unbeweglichen, festsitzenden Fötus in schlechter Lage feststellt, vor allem wenn es sich um eine hochempfindliche Stute handelt. Eine intravenös verabfolgte Sedierungsspritze ermöglicht eine nochmalige Überprüfung. Jede Hoffnung auf ein lebensfähiges Fohlen ist vergeblich, wenn keins der Vorderbeine reagiert und sich in die Stellung bringen läßt, die Manipulationen und letzendlich die Geburt ermöglicht. Hier handelt es sich um einen Notfall!

Solche unmöglichen Geburten erfordern eine Fetotomie, oder einen Kaiserschnitt, um die unnachgiebige Masse zu entfernen und die Stute zu retten. Hier handelt es sich um eine alarmierende Situation, die volle Aufmerksamkeit, Energie sowie alle nur möglichen Fertigkeiten und Kenntnisse erfordert, um die Stute schnell aber behutsam von der Frucht zu befreien. Die Art und Weise der Behandlung ist für sie nicht allein lebensrettend, sondern hat außerdem große Bedeutung für ihr zukünftiges Leben als Zuchtstute. Bei einer unsachgemäßen, groben Vorgehensweise können die empfindliche Zervix und die Geburtswege Schaden erleiden und sie vorübergehend oder für immer unfruchtbar machen. In jedem Fall hängt ihre Zukunft am seidenen Faden, da sie umgehend von der fremden Masse befreit werden muß.

Eine Fetotomie, die sachgerecht an Ort und Stelle vorgenommen wird, ist eine Möglichkeit, doch ist ein Kaiserschnitt bei weitem vorzuziehen, wenn sich dies ermöglichen läßt.

Da das Fohlen in keinem Fall zu retten ist, bietet diese chirurgische Maßnahme die schonendste und fortschrittlichste Methode für das Wohlergehen der Stute und ihre zukünftige Fruchtbarkeit.

Sobald die verbogene Masse aus dem Körper der Stute entfernt ist, ganz gleich durch welche Methode, sind alle Körperteile und Gliedmassen sichtbar und zu überprüfen. Verformungen der Brustwirbelsäule unterschiedlichen Schweregrades, asymetrische Verzerrungen des Schädels und Torticollis (Schiefhals) sind einige der körperlichen Entstellungen, die gewöhnlich in diesen unvorstellbaren Gewebsmassen zu beobachten sind.

Aufgrund ihrer geringen Größe gelingt es einigen Fohlen erstaunlicherweise trotz des Handicaps, daß beide Vorderbeine im Bereich der Vorderfußwurzel blockieren, auf die Welt zu kommen. Sie können nicht stehen und saugen, folglich versuchen sie auf ihren mißgebildeten Vorderfußwurzelgelenken zu laufen. Was für ein tragisches Bild, wenn diese ansonsten normalen Fohlen herumkrabbeln und nach Nahrung suchen und mit unbedingter Entschlossenheit zu überleben versuchen. Sie haben ausnahmslos zusätzliche verborgene spinale Läsionen und sind folglich hoffnungslos verkrüppelt. Aus Gründen der Menschlichkeit sollten sie eingeschläfert werden.

Wie kommt es zu dieser furchtbaren Kontraktion? Das Thema ist äußerst kontrovers.

Man kennt keine eindeutige Ursache. Vermutungen werden zur Genüge angestellt. Zu gut gefütterte Stuten, deren Futterzusammensetzung sehr viel Eiweiß enthält und die noch zusätzlich Eiweiß bekommen, abortieren häufig kontrahierte Fohlen oder bringen solche Fohlen lebend zur Welt. Ich habe noch kein "Armeleutepferd" ein Fohlen mit Kontraktion abortieren sehen, oder bei ihm eine schwere Geburt erlebt, die auf Kontraktion zurückzuführen wäre.

Kontraktionen spielen auch in vielen anderen Bereichen eine Rolle. So kennt jeder, der mit Pferden zu tun hat, einen Befund, den man als Bockhuf bezeichnet und der gleichermaßen bei Fohlen und ausgewachsenen Pferden auftritt. Ein Bockhuf ist eine andere Erscheinungsform der Kontraktion. Diese Beeinträchtigung des Hufs ist eine schleichende, verborgene Zeitbombe im neugeborenen Fohlen, deren verkrüppelnde Auswirkungen man erst nach einem bestimmten, vorhersagbaren Zeitablauf erkennt. Die Kontraktion eines Vorderbeins sieht man bereits bei der Geburt, oder in den ersten Lebensmonaten. In dieser frühen postnatalen Zeitspanne bilden einer oder gelegentlich beide Vorderfüße einen Bockhuf aus. Es kommt zu einem übermäßigen Wachstum an der Ferse bei minimalem Wachstum im Zehenbereich.

Fohlen kommen nicht mit Bockhufen auf die Welt. Der mißbildete Huf ist lediglich Ausdruck einer übermäßigen Spannung der Sehnen, die an der Innenseite von Bein und Huf einwirkt. Der Huf wird durch diese Spannung der Sehnen beeinflußt und bildet eine Mißbildung aus, um das gestörte Gleichgewicht auszugleichen. Die betroffene Sehne ist die tiefe Beugesehne, die an der Unterfläche des Os pedis, oder Hufbeins angeheftet ist. Der Huf wird ständig übermäßig in eine gebeugte Stellung zurückgezogen, was zu einer "Zehentänzer-Stellung" und sogar zum Überköten führt.

Kommen Fohlen mit einer Kontraktion der Vorderbeine und normalen Hufen zur Welt, kann man leicht erkennen, daß sie unfähig sind, das Körpergewicht zu halten. Die Ursache der Kontraktion und primären Schädigung liegt jedoch im Dunklen. Einige Autoren nehmen an, daß ätiologische Schäden in der Brustwirbelsäule zu suchen sind und einen engen Zusammenhang mit Abweichungen im Spinalbereich haben, wie einer Skoliose oder Lordose.

Bei einer starken Ausprägung sind diese spinalen Abweichungen leicht zu erkennen. Aber unterschätzen Sie nicht die verschiedenen geringgradigen Formen, die so destruktiv und dabei so trügerisch sind. Skoliose (seitliche Verkrümmung) und Lordose (Hohlrücken) sind beim jungen Fohlen gewöhnlich schwer zu diagnostizieren. Folglich werden die meisten Fälle erst postmortem festgestellt.

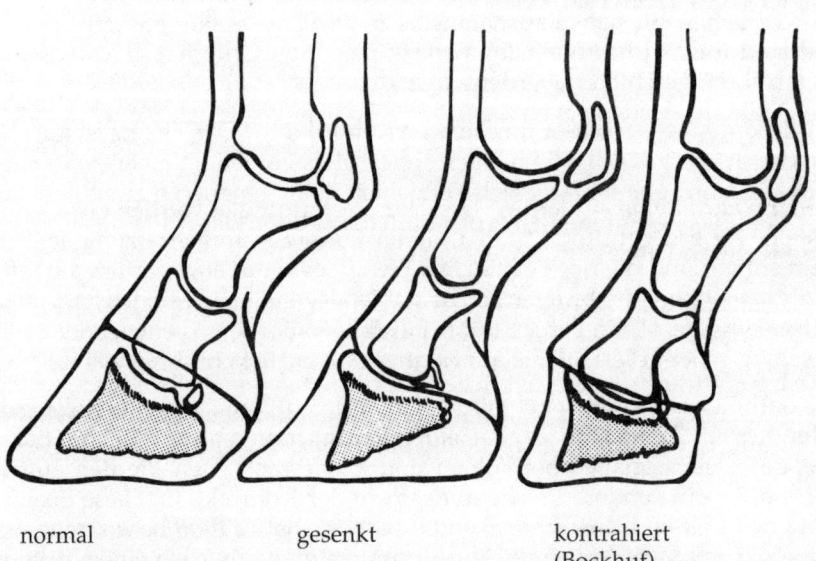

normal   gesenkt   kontrahiert (Bockhuf)

Meistens kommen diese Fohlen in die Klinik mit einem krumm herabhängenden Vorderbein, das das Körpergewicht nicht tragen kann und überkötet. Wird das Problem nicht beachtet, stößt sich der Fesselkopf des Fohlens bald durch, denn der Huf ist so gut wie unbrauchbar. Diesem Neugeborenen (im Alter von einem bis sieben Tagen) muß geholfen werden, wenn es versucht aufzustehen und es muß gehalten werden, wenn es trinkt und gewöhnlich muß es in die Klinik getragen werden.

Eine genaue Untersuchung des Fohlenbeins ist jetzt erforderlich, um richtig behandeln zu können. Ein erfahrener Pferdetierarzt ist am besten in der Lage diese Entscheidungen zu treffen.

Reagiert die Gliedmaße des Neugeborenen auf manuelle Manipulationen und läßt sich voll strecken, speziell im Bereich von Phalanx II und III, reicht das Anbringen von Gipsverbänden und Schienen aus. Lassen sich Phalanx II und III jedoch nicht manuell strecken, handelt es sich augenscheinlich um eine echte Kontraktion der tiefen Beugesehne.

Bis vor kurzem gab es keine bekannte Behandlung für Fälle mit kontrahierten Sehnen, die zum Bockhuf führten, und keine Zukunftsperspektive für das Fohlen. Inzwischen gibt es, für derartige Fälle, einen neuen chirurgischen Korrektureingriff, die Desmotomie des inferioren Unterstützungsbandes.

Die Desmotomie (Ligamentsdurchtrennung) wird unmittelbar oberhalb der Vorderfußwurzel vorgenommen. Im Wesentlichen dehnt sie die betroffene Sehne ohne das Sehnengewebe anzugreifen. Das inferiore Unterstützungsband umgibt die tiefe Beugesehne und unterstützt sie leicht. Durch die Durchtrennung des Ligaments, wird die Sehne entlastet und um mehrere Zentimeter verlängert. Auf diese Weise kann die Ferse bequem auf dem Boden ruhen und das Fohlen ein normales Leben führen.

Obwohl eine Farm weit von meinem üblichen Praxisbereich entfernt lag, willigte ich ein, einen Besuch zu machen, denn dort sollte ein neugeborenes Fohlen ein gelähmtes Vorderbein haben.

Als ich ankam, sah ich ein 48-Stunden-altes Fohlen, in einem staubigen Auslauf, ein Vorderbein hinter sich herziehen. Beim genaueren Hinsehen stellte ich fest, daß das betroffene Bein vorn blutete und von der Mitte des Röhrbeins bis zum Kronrand abgeschürft war.

Die alte Stute stand geduldig dabei und ich glaube, wir hatten beide den gleichen Gesichtsausdruck. Ich war entsetzt!

Ich beauftrage den Pferdepfleger, die beiden in den Stall zu führen, heraus aus Schmutz und Hitze. Im Stall reinigte ich das durchgeriebene Gewebe, brachte Salbe auf und bedeckte die Stelle mit einer sterilen Binde aus meinem Verbandszeug.

Dieses Fohlen litt an einer Kontraktion der tiefen Beugesehne, die es mit auf die Welt gebracht hatte und würde schließlich einen Bockhuf ausbilden. Ich sorgte für den Transport in meine Klinik und wies das Personal an, Stute und Fohlen aufzunehmen.

Durch eine Unterstützungsbanddesmotomie wurde der Zustand behoben. Das Stutfohlen wurde zu einem erfolgreichen Rennpferd, das meines Wissens bis zum heutigen Tag gesund und leistungsfähig ist.

Dieser sehr erfolgreiche chirurgische Eingriff bewirkt eine vollständige Heilung bei Fohlen mit bereits vorhandenem oder potentiellem Bockhuf. Er hat sich auch bei Fällen von Kontraktionen leichteren Grades und den dazugehörigen Lahmheiten bewährt. Der betroffene Huf sollte umgehend nach der Operation korrigiert werden, wobei besonders darauf zu achten ist, daß in den ersten 6 postoperativen Wochen die Ferse ständig tief steht. Etwa 8 bis 12 Wochen nach der Operation zeigt der ehemalige Bockhuf keinerlei Unterschiede zu seinem gesunden Gegenstück - und das bleibt so. Unterbleibt die Operation, stelzt das Fohlen möglicherweise auf der Zehe herum, entwickelt eine hohe Ferse zum Ausgleich, sowie eine knollenförmig gewölbte Zehe. In jedem Fall wird das Fohlen - wenn es überlebt - einen Bockhuf ausbilden und mit diesem Handicap zu leben haben.

Eingestuft als Kronbein-Hufbeinkontraktion (Phalanx II und III) wird diese Verformung des Hufs durch den unbarmherzigen und ständigen Zug der tiefen Beugesehne, die unten am Hufbein angeheftet ist, verursacht. Diese rückwärts wirkende Zugkraft an der Spitze des Hufbeins (Os pedis) läßt das Fohlen auf der Spitze laufen, bei erhöhter Ferse. Eine kompensatorische Subluxation tritt in vorderen Bereich des Kronsaumes ein, die das Fohlen stört und zur Lahmheit führt. Die Spitze des Hufbeins wird nach unten und hinten in eine Stellung gezogen, die sie das gesamte Gewicht, das auf dem Vorderbein ruht, tragen läßt, so als ob ein Mensch auf sehr hohen Absätzen liefe, oder auf den Zehenspitzen.

Bei diesem schmerzhaften, stelzenden Gang und dem ständigen inneren Druck, wird das von Natur aus starke und widerstandsfähige Hufgewebe bald dünn und gibt an der Zehe nach.

Eine Loslösung (oder Öffnung) ensteht, die die Gefahr einer Infektion und manchmal sogar der fatalen Osteomyelitis (tödlichen Knochenmarkentzündung) mit sich bringt.

Ich bin fest davon überzeugt, daß die Bockhufbildung erblich oder angeboren ist und sich weitervererbt. Eine Stute oder ein Hengst mit Anzeichen von Bockhufbildung sollten in keinem Fall zur Zucht eingesetzt werden, denn dieser Zustand kommt bei mehr als 50 % der Fohlen wieder zum Vorschein.

Eine weitere Form der Kontraktion, die schnell zunimmt und bei den Pferdezüchtern Alarm auslöst, ist die ernährungsbedingte Kontraktion. Hierbei handelt es sich meines Erachtens um eine gesonderte Erkrankung und sie sollte nicht mit dem Bockhuf-Syndrom verwechselt werden. Man nimmt an, daß diese Form der Kontraktion durch äußere Einflüsse erworben ist, jedoch durch eine angeborene Disposition verstärkt wird. So scheinen sich in gewissen Vollblutfamilien die Fälle der ernährungsbedingten Kontraktion zu häufen und in der entsprechenden

Umgebung wird jedes große, schnellwüchsige, langbeinige Fohlen ein Opfer dieser Krankheit.

Die Symptome treten bei bestimmten Altersgruppen gehäuft auf, bei häufigen Umstellungen der Ernährung und vor allem übermäßiger Fütterung. Ernährungsstörungen ergeben sich schnell, vor allem in der Zeit des schnellen Wachstums, das alle Hengst- und Stutfohlen durchmachen und in der sie ganz besonders empfindlich sind. Ernährungsstörungen die auf Futterzusätze und übermäßige Proteingaben zurückzuführen sind, treten vor allem in Ställen mit großen jungen Pferden auf.

Werden schnellwüchsige Pferde übermäßig gefüttert, kommt es häufig, im Zusammenhang mit einem Wachstumsschub des Skeletts, zu einer ernährungsbedingten Kontraktion. Hierbei entsteht ein Mißverhältnis zwischen Knochen und Sehnen durch eine unzureichende Länge der Sehnen und schließlich die Kontraktion. Die Entstehungsursache der ernährungsbedingten Kontraktion liegt darin, daß die Wachstumsgeschwindigkeit des Knochens größer ist, als die der Sehne, was schnell ein schmerzhaftes Mißverhältnis entstehen läßt.

Anders als das Bockhuf-Syndrom, tritt dies nicht bei der Geburt auf, sondern in voraussagbarer Weise zu bestimmten Zeitpunkten bei älteren Fohlen. Das Hauptmerkmal ist eine Verbiegung des metakarpophalangealen Gelenks (des Fesselkopfs), verbunden mit einem stelzenden, zittrigen Gang, Überköten, oder Überknicken des Fesselkopfs. Anfänglich sind die beiden Vorderbeine betroffen, später können auch die Hinterbeine dazu kommen. Oftmals sind alle vier Gliedmaßen erkrankt.

Die ernährungsbedingte Kontraktion unterscheidet sich in fünf Bereichen von den anderen Formen der Kontraktion: Die ernährungsbedingte Kontraktion ist mit dem Verhältnis von Wachstumsrate und Ernährung verknüpft; bei der betroffenen Sehne handelt es sich um die oberflächliche Beugesehne; das betroffene Gelenk ist das Fesselgelenk; alle vier Beine sind betroffen. In einzelnen Fällen läßt sie sich beheben.

Gewöhnlich tritt diese Form der Kontraktion nicht vor dem 12. bis 18. Lebensmonat auf, obwohl ich erlebt habe, daß die Fesselgelenke jüngerer Fohlen, zum Teil sogar von Saugfohlen, etwa im Alter von fünf, sechs Monaten, kurz vor dem Absetzen, überzuköten beginnen.

Auch hier handelt es sich um Zeiten der Ernährungsumstellung und des besonders starken Wachstums. Interessanterweise waren alle Fohlen mit diesem Problem großwüchsig und fraßen mit großem Appetit.

Die ernährungsbedingte Kontraktion befällt oft gute Jährlinge kurz vor dem Verkauf, der Versteigerung oder dem Einreiten, die dann überköten oder in dem Vorderfußwurzelgelenk oder Fesselgelenk nach vorn kippen. Es ist bezeichnend für den fortschreitenden Verlauf der Kontraktion, daß das Pferd Schwierigkeiten hat, sein Gewicht zu tragen, wenn es aufrecht steht; seine Abneigung sich zu bewegen ist deutlich zu erkennen. Diese Jährlinge zeigen das Bedürfnis sich hinzulegen und auszuruhen; anschließend fällt es ihnen schwer wieder auf die Beine zu kommen. Muskelzittern und unsicheres Stehen sieht man oft an diesen deformierten, geschwächten Gliedern.

Der exzessive, unausgewogene Zug, den die oberflächliche Beugesehne ausübt, biegt das Vorderfesselgelenk nach vorn, wobei die hintere Fessel gleichzeitig steiler wird. Die dabei auftretende Flektion des Vorderfußwurzelgelenks wird als reziproke, bzw. kompensatorische Handlung angesehen. Gleichzeitige neuromuskuläre Probleme, die ihren Ursprung in der Brustwirbelsäule haben, vielleicht in Form einer Skoliose oder einer Erb - oder angeborenen Krankheit, sind suspekt. Die allgemein für wahrscheinlicher gehaltene Ursache ist das rapide Knochenwachstum, das auf die übermäßige Fütterung mit Proteinen zurückzuführen ist und schneller vonstatten geht, als das Muskel- und Sehnenwachstum, dies gilt vor allem für das Längenwachstum.

Immer häufiger treten diese ernährungsbedingten Kontraktionen bei Fohlen auf, denen zu viel Protein verabreicht wurde und zusätzlich Mineral- und Vitamingaben, um ein schnelles Wachstum und eine schnelle Entwicklung voranzutreiben - vielleicht um ein Superfohlen heranzuziehen!

Wenn ich zu einem erkrankten Jährling gerufen werde, macht sich der Besitzer meistens um die Hinterhand Sorgen. Ihre deutliche Schwäche resultiert aus dem Versuch des leidenden jungen Pferdes, etwas Körpergewicht von den schmerzenden Vorderbeinen weg zu verlagern, indem es die Hinterbeine unterschiebt und einen Buckel macht. Diese Jährlinge können nur mit Schwierigkeit aufstehen; sobald sie ihre Vorderbeine ausgestreckt haben, zögern sie weiter aufzustehen. So sitzen sie bisweilen eine Zeit lang wie ein Hund da, bevor sie sich schließlich auf die Füße stellen. Hierbei entsteht fälschlicherweise der Eindruck, daß die Hinterbeine die primäre Ursache der Schwierigkeiten sind.

Nachdem viele Fälle eingeschläfert worden waren und einige Versicherungsgesellschaften die Kontraktion als Tötungsgrund akzeptiert hatten, machten sich ein paar praktische Tierärzte an einen unkonventionellen und völlig unprofessionellen Versuch.

Obwohl ihnen keine wissenschaftlich belegbare Ursache dieses entsetzlich schmerzhaften und lebensbedrohenden Zustands bekannt war, beschlossen sie, beim ersten Anzeichen eines der typischen Symptome oder Verhaltensmuster, Zittern oder einer Unstabilität der Vorderbeine, das gewöhnlich gut gezogene, junge, meist hochbeinige und schnellwüchsige Tier sofort auf eine Diät zu setzen, die dem Verhungern nahe kam. Diese Diät erfordert die völlige Aufopferung aller Betroffenen für den Patienten. Das Programm darf aus keinem Grund unterbrochen werden.

Wasser zur freien Verfügung, Salz und Heu sind die wesentlichen Bestandteile dieser Magerdiät. Das Wasser sollte sauber und frisch sein, der Salzleckstein zur freien Verfügung und das Heu reines Lieschgrasheu. Sauberes, staubfreies Pferdeheu von guter Farbe oder farblos, ist ideal. Ein ausschließlicher Aufenthalt in einem ruhigen Stall ist Voraussetzung, damit für die notwendige Ruhe und den eingeschränkten Gebrauch der schmerzenden, verzerrten Glieder und wunden Hufe gesorgt ist.

Der Gewichtsverlust junger wachsender Pferde ist bei dieser leichten Diät enorm, vor allem während der ersten Woche oder der ersten 10 Tage. Und dann verschwinden die Symptome des Unbehagens langsam genauso unmerklich, wie sie anfänglich gekommen waren. Wachere Augen, ein munterer Ausdruck, besserer Appetit und weniger Zeit die im Liegen verbracht wird, sind die ersten Anzeichen einer Wende und der Verminderung des gefährlichen Zugs der Sehnen. Dann zeigt das Tier den Wunsch sich mehr zu bewegen und in der Begrenzung seines Stalls mehr Runden zu machen. Etwa in der dritten Woche dieser Hungerdiät kommt das Pferd durch geringeres Überköten und festere Fesselköpfe wieder zu einem sicheren Stand und hat noch mehr den Drang im Stall umherzugehen.

Jetzt muß der Besitzer durchhalten und das strenge Fütterungsschema weiterhin befolgen; die Diät sollte noch für weitere zwei Wochen nach den ersten Anzeichen der Besserung fortgesetzt werden.

Obwohl sie an Grausamkeit grenzt, hat diese Methode überraschende Resultate erbracht, und die völlige Wiederherstellung einer großen Zahl der Fälle. Ich habe miterlebt, wie Tiere, die diese Diät durchgestanden hatten, schnell ihr verlorenes Gewicht wiedererlangten und symptomfrei blieben, und Zeit ihres Lebens voll gebrauchsfähig und gesund waren.

Natürlich hat diese Methode nicht in jedem Fall Erfolg. Schlägt sie nicht an, so kommt die korrektive Chirurgie in Betracht. Der chirurgische Eingriff der Wahl bei ernährungsbedingter Kontraktion, die sogenannt Desmotomie des superioren Unterstützungsbandes, sollte nicht mit der Operation verwechselt werden, die für die Korrektur des Bockhufes beschrieben worden ist. Das Stützband, das sich oberhalb des Vorderfußwurzelgelenks befindet, und die Funktion hat, die oberflächliche Beugesehne in sicherer und gespannter Position zu halten, wird durchtrennt. Sein Nachgeben bewirkt eine Verlängerung der betroffenen Sehne, ohne daß die Sehne selbst angerührt wurde. Diese zusätzliche Länge der Sehne ermöglicht, daß der Fesselkopf sich lockert und in seine normale Position zurückkehrt; der Schmerz ist weitgehend beseitigt, sobald die normale Achse des Beins wieder hergestellt ist.

Sollten Sie den Verdacht haben, daß Ihr Fohlen ein Kontraktions-Kandidat ist, beobachten Sie es sorgfältig in der gefährlichen Zeit direkt nach dem Absetzen und später wieder zwischen dem 18. und 22. Lebensmonat. Geben Sie nicht mehr als 6 Kilo an Futterkonzentraten pro Tag nach dem Absetzen und 12 Kilo pro Tag in der Zeit zwischen dem 18. und 22. Monat; der Proteingehalt sollte 12% nicht übersteigen. Das Rauhfutter in dieser gefährlichen Zeitspanne sollte aus grünem Lieschgras-Heu sein und nicht leguminösem Heu, wie Alfalfa, was üblicherweise empfohlen wird.

Es gibt Fachleute, die davon überzeugt sind, daß die Kontraktion in ihren verschiedenen Erscheinungsformen schon in der Zuchtstute ihren Anfang nimmt, wenn diese überfüttert wird und mit jedem Vitamin und Mineralfutter während der Tragezeit bombardiert wird.

Kontraktion

Ätiologie	Symptom-beginn	Sehne	betroffene Stelle	Rx	Prognose
Bockhuf (Beugesehnen-kontraktion) angeboren	bei der Geburt	Tiefe Beugesehne	Phalanx II, Phalanx III	Gips, Stützen, Chirurgie	mäßig bis gut
ernährungs-bedingt	Nahrung/Wachstumsrate	5 Monate; 18-22 Monate	die oberflächliche Beugesehne	Metakarpus III; Phalanx I; Vorderfußwurzel nur sekundär	Spezialdiät, Chirurgie	mäßig

Bis die wissenschaftliche Forschung die verschiedenen Ursachen und Behandlungsmöglichkeiten der Kontraktion nicht vollständig abgeklärt hat, wird dieser Zustand und seine Behandlung weiterhin kontrovers gesehen werden. Meines Erachtens wird dieser destruktive Vorgang mit Gewißheit fortbestehen, wenn wir nicht aufhören, mit Pferden zu züchten, die offensichtlich an Kontraktion leiden oder zur Kontraktion neigen und aufhören mit dem sinnlosen übermäßigen Füttern von Konzentraten, die das Superpferd hervorbringen sollen. Nur durch Einsicht kann man Herr über diese Plage werden.

Brüche (Hernien)

Brüche werden definiert als das Hervorquellen eines Organs oder Gewebes, durch eine abdominale Öffnung. Sie werden entweder durch äußere Einflüsse verursacht, oder haben eine große natürliche Öffnung in der Bauchwand als Ausgangspunkt. Das austretende Organ oder Gewebe ist normalerweise in dem intakten Peritoneum (Bauchfell) eingehüllt und mit Haut bedeckt.

Brüche bei Fohlen werden üblicherweise nicht bei der Geburt vorgefunden, sondern in den ersten 24 bis 48 Lebensstunden sichtbar. Nabel- und Hodenbrüche sind die häufigsten Brüche beim Fohlen und man nimmt an, daß sie erblich oder angeboren sind. Ein Großteil dieser kurz nach der Geburt festgestellten Defekte heilt in der Saugfohlenperiode von selbst aus, ohne behandelt zu werden.

Alle Brüche haben einen festen Ring abdominalen Gewebes (eine Bruchpforte) durch die die Eingeweide vorfallen. Dieser Ring befindet sich am Hals des Bruchsacks und hat gewöhnlich einen kleineren Umfang. Der Bruchsack wird vom Peritoneum gebildet, einer festen grauweiß glänzenden Membran, die die innere Bauchwand säumt und durch die austretenden Eingeweide durch den Bruchring gedrückt wird. Der Sack umhüllt den Inhalt des Bruchs vollständig und schützt ihn.

Alle Bruchsäcke, die mit Eingeweiden gefüllt sind, können eingeklemmt werden. Jede festgestellte Einklemmung ist lebensgefährlich und erfordert sofortige chirurgische Hilfe und Korrektur. Wenn sich der Inhalt des Bruchsacks verdreht, verfängt, oder zusammendrückt, engt der Ring das Gewebe ein und die Blutzirkulation wird beeinträchtigt. Sofort treten Schmerzen auf, das Gewebe schwillt an, die Einklemmung wird zum erschreckenden Ereignis.

Die Prognose hängt davon ab, wie lang die betroffenen Eingeweide sind, wie groß der Schaden ist, den die empfindliche Darmserosa durch das Trauma und die verminderte Blutzufuhr erlitten hat. Das entscheidende Kriterium ist die Zeitspanne zwischen dem Einsetzen der Symptome und dem chirurgischen Eingriff.

Eine Einklemmung kann jederzeit eintreten, ohne vorherige Anzeichen. Daher nehme ich jeden Bruch sehr ernst und bin erst beruhigt, wenn jeder Fall sachgerecht behoben ist. Wenn Sie einen Bruch feststellen, ist es anzuraten, daß Ihr Tierarzt die Bruchmasse begutachtet, um festzustellen, wie groß sie ist, ob eine Darmverschlingung vorliegt oder nicht und wie groß das Risiko ist. Durch geschicktes Abtasten kann man feststellen, ob es sich um eine reponierbare Hernie handelt oder ob sie irreponibel ist.

Ein reponierbarer Bruch (Hernie) läßt sich geschickt und vorsichtig mit der Hand wieder zurückführen. Er bildet weiterhin einen potentiellen Gefahrenherd, wenn er sich innen verdreht und plötzlich verklemmt. Ein irreponibler Bruch, der entweder durch das Entstehen von Verwachsungen oder eine verdrehte oder verklemmte Darmschlinge verursacht wird, erfordert einen sofortigen chirugischen Noteingriff. Die Chirurgie bietet die einzige Möglichkeit, das Entstehen einer Bauchfellentzündung zu verhindern, die immer tödlich ausgeht.

Ein Nabelbruch kommt bei Fohlen häufig vor und ist an einem kleinen vorragenden Sack erkennbar, der im Nabelbereich von der Bauchwand herabhängt. Er ist für jeden deutlich sichtbar.

Ein Hodenbruch andererseits ist unsichtbar und befindet sich hoch zwischen den Hinterbeinen und wird nicht so leicht bemerkt. Eine Darmschlinge schiebt sich durch den Leistenring am Hodenstrang entlang und verfängt sich am Hodensack. Zum Teil sind diese Brüche schon bei der Geburt vorhanden. Es gibt natürlich Fälle, in denen als Ergebnis einer gründlichen Untersuchung sofort eine chirurgische Korrektur vorgenommen werden muß, um einer Einklemmung und einem Krankwerden zuvorzukommen, aber allgemein hat sich bewährt, Ruhe zu bewahren und zuzuschauen, wie sich der Befund innerhalb von ein paar Tagen von selbst bessert, ohne daß menschliches Eingreifen notwendig wäre.

Die meisten bruchartigen Vorfälle im Bauchbereich - abgesehen von der Nabel- oder Hodengegend - sind traumatischen Ursprungs und sollten vom Tierarzt gründlich diagnostiziert und prognostiziert werden.

Die meisten Brüche bei Fohlen haben eine gute Prognose, wenn sie sachgerecht betreut werden. Eine rechtzeitige Korrektur, sofort nach Feststellen des Zustands und vor dem Eintreten von Komplikationen, ist der beste Weg. Lassen Sie jedoch niemanden außer einem dazu befähigten Chirurgen, eine Bruchoperation durchführen. Lassen Sie keine waghalsigen Korrekturmaßnahmen in Form von Pflastern, Mullbinden, Klammern, Bändern, Draht oder Bauchbinden u. a. zu. Diese zweifelhaften Vorkehrungen sind nicht nur unnütz, sie bedeuten zusätzlich eine echte Gefährdung des Lebens Ihres Fohlens.

Fehlerhafter Luftsack

Der Luftsack ist eine große Ausbuchtung in der Eustachischen Röhre, die das Mittelohr mit dem Schlund verbindet. An jeder Seite der Schlundwand befindet sich ein gelapptes Außenventil, das sich bei jedem Atemvorgang weit öffnet und so der Luft Zugang zur Eustachischen Röhre verschafft und zum Luftsack.

Die Funktion des Luftsacks ist nicht vollständig bekannt, man nimmt jedoch an, daß er für das Gleichgewicht und sogar das Hörvermögen Bedeutung hat.

Bei älteren Pferden infiziert und entzündet sich der Luftsack häufig und ist manchmal gefüllt mit Flüssigkeit, Eiter oder einfach nur Luft. Diesen Zustand nennt man Tympanie. Eine Pharyngitis (Entzündung im Schlund) oder Laryngi-

Angeborene, ererbte und entwicklungsbedingte Zustände

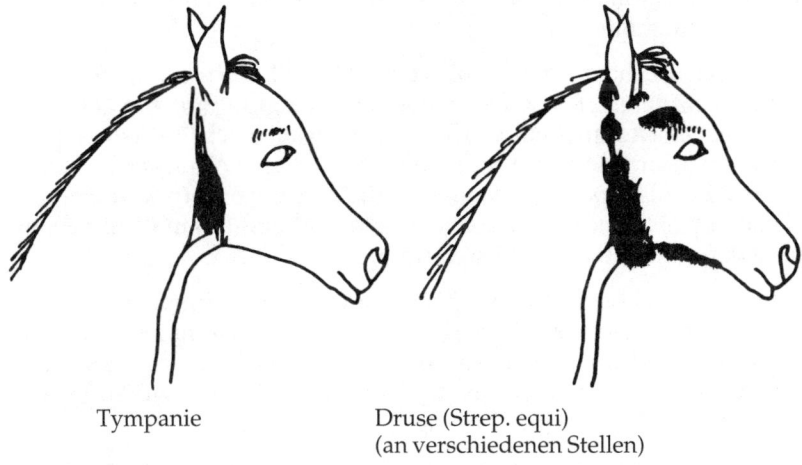

Tympanie   Druse (Strep. equi)
                (an verschiedenen Stellen)

tis (Kehlkopfentzündung) und alle anderen Infektionsformen bekommen leicht Zugang zum Luftsack und zwar durch die Öffnungen in den Seitenwänden des Schlunds.

Fohlen leiden selten unter aufsteigenden Infektionen der Luftsäcke, haben aber häufig eine Tympanie. In diesem Zusammenhang bedeutet Tympanie "mit Luft gefüllt" und bei Fohlen die daran leiden, sind eine oder beide Luftsäcke prall mit Luft gefüllt. Eine Tympanie des Luftsacks ist ein ererbter oder angeborener Zustand. Luft dringt unbemerkt durch einen schlecht funktionierenden Hautlappen aus weichem Gewebe an der Seitenwand des Schlunds, der die Eustachische Röhre abdeckt, hinein. Dieses Gewebe fungiert manchmal nur als Einweg-Ventil. Der Hautlappen läßt Luft in den Luftsack eindringen, die sich dann ausbreitet. Eine Infektion der Atemwege mit einer Pharyngitis, angestrengtes Husten und wahrscheinlich auch das angstvolle Schreien des Fohlens nach seiner Mutter, verursachen, daß Luft sich ansammelt, wenn eine entsprechende erbliche oder angeborene Veranlagung vorliegt.

Ich habe erlebt, daß junge Fohlen in einer Stress- oder Angstsituation plötzlich so stark mit Luft gefüllte Luftsäcke haben, daß ihre Gesichter und Hälse völlig verzerrt sind. Obwohl dieser Zustand nicht schmerzhaft ist, scheint er einigen jüngeren Fohlen deutlich Unbehagen zu verursachen. Die Fohlen, die ich behandelt habe, hatten keine Symptome, bis zu dem Zeitpunkt, wo Luft eindrang und sich ansammelte. Die plötzliche Entstehung einer Schwellung im Bereich der Ohrspeicheldrüse - die vom Ohransatz bis zum Unterkieferwinkel und unter die Mandibula reicht - erinnert stark an Druse.

Die Vermutung, daß es sich um Druse handeln könnte, stellt sich sofort als falsch heraus, wenn man die Schwellung berührt. Die tieferliegenden Strukturen sind weich und kühl und fühlen sich genau so an, wie ein kleiner Luftballon, der nur zum Teil aufgeblasen wurde. Die Fohlen sind nicht krank, haben keine erhöhte Temperatur und zeigen keinerlei Anzeichen von Unwohlsein; dies sind die Symptome der Tympanie.

Eine konservative Methode, die vorübergehend für Erleichterung sorgt, ist das Einführen eines winzigen Katheders in die schlitzartige Öffnung mit Hilfe eines Fiberglas-Spiegels, wodurch ein großer Strom verfangener Luft entweichen kann. Gleichzeitig verschwinden die äußeren Schwellungen. Wenn ein Fohlen jedoch immer wieder an Tympanie leidet, ist eine chirurgische Korrektur des Einweg-Ventil Hautlappens angezeigt. Sie ermöglicht, daß Luft frei in die Eustachische Röhre und den Luftsack ein- und ausdringt.

Eine meiner liebsten Geschichten handelt von dem ersten echten Tympanie-Fall den ich in meiner Praxis erlebte. Ich hatte als Studentin gelernt, daß man von einem Tierarzt erwartet, daß er einen professionellen Eindruck macht und unbedingt ruhig und reserviert zu sein habe und auf andere stark wirken müsse. Nun, an diesem Tag sollte ich meine Haltung völlig verlieren.

Die Besitzer waren stark beunruhigt, als sie bei ihrem Fohlen riesige Schwellungen unter den Ohren und um den Kehlenbereich entdeckten. Würde es ersticken oder sich erdrosseln? War das die Druse? Ich lief in den Stall und das Fohlen sprang schnell davon, keck wie immer. Als meine Hände schließlich die vergrößerten Stellen berührten, waren diese weich, kühl und schmerzfrei! Sie können sich meine großer Erleichterung vorstellen. Körpertemperatur, Atmung und Pulsschlag waren normal.

Das kleine Fohlen hatte Luftansammlungen in beiden Luftsäcken; es war nicht schwer an Druse erkrankt, der gefürchteten Infektion, die durch den Streptokokkus equi verursacht wird. Es war schlichtweg ein Fall von Tympanie, die nach ein paar Ruhetagen von selbst verschwand.

Wobbler

Wobbler (Ataxie der Pferde/Inkoordination der Pferde) tritt gewöhnlich bei jungen Pferden im Alter von 16 bis 28 Monaten auf. Wobbler wurde auch bei Fohlen diagnostiziert, allerdings nur selten; man spricht dann von einer Fohlenataxie. Die Erkrankung tritt plötzlich auf, oder nach und nach, und ist gekennzeichnet durch einen wackligen und in einigen Fällen unkontrollierten Gang der Hinterbeine, der unbeholfen wirkt.

Hat man einmal einen typischen Fall erlebt, ist es nicht schwer, den losen, freischwingenden, schwankenden Gang einzuordnen. Betroffene Pferde machen einen entspannten, ja sogar ungehemmten Eindruck, ihre Bewegungen gleichen denen eines Betrunkenen.

Wobbler, das meist junge, schnellwüchsige Pferde und öfter Hengst- als Stutfohlen befällt, ist bei Pferden eine verhängnisvolle Erkrankung. Sie ist im frühen Entwicklungsstadium und bei Tieren die weniger stark betroffen sind, schwer zu erkennen. Die Fohlenataxie ist jedoch eine fortschreitende Erkrankung und die Symptome werden bald deutlich und nehmen zu. Zuerst werden die Hinterbeine betroffen. Sie schwingen nach außen in einer charakteristischen taumelnden

Manier und spiegeln deutlich das klinische Bild des Wortes Wobbler (Wackeln) wider. Diese Erkrankung ist trotz all ihrer Abruptheit in Wirklichkeit schleichend, entwickelt sich langsam und bricht dann ohne Vorwarnung aus.

Neuerdings ist man der Meinung, daß die Ursache von Wobbler eine Kompression des Rückenmarks durch die knochige Wirbelsäule ist. Verletzungen entstehen im Bereich der Halswirbelsäule und zwar gewöhnlich zwischen dem 3. und 6. Halswirbel. Das weiche und empfindliche Rückenmark, voller Nervenstränge, wird durch die harten knochigen Wirbel verletzt, die es normalerweise umgeben und schützen. Aufgrund unbekannter Ursachen, Trauma, Ernährung oder Vererbung, verschieben sich die Wirbel, oder aber der Kanal durch den das Rückenmark geht, ist nicht groß genug; vielleicht sind auch wachstumsbedingte Veränderungen dafür verantwortlich, daß es zu einer Kompression des Rückenmarks kommt. Nervenfasern oder Stränge werden buchstäblich eingeklemmt oder zusammengedrückt, worauf das Gewebe anschließend mit einer Entzündung reagiert, die zur Nekrose (Zelltod) führen kann. Nervenstränge sterben ab und folglich erreichen die Nervenimpulse bestimmte Bereiche nicht mehr. Die Nervenimpulse zu den Extremitäten, vor allem den Hinterbeinen sind zusammengedrückt, was stellenweise zur Ataxie führt (Verlust der Bein- und Körperkontrolle) und zur Parese (teilweise Lähmung) - und den wackelnden Gang erklärt.

Weitere vermutete Ursachen sind: Osteoarthritische Veränderungen an den Wirbelkörpern im Bereich der Halswirbelsäule; Subluxation fehlerhafter artikularer Prozesse der Halswirbel und innen wandernde Parasitenlarven. Im letzteren Fall entweicht ein innerer Parasit, ein gastrointestinaler Fadenwurm, seinem gewohnten Gewebe im Körper und schlüpft unbemerkt in das zerebrospinale Gewebe, was eine entzündliche Reaktion hervorruft.

Eine Fremdkörperreaktion entsteht und degenerative Veränderungen setzen ein. Ich bin davon überzeugt, daß Parasiten essentiell für Wobbler verantwortlich sind, und zwar in weitaus größerem Maße als allgemein vermutet oder akzeptiert wird.

Es wurden schon viele Ursachen der Hinterhand-Ataxie diskutiert. Zu den gängigen Theorien gehört die erbliche oder angeborene Genese, sowie traumatischer Stress im Halsbereich durch grobe Behandlung oder Bestrafung, vor allem bei langhalsigen Pferden, die natürlich weitaus stärker gefährdet sind. Zur Zeit gibt es keine Behandlungsmöglichkeit.

Den Verlauf der Krankheit vorauszusagen ist leicht, aber das Eintreten fortschreitender, irreversibler Veränderungen vorauszusehen, dagegen schwierig. Manchmal ist der Verlauf rapide und die Tiere kommen innerhalb von Tagen zum Liegen, während andere wochenlang im Auslauf herumstolpern, bevor fortgeschrittene Symptome das Einschläfern erforderlich machen. Die Verschlechterungsrate hängt von der Schwere der Erkrankung und der, von der Kompression und Degeneration betroffenen Stelle, ab.

Ich denke, in diesem Zusammenhang sollte eine neue Form der Ataxie erwähnt werden, die mit dem Verabreichen gewisser Virus-Vakzinen in Verbindung gebracht wird und bei jungen Pferden auftritt. Viele der befallenen Pferde bekommen plötzlich einen unsicheren Gang, können ihren Körper und ihre Beine nicht mehr kontrollieren, schlurfen zeitweilig mit den Hufen über den Boden und schwanken. Sie machen einen schmerzfreien Eindruck und gleichen darin den echten Wobblern. Die Symptome sind eindeutig, doch die Ursache liegt im Dunklen, die einzige vermutete Ursache ist die Verwendung einer lebenden Virus-Vakzine und eventuell die Kombination verschiedener Vakzinen zu einer gemeinsamen Dosis. Auf dem Feld der Virus-Vakzinen bei Pferden ist ein großer, dringlicher Forschungsbedarf gegeben.

Ältere Pferde machen verschiedene Ataxiegrade in ganz anderer Form durch, als der klassische Wobbler. Die Krankheit geht gewöhnlich nicht tödlich aus; die Pferde bilden eine geringgradige Ataxie aus, gewöhnen sich daran und leben noch längere Zeit. Abweichungen im Gang, begleitet von deutlichem Schwanken sind dabei üblich. Einige Pferde funktionieren mit Einschränkungen weiter, andere sind nicht mehr gebrauchsfähig. Degenerative Veränderungen bilden sich in verschiedenen Bereichen des Rückenmarks, wobei die am schwersten betroffene Gegend der Lendenbereich der Wirbelsäule ist. Diese chronischen, irreversiblen Veränderungen und ihre Auswirkungen spiegeln sich klinisch wieder. Der Krankheitsverlauf unterscheidet sich von der klassischen Ataxie der jungen Pferde darin, daß er häufig zum Stillstand zu kommen scheint. Ich habe mehrere alte Jagdpferde behandelt, die einen schlaksigen unsicheren Gang hatten und noch jahrelang eingesetzt werden konnten, wenn auch nicht mehr ganz uneingeschränkt. Andererseits habe ich alte Zuchtstuten erlebt, die ständig schwankten und stolperten und dabei Jahr für Jahr ein gesundes Fohlen zur Welt brachten.

Manchmal bemerke ich, wenn ich ein mir unbekanntes Pferd untersuche und Herz und Lunge abhöre, ein kaum merkliches Schwanken des Körpers. Diese Bewegung, begleitet von einem unablässigen Umstellen aller vier Beine , ist ein Anzeichen, das keinesfalls übersehen werden sollte. Veranlaßt man diese Pferde, sich frei zu bewegen, um einen Gesundheits-Check vorzunehmen, weisen sie ausnahmslos einen gewissen Grad an Ataxie auf.

Unglücklicherweise handelt es sich hierbei um einen Gebrauchsmangel.

Zur Zeit laufen intensive Forschungsprojekte, einschließlich der experimentellen Chirurgie, auf der Suche nach einer Behandlungsmöglichkeit dieses fatalen Befundes der jungen Pferde. Ich habe festgestellt, und dies bestätigt sich immer wieder, daß in bestimmten Blutlinien Wobbler vermehrt auftreten, so daß sich Erbeinflüße als verursachende Faktoren nicht ausschließen lassen.

Hodenhochstand

Bei einer Hodenfixation, oder dem Kryptorchismus, handelt es sich um das Unvermögen beider Hoden, zum vermeintlich richtigen Zeitpunkt in den sich außen befindenden Hodensack herabzusteigen, ein Ort, der für optimale Fruchtbarkeit sorgt. Sind beide Hoden fixiert, ist das Tier unfruchtbar und obwohl es wie ein Wallach aussieht, verhält es sich nicht wie ein solcher, vor allem nicht in Gegenwart anderer Pferde.

Angeborene, ererbte und entwicklungsbedingte Zustände 131

Steigt nur ein Hoden herab, nennt man diesen Zustand Monorchidie. Der fixierte Hoden kann sich an verschiedenen Stellen befinden, tief in der Bauchhöhle, soeben im inneren Leistenring; oder tiefer im Leistenkanal bis an den externen Ring heranreichen. Ganz gleich, an welcher Stelle er sich befindet, ein fixierter Hoden ist immer in seiner Entwicklung gestört, etwas kleiner, weicher, sichtbar unvollständig und nicht funktionsfähig vergleicht man ihn mit einem normal herabgestiegenen, funktionalen Hoden. Das Pferd mit nur einem herabgestiegenen Hoden ist voll fruchtbar und produziert - wenn man es läßt - logischerweise monorchide Fohlen.

Dieser Erb- oder angeborene Defekt ist keine Seltenheit und wird oft von Tierärzten festgestellt, wenn die Zeit der Kastration beginnt.

Ich sehe viele neugeborene Hengstfohlen, bei denen beide Hoden vorschriftsmäßig in den Hodensack hinabgestiegen sind. Das Hinabsteigen geschieht im letzten Drittel der Tragezeit während der Fötalentwicklung. Ein paar Tage nach der Geburt verschwinden die Hoden wieder in der Bauchhöhle, um zu wachsen, sich zu entwickeln und in der wärmeren Temperatur heranzureifen. Die Hoden der meisten Hengstfohlen sind dauerhaft hinabgestiegen, bis diese Jährlinge sind; bei einigen dauert es allerdings bis zum 2. Jahr, bis beide Hoden für immer in den Hodensack hinabgestiegen sind.

Bei einem herausragenden Junghengst, mit Schau- oder Zuchtpotential, sind gute Ernährung und viel Bewegung ausschlaggebend. Der Besitzer muß eine Heidengeduld haben, während er nervös darauf wartet, daß der, oder die Hoden zum Vorschein kommen. Andernfalls ist eine umgehende und vollständige Kastration die beste Lösung. Einige dieser Tiere, vor allem diejenigen die trainiert werden, leiden still. Ein Hengst mit teilweise fixiertem oder tief fixiertem Hoden wird oft als "hochgezogen" oder "aufgeschürzt" bezeichnet. Dieser Zustand ist zuweilen die verborgene Ursache für viele undeutbare Hinterhand- oder Gangprobleme, Leistungsunwilligkeit und sogar direktes Wundsein.

Nach dem chirurgischen Eingriff, erweisen sich diese Pferde häufig als brauchbar.

Obwohl eine Fixierung der Hoden in der Bauchhöhle erblich bedingt ist, sollte auch die Temperatur berücksichtigt werden, der die unreifen Hoden in der Bauchhöhle, verglichen mit der beträchtlich kühleren Temperatur im Skrotum (Hodensack), ausgesetzt sind. Jede zeitliche Verzögerung, die die Hoden länger in der Bauchhöhle hält, oder jedes verspätete Ankommen im Skrotum, ihrem normalen Aufenthaltsort, kann tatsächlich für einen Entwicklungsstop der Hoden verantwortlich sein.

Hochsitzende Hoden können keine Spermatozoen produzieren, sind aber in der Lage das Hormon Testosteron herzustellen, das für die sexuelle Aggressivität (Libido) verantwortlich ist. Bisweilen können oben gebliebene Hoden übermäßige Mengen männlicher Hormone ausschütten und Nervosität, Reizbarkeit und gesteigerte Libido hervorgerufen wobei der Umgang mit diesen Pferden eine heikle und gefährliche Angelegenheit wird. Nicht selten kommt es zu einem unberechenbaren Verhalten, unangemessener Aggressivität, ja sogar Bösartigkeit bei Pferden mit einer Fixation der Hoden in der Bauchhöhle.

Behandlungsversuche haben sich allgemein als unwirksam herausgestellt. Eine Hormontherapie ist wenig oder gar nicht erfolgversprechend. Die Verwendung einer Hodenprothese aus kosmetischen Gründen ist unsportlich, geschmacklos und jedem Zuchtfortschritt unzuträglich. Eine umgehende Kastration ist die einzige vertretbare und befriedigende Behandlungsweise.

In meiner Praxis sah ich Fälle unverantwortlichen und unklugen Vorgehens bei Tieren mit genetisch bedingten Fortpflanzungsdefekten. Viele Pferde, die äußerlich wie ein Wallach aussehen, werden Tierärzten überstellt, wegen ihres aggressiven oder seltsamen Verhaltens. Bei einer Untersuchung zeigt sich, daß diese "Wallache" noch einen zurückgebliebenen Hoden haben, der unverantwortlicherweise unbeachtet blieb, als bei einer achtlosen Kastration nur der sichtbare und leicht erreichbare Hoden entfernt wurde. Dies ist eine Schande!

Einen kryptorchiden oder monorchiden Hengst zu diagnostizieren ist relativ einfach, schon wegen dem sichtbaren Fehlen des Hodens; oder durch Abtasten des Skrotums und des Leistenkanals. Ganz anders sieht die Lage jedoch aus, wenn bei einem "fragwürdigen Wallach" eine genaue Diagnose erstellt werden soll. Durch ihr unerwünschtes Verhalten fallen diese "Wallache" ihren neuen Besitzern unangenehm auf und erregen Verdacht. Diese Besitzer haben dann die Ausgaben einer Bauchoperation zu tragen, oder müßen mit einem gefährlichen und wenig umgänglichen Wallach vorlieb nehmen.

Zunächst ist herauszufinden, warum der Wallach sich so verhält. Sind seine Probleme auf einen Hodendefekt zurückzuführen; hat er eine Unart an sich, Disziplinprobleme, oder handelt es sich ganz einfach um ein Pferd mit einem schlechten Temperament? Wenn ich den möglicherweise falschen oder unvollständigen Wallach untersuche, stelle ich zunächst einmal fest, ob nicht doch ein Hoden da ist, und wenn ja, finde ich heraus, wo genau er sich befindet, seine Größe, Form und Konsistenz. Die vier Schritte zur definitiven Diagnose sind:

1. Durchführung einer gründlichen Untersuchung, einschließlich der Suche nach Anzeichen für früher erfolgte Hautschnitte über der Skrotumgegend.

2. Abtasten der Leistengegend, einschließlich des äußeren Rings, des Leistenkanals, und des inneren Leistenrings.

3. Rektale Untersuchung und abdominale Untersuchung. Jetzt kann mit Geschick nicht nur die Lage, sondern auch die Größe, Form und Konsistenz des Hodens bestimmt werden, was zur Feststellung des optimalen Vorgehens und chirurgischen Eingreifens beiträgt.

4. Bleiben noch Fragen offen, weil das Abtasten ergebnislos blieb, wegen der Widerspenstigkeit des Pferdes während der physischen Untersuchung, kann man auf einen Labortest zurückgreifen. Ein positives Ergebnis, das das Vorhandensein von testikularem Gewebe anzeigt, begründet sich auf einem dramatischen Anstieg des Testosterons als Reaktion auf eine intravenöse Injektion menschlicher gonadotroper Chorionhormone. Ihr Tierarzt spritzt 10.000 I.U. gonadotro-

pes Chorionhormon i. v., wartet anschließend 15-20 Minuten, bevor er Blut abnimmt und es im Labor auf seinen Testosterongehalt analysieren läßt.

Obwohl ich mich bisher immer auf die rektale Untersuchung zur Klärung der Diagnose verlassen habe, ist es beruhigend zu wissen, daß diese Laboruntersuchungen zur Verfügung steht.

Die Kastration ist notwendig, um diese Pferde in sichere, verläßliche und brauchbare Wallache zu verwandeln. Sicherheit ist für alle Betroffenen ein wichtiger Faktor, aber ganz besonders wichtig ist, daß ein Hengst mit einem genitalen Defekt daran gehindert wird, sich fortzupflanzen und diesen Defekt weiterzugeben.

Gelbsucht

Gelbsucht (isohämolytischer Ikterus) oder Neugeborenen-Hämolyse ist eine blutzersetzende Anämie neugeborener Fohlen, die auf das mütterliche Produzieren von Antikörpern während der Trächtigkeit zurückgeführt wird, das sich gegen die roten Blutkörperchen des eigenen Fötus richtet. Die Blutgruppe des Fohlens ist inkompatibel mit der mütterlichen Blutgruppe und in einigen Fällen wirkt das Fohlen wie ein Fremdkörper in seiner eigenen Mutter. Eine seltsame Verwirrung der sonst so effizienten Natur! Bekommt der Fötus die Blutgruppe seiner Mutter mit, ist alles in Ordnung. Erbt er die inkompatible Blutgruppe des Vaters, wird der Fötus seiner eigenen Mutter automatisch fremd. Als Folge davon lösen die roten Blutkörperchen des Fohlens bei der Stute die Produktion von Antikörpern in ihrem eigenen Blutserum aus, die speziell dazu bestimmt sind, die roten Blutkörperchen ihres Fohlens zu zerstören!

Dieser Zustand, der lebensgefährlich werden kann, entspricht der Problematik des Rhesus-Faktors bei menschlichen Schwangerschaften. Trotz der bestehenden Parallelen, unterscheidet sich der Zustand beim Pferd dadurch, daß er unbemerkt und schleichend während der Trächtigkeit entsteht, um mit dem Herunterschlucken der ersten Muttermilch, direkt nach der Geburt, auszubrechen.

Trinkt das Fohlen weiterhin die "giftige Milch", die seine Mutter produziert, wird es plötzlich schwach und liegt im Stroh, ohne aufstehen zu können. Bei beschleunigter Atmung und rasendem Puls, blassen oder gelblichen (ikterischen) Maulschleimhäuten sowie Untertemperatur, verschlechtert sich der Zustand rapide, wenn das Fohlen nicht behandelt wird und der Tod tritt in einem bis drei Tagen ein. Gelbliche (gelbsüchtige) Membranen zeigen das Absterben und die Zerstörung der roten Blutkörperchen (Erythrozyten) an und den Hämoglobingehalt. Daher der Name Neugeborenenisoerythrolyse.

Glücklicherweise passiert noch nichts während der Entwicklung im Mutterleib, da kein transplazentaler Austausch in der Stute stattfindet und so kommt, wenn nicht andere Probleme auftauchen, ein normales, gesundes Fohlen auf die Welt.

Viele dieser Stuten sind während der Trächtigkeit gesund und munter, ohne jeden Hinweis auf den unsichtbaren Befund. Bei jungen Stuten, bei denen zum ersten Mal eine Blutunverträglichkeit vorliegt und die noch kein gelbsüchtiges Fohlen zur Welt gebracht haben, ist dieser Zustand besonders heimtückisch. Da jede Vorwarnung fehlt, ist das erste gelbsüchtige Fohlen einer Stute oft verloren!

Im Widerspruch zu dem, was wir über die äußerst selektive Plazentabarriere wissen, sind bei einigen Stuten vage klinische Anzeichen zu erkennen und sie bringen dann ein totes oder sehr schwaches Fohlen zur Welt, bzw. es kommt zu einem Abort. In der fortgeschrittenen Trächtigkeit treten einige unklare Symptome auf, wie ein zunehmend schleppender Gang, eine soeben wahrnehmbare gelbliche Tönung der Schleimhäute (Augen-, Maul- und Vaginalschleimhaut) sowie wechselnde ödematöse Stellen am ganzen Körper. Als Gesamtheit betrachtet, reflektieren diese Anzeichen den dynamischen inneren Konflikt, der stattfindet.

Ich vertrete die Ansicht, daß jedes Fohlen direkt nach der Geburt einem schnellen Testverfahren unterzogen werden sollte, um auszuschließen, daß seine Mutter isoimmunisiert ist. Da diese Störung den Verlust des Fohlens bedeuten kann, haben Tierärzte, deren Fachgebiet die Geburtshilfe bei Pferden ist, einen schnellen, einfach auszuführenden Test entwickelt, der an Ort und Stelle durchgeführt wird. Ein Tropfen Blut, den man auffängt, wenn die Nabelschnur reißt und ein Tropfen Kolostrum aus dem Euter der Stute werden vermischt und auf eine saubere gläserne Fläche aufgebracht. Nach einer kurzen Wartezeit wird die Mischung auf das grobe Zusammenklumpen von roten Blutkörperchen hin untersucht, das einen positiven Befund anzeigt. Findet man eine rosafarbene homogene Flüssigkeit vor, ist der Befund negativ. Dieser Test ist sehr simpel, aber sehr praktisch. Sollten sich Unklarheiten bei der Bewertung des Test ergeben, sollte schleunigst eine Probe Fohlenblut und Stutenmilch zur Analyse ins Labor gegeben werden.

Die Überlebenschancen des Fohlens verbessern sich, wenn ein erfahrener Tierarzt früh die Diagnose stellt und sofort die erforderlichen Schritte einleitet. Läßt man das Fohlen die Milch voller feindlicher Antikörper trinken, weisen die Blutwerte des Fohlens nach kürzester Zeit eine schwere Anämie auf, mit nur 50% des normalen vitalen Volumens. Die Anzahl der roten Blutkörperchen bei diesem kranken Fohlen beschränkt sich auf 3 bis 5 Millionen pro Kubikmillimeter; normal sind 10 bis 12 Millionen.

Bluttransfusionen sind lebensrettend, wenn sie sofort und sachgerecht durchgeführt werden. Sorgfalt und Genauigkeit beim Feststellen der richtigen Blutgruppe ist das A und O dabei. Dies ist zwar zeitraubend, aber zwingend, denn wenn das Blut nicht kompatibel ist, kann die Transfusion selbst den Tod des Fohlens herbeiführen. Keinesfalls darf das Blut der Stute für die Transfusion genommen werden, denn sie ist die Ursache des Übels und ihr Serum strotzt nur so von Antikörpern, die für das Fohlen tödlich sind. Wählen Sie mehrere mögliche Spender aus und überprüfen Sie jeden solange, bis Sie, oder das Labor, die Kompatibilität bestätigt sehen.

Man kann diese Erkrankung nicht verhindern. Bevor Sie Ihre Stute zum Decken anmelden, überprüfen Sie die Blutverträglichkeit zwischen Ihrer Stute und dem potentiellen Deckhengst. Alles was Sie dazu tun müssen, ist eine Blutprobe von jedem der beiden an ein verläßlich arbeitendes Labor zu schicken. Ist der Befund negativ, so melden Sie Ihre Stute an! Das Verfahren zur Feststellung der Blutzugehörigkeit ist im Verlauf der Jahre stark verbessert worden und als direkte Folge davon sind die Fälle von Neugeborenen-Isoerythrolyse zurückgegangen.

Wenn Ihr Tierarzt schon während der Trächtigkeit vermutet, daß dieses Problem entstehen könnte, sollte man von der Stute und dem Vatertier Blutproben nehmen. Durch Blutuntersuchungen im letzten Teil der Trächtigkeit kann im Labor eine Agglutination zwischen dem Blutserum der Stute und den roten Blutkörperchen des Hengstes nachgewiesen werden. Sind die Ergebnisse positiv, sind zusätzliche Blutproben, die kurz vor dem Geburtstermin gewonnen werden, ausschlaggebend dafür, daß Ihr Tierarzt einen lebensrettenden Zeitvorsprung hat. Wenn das Fohlen da ist, können sofort Blutbilder angefertigt, Bluttransfusionen verabreicht und eine unterstützende Therapie in Angriff genommen werden und man kann mit Hilfe moderner medizinischer Kenntnisse dem Verhängnis zuvorkommen.

Wenn Ihr Tierarzt bei der Geburt vermutet, daß Isoerythrolyse vorliegt, warten Sie nicht, bis die Laborergebnisse dies bestätigen, handeln Sie! Stute und Fohlen sollten zusammenbleiben, doch darf das Fohlen das Euter der Stute auf keinen Fall berühren. Eine Abtrennung in angemessener Höhe sollte im Stall errichtet werden, die es der Stute ermöglicht, das Fohlen zu sehen, zu hören und zu berühren, die das Fohlen aber daran hindert, die destruktive Milch seiner Mutter zu trinken.

Eine andere Möglichkeit ist, dem Fohlen einen Maulkorb anzulegen, aber ich glaube, daß die Gefahren, die damit verbunden sind, größer sind, als die Vorteile. Ständiges Beobachten und Beachten der kleinsten Veränderungen ist während dieser kritischen Zeit von etwa 3 Tagen notwendig.

Die Stute sollte stündlich mit der Hand gemolken werden, um das unerwünschte Kolostrum zu entfernen, eine regelmäßige Milchbildung zu stimulieren und eine Mastitis (Euterentzündung) zu vermeiden.

Obwohl es für ihr eigenes Fohlen Gift ist, sollte das Kolostrum eingefroren werden um es für ein anderes Fohlen, das es benötigt, aufzubewahren, z. B. ein Fohlen ohne Mutter, ein nichtangenommenes Fohlen, oder ein Fohlen, daß wie ihr eigenes zwar Milch zur Verfügung hat, diese aber nicht vertragen kann.

Das Fohlen muß rund um die Uhr stündlich gefüttert werden, genauso wie die Stute jede Stunde gemolken werden muß. Im Idealfall liefert Kolostrum von einer anderen Stute, das tiefgefroren und aufbewahrt wurde, alle lebenswichtigen Inhalts- und Schutzstoffe, die das Neugeborene benötigt. Ein schneller Milch/Blut-Verträglichkeitstest sollte sicherstellen, daß das Präparat geeignet ist, bevor man das Fohlen auch nur die geringste Menge trinken läßt. Die zweitbeste Möglichkeit ist die Verwendung eines handelsüblichen Präparats, das den Inhaltsstoffen der Muttermilch in seiner Zusammensetzung nahe kommt, das Foal-

Lac, ein "Borden" Produkt (Muttermilchersatz auf dem amerikanischen Markt). Für das Kolostrum gibt es keinen Ersatz.

Vor Jahren gaben die Pferdeleute solchen Fohlen eine Rezeptur aus entrahmter Kuhmilch, wassergelöstem Kalk, Magensiummilch und Karo-Sirup (süßer Kornsirup auf dem amerikanischen Markt). Dieses Gemisch führte mit Regelmäßigkeit zu Durchfällen. Wurde es über einen längeren Zeitraum verabreicht, war ein unterentwickelter Kümmerer das Resultat. Zum Glück haben wir heute brauchbare Ersatzpräparate, die auf einer wissenschaftlichen Analyse basieren, zur Verfügung, die der Muttermilch nahe kommen und den Nahrungsbedarf des Fohlens decken. Stutenmilch ist üblicherweise arm an Fett, reich an Protein, hat einen hohen Laktoseanteil und ist eine süße, klebrige Flüssigkeit. Kuhmilch hat bekanntlicherweise einen hohen Fettgehalt, menschliche Milch enthält wenig Protein.

Eine Stute kann etwa 72 bis 78 Stunden lang Kolostrum produzieren, folglich muß sie so lange gemolken und das Fohlen mit der Flasche gefüttert werden, wie das an Antikörpern reiche Kolostrum produziert wird. Bevor man das Fohlen zum ersten Mal saugen läßt, muß unbedingt durch eine Laboruntersuchung bestätigt sein, daß keine Antikörper mehr vorhanden sind.

Wenn schnell entschieden gehandelt wird, überleben nach meiner Erfahrung gelbsüchtige Fohlen die anfängliche Belastung und wachsen zu völlig normalen Pferden heran.

Immunschwache Fohlen

Obwohl dieser verhängnisvolle Befund zahlenmäßig zunimmt, neige ich eher zu der Ansicht, daß es ihn immer schon gegeben hat. Vielleicht wird dieses leidige Problem aufgrund der modernen diagnostischen Blutuntersuchungen nur besser erkannt.

Ein erfolgreicher Transfer von Immunkörpern ist von mehreren kritischen und empfindlichen Faktoren abhängig. Ich bin der Ansicht, daß das "Timing" zwischen Scheitern und erfolgreichem Antikörper-Transfer entscheidet, gleich, ob es sich um einen Mangel, eine Schwäche oder einen Totalausfall handelt.

Vielleicht bildet die Stute während der Trächtigkeit keine Antikörper; dies bedeutet ein Kolostrum ohne Immunkörpergehalt. Dem Kolostrum dieser Stute fehlt dann der IgG und IgM Globulingehalt des normalen Stutenkolostrums. Andererseits kann der natürliche Globulingehalt des Kolostrums durch ein "laufendes" Euter beträchtlich reduziert werden, das man meistens bei Stuten antrifft, die sehr lange übertragen oder aus irgendwelchen Gründen eine verzögerte Geburt durchgemacht haben. Ein "laufendes" Euter, bzw. das Verlieren des Kolostrums ist leicht an einer dicken klebrigen Substanz zu erkennen, die die Hinterbeine und Hufe der Stute bedeckt.

Forschungsberichte haben den hohen Gehalt an präformierten oder passiven Antikörpern (IgG und IgM) im frühen Kolostrum bestätigt und auch das dramatische Absinken des Globulinspiegels nach 18-stündiger Laktation dokumentiert;

es ist bedrückend, mitansehen zu müssen, wie eine Stute fortlaufend ihr erstes Kolostrum verliert, das derartig hohe Immunglobulinkonzentrationen enthält.

Seit kurzem steht ein Testverfahren zur Verfügung, das das Vorhandensein bzw. den Grad der Antikörperbildung im Kolostrum bestimmt. Solange dieser bisher unerprobte Test, Kolostrometer genannt, keine genauen, brauchbaren Informationen liefert, müssen wir weiterhin davon ausgehen, daß alles in Ordnung ist, und daß die erste Milch der Stute dem Fohlen einen hohen präformierten Schutz bietet.

Ein anderes Problem beim Antikörpertransfer entsteht, wenn ein bereits geschwächtes oder krankes Fohlen keine ausreichenden Mengen an frühem Kolostrum zu sich nimmt. Im Fall von unterentwickelten Fohlen, können Saugschwächen, Zusatzfütterung und medikamentöse Behandlung die angemessene Aufnahme in den kritischen ersten 18 Stunden beeinträchtigen.

Das "Timing" entscheidet, nicht nur was die Lebensfähigkeit des Kolostrums betrifft, sondern auch die Fähigkeit des Fohlens, die großen Globuline zu absorbieren; folglich handelt es sich um einen in zweifacher Hinsicht heiklen Zeitabschnitt.

Bei weitem die meisten Fehlschläge beim passiven Immunkörpertransfer finden im Dünndarm des Fohlens statt, nachdem es die erste Milch eingenommen hat. Wissenschaftler behaupten, daß der Dünndarm bei den betroffenen Fohlen eine erbliche oder angeborene Funktionsstörung aufweist.

Normalerweise absorbiert das Duodenum des Fohlens über kurze Zeit die großen molekularen IgG und IgM Globuline und ermöglicht ihre Passage in den Kreislauf des Fohlens. Die Unfähigkeit der Darmwand diese großen molekularen Globuline richtig zu absorbieren, und/oder das frühe Sichverschließen der Darmwand gegen diese, sind zwei wesentliche Ursachen für eine völlige Schutzlosigkeit des Fohlens; Stress, Infektionen und Krankheitserregern gegenüber.

Um die Entstehung einer Immunschwäche zu verhindern und adäquate mütterliche Antikörper-Spiegel zu gewährleisten, gibt es einige Maßnahmen, bevor die Stute fohlt.

In einer fortschrittlichen Zuchtstätte sind gute Ernährung, reichliche, tägliche Bewegung und eine saubere, hygienische Umgebung eine Selbstverständlichkeit. Dies sollte mit einer wirksamen Parasiten-Kontrolle und Routine-Impfungen kombiniert werden. Lassen Sie sich von Ihren Tierärzten ein medizinisches Betreuungsprogramm vorschlagen, das auf Ihre speziellen Verhältnisse und örtlichen Gegebenheiten zugeschnitten ist.

Selbst wenn die Stute während der Trächtigkeit alle notwendigen Impfungen zur rechten Zeit erhalten hat, schlage ich vor, einen Monat vor dem Geburtstermin erneut zu impfen.

Dies wirkt wie eine Boosterdosis und erhöht die spezifischen Kolostrum-Antikörper bevor die Stute Milch bildet, die dann vom Fohlen getrunken wird. Tetanus-Toxoid, Rhinopneumonitis-, und Influenza-A-equil und A-equil II - Vakzinen sind diejenigen, die am häufigsten verabreicht werden. Besteht auf einer Farm ein besonderes Problem, sollten auch andere in Frage kommen, wie Salmonellen-, EEV-, Druse- oder Botulinus-Schutzimpfungen.

Eine zweite Vorsorgemaßnahme ergibt sich hieraus: Vergewissern Sie sich, daß das Fohlen unbedingt und auf jeden Fall in den ersten 18 Lebensstunden ein Minimum von 500 cc Kolostrum bekommt.

Wurde die Geburt eingeleitet, haben die Fohlen immer einen niedrigen Globulin-Gehalt im Blutserum- und im allgemeinen gehen diese Fohlen zugrunde. Ich habe mich immer energisch gegen eine Einleitung der Geburt ausgesprochen, außer es lagen dringliche, rein medizinische Gründe vor.

Ein Immundefizit bei Fohlen läßt sich in den ersten vier bis sechs Stunden nach der Aufnahme der ersten Milch am besten diagnostizieren. Es gibt zwei diagnostische Serum-Testverfahren, einmal den Zink-Trübungstest und den Foalchek. Bei beiden wird das Serum des Fohlens verwendet, und beide können im Heimatstall durchgeführt werden. Beide sind genau, zweckdienlich und im Handel erhältlich. Es gehört sich für jeden praktischen Tierarzt für Pferde diese Tests jederzeit zur Verfügung zu halten. Mit ihrer Hilfe kann die Immunkörperausstattung des Fohlens schnell festgestellt werden, was sehr beruhigend ist, bzw. es kann bei Bedarf blitzschnell mit den erforderlichen Maßnahmen für eine Heilbehandlung begonnen werden. Ganz gleich, ob das Resultat positiv oder negativ ausfällt, im Fall eines schwachen oder fraglichen Fohlens empfehle ich, den Test alle 12 Stunden zu wiederholen, solange bis die allgemeine Verfassung des Fohlens zufriedenstellend ist.

Es ist klug, jetzt, wenn nicht schon vorher erfolgt, Blut abzunehmen und ein vollständiges Blutbild machen zu lassen, mit der dazugehörigen Laboranalyse. Bei immunschwachen Fohlen befindet sich die Anzahl der roten Blutkörperchen im Normbereich, ebenso der Hämoglobingehalt, während die Lymphozyten verringert sind (Lymphopenie). Normalerweise zählen die weißen Blutkörperchen etwa 8000/mm2 bei dieser Erkrankung ist der Spiegel sehr viel niedriger und schwankt zwischen 2000 und 4000. Dieses erschreckende Blutbild ist in Verbindung mit den Blutserumuntersuchungen ein fast eindeutiger Beweis für eine mangelhafte Immunkörperreaktion.

Es sollte sofort und nachdrücklich behandelt werden. Ich habe selten ein Fohlen behandelt, das ausschließlich an einem Immunproblem litt. Alle Fälle, an die ich mich erinnere, waren gleichzeitig an einer Sepsis erkrankt, so gehörten immer auch Antibiotika, Flüssigkeits- und Elektrolyteersatz zur Behandlung; neben einer speziellen Behandlung des Immundefekts.

Die Behandlung der Wahl besteht in einer Serum-Transfusion, die im Idealfall von einem gesunden, erwachsenen Pferd stammt, das man kennt. Ganze Bluttransfusionen sind in diesem Zusammenhang unnötig und zu vermeiden. Handelsübliches Plasma, das speziell aufbereitet und tiefgefroren ist, erleichtert das Verfahren, birgt aber immer ein gewisses Risiko der Proteinreaktionen. Serum andererseits, ist frei von unerwünschten Nebeneffekten und buchstäblich geladen mit schützenden Antikörpern, die das kranke Fohlen so dringend benötigt.

Gewöhnlich genügen 700 bis 800 cc Blut, um 300 bis 400 cc Serum zu gewinnen.

Das Blut ist von einer erfahrenen Person steril abzunehmen, anschließend sachgemäß zu verschließen und gekühlt aufzubewahren, bis im oberen Teil des Gläschens ein strohfarbenes Serum sichtbar ist. Das Abnehmen des Serums sollte sehr sorgfältig geschehen, um auszuschließen, daß versehentlich andere Blutbestandteile mit hineingelangen. Vor der Verwendung ist es auf Raumtemperatur zu bringen. Die i.v.-Injektion sollte mäßig schnell bis langsam erfolgen.

Ich habe bei Fohlen, die mit Serum-Transfusionen behandelt wurden, erstaunliche Erfolge verzeichnet. Zögern Sie nicht, den Zink-Trübungstest und den Foalcheck-Test alle 24 Stunden zur Kontrolle zu wiederholen. Wenn Zweifel bestehen, ist gegen eine zweite Serum-Transfusion nichts einzuwenden. Ich bestehe darauf, mein eigenes Serum herzustellen und zu verabreichen, in dem zufriedenen Bewußtsein, daß widerstandsfähige und lebensfähige Antikörper die von natürlich vorkommenden Antigenen eines ausgewachsenen Pferdes stammen, tatsächlich in den Blutkreislauf des kranken Fohlens gelangen.

Jegliche Art von Immunversagen kann sich verheerend auswirken. Wenn aber durch eine verspätet gestellte Diagnose ein Fohlen sterben muß, so ist das mit Sicherheit unnötig. Bei jedem neugeborenen Fohlen sollte ein vollständiges Blutbild und ein Immun-Reaktionstest gemacht werden, als fester Bestandteil der Neugeborenen-Versorgung.

Eine weitere Form der Immun-Defizienz ist CID (combined immunodeficiency), eine tödlich ausgehende Erbkrankheit junger Fohlen. Die Symptome sind Schwäche, eine durch Virusinfektion verursachte Pneumonie und viele andere Sekundärinfektionen.

Leukozytophenie, eine erhebliche Senkung der zirkulierenden weißen Blutkörperchen, vor allem der Lymphozyten, ist ein sehr ernstzunehmendes diagnostisches Symptom. Lymphozyten spielen eine entscheidende Rolle bei der Bildung von Schutz-Antikörpern und der Immunreaktion des Körpers.

Unter dem Mikroskop erkennbare Gewebsveränderungen findet man in der Thymus-Drüse, der Milz und den Lymphknoten. Sie sind charakteristisch für diese verblüffende erbliche Störung. Bisher traten die einzigen Fälle, die durch Laboruntersuchungen bestätigt wurden, bei Araberfohlen auf. CID-Fohlen, die nach der Geburt über das Kolostrum passive mütterliche Antikörper erhalten, bleiben relativ lange gesund, bis sie etwa zwei Monate alt sind und die mütterlichen Schutzkörper bekanntlich weniger werden und verschwinden. Ohne ein funktionierendes Immun-System sterben diese Fohlen. Die Araberzüchter suchen verzweifelt nach einer Erklärung dieses erblichen Merkmals.

Speiseröhren-, Magen- und Zwölffingerdarmgeschwüre

Ich hörte von dem ersten diagnostizierten und bestätigten Fall von Magengeschwüren bei jungen Fohlen vor etwa 5 Jahren. Seither ist immer öfter von Erosionen und Geschwüren der Darmschleimhaut und des Magens die Rede.

Diesen Befund findet man am häufigsten bei chronisch kranken, oder zu früh geborenen Fohlen, vor allem in Anschluß an lange Behandlungsperioden. Stress-Ulcera beim Fohlen entsprechen den Magengeschwüren des Menschen.

Die spezifischen Krankheitssymptome der Ulcera sind: Depression, Magen-Darmbeschwerden, übermäßige Speichelbildung und Zähneknirschen, wobei das betroffene Fohlen einen untergewichtigen, kümmerlichen Eindruck macht. Führt man eine Magensonde in den Magen des Fohlens ein, kommt es gewöhnlich zu einem Rückstrom heißer Magensäure. Ist das Fohlen diese Magenflüssigkeit losgeworden, fühlt es sich gewöhnlich erleichtert, was man deutlich erkennt. Es ist angebracht, eine therapeutische Menge säurebindender Mittel durch die Sonde zu verabreichen, solange sie sich im Magen befindet.

Mit Hilfe des fiberoptischen Endoskops kann man die Schleimhaut des Magens und Duodenums betrachten und so das Vorhandensein von Geschwüren feststellen. Höhere gastrointestinale Untersuchungen mit Hilfe von Barium sind versucht worden, aber es liegen noch keine schriftlichen Ergebnisse vor. Eine Blutuntersuchung bietet eine weitere diagnostische Hilfe.

Neueren Berichten zufolge haben Fohlen mit Magengeschwüren durchgängig einen erhöhten Propepsingehalt (Verdauungsenzym) in ihrem Serum. Obwohl dieser Test nicht ganz eindeutig ist, kann er bei solchen Fohlen hilfreich sein, die klassische Symptome für Magengeschwüre zeigen. Eine frühe Diagnose ermöglicht eine frühe Behandlung, die die Prognose verbessert.

In der Vergangenheit war es schwer, eine genaue Diagnose zu stellen und viele Fälle wurden erst postmortem festgestellt. Leider ist bei einigen Fohlen ein Magenriß oder eine perforierte Darmwand die Todesursache.

Wenn auch nur der leiseste Verdacht auf Ulcera besteht, sind reichliche Dosen magensäurebindender Medikamente zu verabreichen. Tagament (Cimetidin) in einer Dosis von 600 mg 4 mal pro Tag ist sehr zu empfehlen. Auch andere säurebindende Mittel, wie Magnesiummilch, Maalox und Carafats können gegeben werden (diese Medikamente sind auf dem amerikanischen Markt erhältlich).

Die Kurzzeittherapie ist nie erfolgreich. Reichliche Dosen säurebindender Mittel über längere Zeit- etwa sechs bis acht Wochen- verabreicht, haben einigen Fohlen helfen können. In jedem Fall sollten Sie auf eine ruhige und friedliche Umgebung achten. Es ist zweifellos die Mühe wert!

Fohlen mit Schock

Die meisten Fohlen, die an Schock leiden, liegen flach im Stroh, haben eine beschleunigte Atmung und erweiterte Pupillen, können nicht aufstehen und sind sehr schwach. Meistens vervollständigt ein schneller, harter Herzschlag (Tachycardie) verbunden mit Untertemperatur das Krankheitsbild. Die Wiederauffüllung der Kapillaren in den Schleimhäuten ist charakteristisch langsam bei wechselnden Schattierungen der Zahnfleischfärbung, von sehr blaß bis stark rot. Wenn keine angemessene, sehr intensive Behandlung erfolgt, fällt ein Fohlen mit lethargischem Schock schnell in Koma und stirbt unbemerkt.

Ein Schockzustand des Fohlens ist die häufige Folgeerscheinung einer akuten Sepsis, kann schnell eintreten und völlig unbemerkt bleiben, bis es beinahe zu spät ist. Ein septischer Schock wird durch Enterobakterien herbeigeführt, jene Bakterien, die eine Affinität zum Magendarmtrakt haben. Gewöhnlich gram-negativ, produzieren diese Mikroorganismen ein tödliches Endotoxin, das dafür berüchtigt ist, zu Kreislaufkomplikationen zu führen.

Gewöhnliche Bewohner des Darminhalts-Aktinobazillus equuli, Klebsiella, Salmonella und Escherichia coli - sind alle dafür bekannt, Enterotoxämien zu verursachen und letztendlich das Eindringen dieser Mikroorganismen in die Blutbahn. Gewebe und Organe leiden unter einer verminderten Sauerstoff- und Nährstoffversorgung bei einer schnellen Zerstörung der Homöostase des Körpers. Ein Kreislaufkollaps steht unmittelbar bevor.

Eine Notfallbehandlung muß sofort einsetzen. Die Wiederherstellung des Kreislaufs, sowie eine Unterstützung der Körperfunktionen, sind hochdringlich. Es kann keine Zeit darauf verwandt werden, die Ursache herauszufinden, und obwohl während der "Blitz-Behandlung" Blut abgenommen werden kann und Kulturen angelegt werden können, sind die Labor-Ergebnisse erst bei der späteren Behandlung zu berücksichtigen, vorausgesetzt der Patient überlebt. Ein intensives Behandlungsprogramm ist bei diesen Fohlen notwendig. Vorausgesetzt, daß kein ICU (Intensive Care Unit, die Intensivstation einer Tierklinik) verfügbar ist, erfolgt die Behandlung des septischen Schocks bei Fohlen, der durch Endotoxine bakterieller Eindringlinge verusacht ist, in 10 wesentlichen Schritten:

1. Bringen Sie das Fohlen an einen warmen, gut gelüfteten aber zugfreien Ort.

2. Als erstes muß eine schnelle Infusion mit Ringer's Laktatlösung i.v. zur Unterstützung und Wiederherstellung von Körperflüssigkeiten und Kreislauf erfolgen. Für ein Fohlen von durchschnittlich 70 bis 80 Pfund, gibt man über den Daumen, 1 Liter in der Stunde. Andere Tiere können die doppelte Infusionsmenge vertragen, aber bei einer schnellen Infusion von Flüssigkeiten bei Fohlen, entsteht die Gefahr eines Lungenödems. Ein Lungenödem, das leicht eine Lungenentzündung nach sich zieht, kann tödlich sein. Obwohl hier Eile geboten ist, muß dennoch mit Bedacht gehandelt werden.

3. Fügen Sie dem Ringer's Laktat Sodium-Bikarbonat hinzu: 168 cc 8%igen Sodiumbikarbonats bei einem 70 Pfund schweren Fohlen, es behebt die Stoffwechselazidose, die jede Krankheit oder Vergiftung begleitet.

4. Als zusätzliche Vorsichtsmaßnahme fügen Sie Pferdeplasma oder - Serum der Ringer's Laktat Lösung mit Sodiumbikarbonat hinzu, um einer Absenkung des Proteingehalts im Serum zuvorzukommen. Es gibt seit einiger Zeit ein einschlägiges Produkt auf dem Markt, man kann aber auch von einem gesunden ausgewachsenen Pferd Blut abnehmen und entsprechend zubereiten. Zweihundert bis dreihundert cc Plasma oder Serum sind für ein Durchschnittsfohlen ideal.

5. Für den Fall, daß ein septischer Schock eintritt, ist ein Breitspektrum-Antibiotikum unverzichtbar, um die Infektion zu bekämpfen. Verabreichen Sie alle Medikamente intravenös. Bei jedem auftretenden Schock ist die periphere Durchblu-

tung beeinträchtigt, folglich können sich Injektionen - außer sie erfolgen intravenös - als wirkungslos herausstellen, da eine Resorption unsicher ist. Die Mittel der Wahl sind Chloromyecitin, Oxytetrazyklin oder Neomyzin.

6. Sorgen Sie für eine gute Durchlüftung oder Sauerstoffversorgung mittels einer Maske oder eines Endotrachealschlauchs, wobei 5 Liter in der Minute zu empfehlen sind. Zusätzlicher Sauerstoff ist von ausschlaggebender Bedeutung. Bei Schockzuständen kommt es schnell zu einem Sauerstoffmangel in den Geweben.

7. Fügen Sie jedem Liter der oben beschriebenen Flüssigkeit 100 ml 50%iger Dextrose hinzu. Mit Hilfe von Dextrose läßt sich der gesunkene Blutzuckerspiegel wiederherstellen.

8. Corticosteroide sind sinnvoll, wenn sie früh verabreicht werden. Hydrocortison-Natriumsukzinat ist relativ harmlos und kann nach 4 Stunden erneut gegeben werden.

9. Vermeiden Sie, gefäßerweiternde und gefäßverengende Medikamente zu geben. Diese Mittel sind gefährlich.

10. Kontrollieren Sie genau jegliche Wärmeanwendung von außen zur Behebung der Hypothermie (Übertemperatur). Vermeiden Sie zu trockene Luft und übermäßiges Heizen. In einer warmen Umgebung wird der Stoffwechsel stärker angeregt, was zu einer Gefäßerweiterung in der Haut führt und einem anschließenden Kreislaufkollaps. Sorgen Sie für mäßig warme Temperaturen und vermeiden Sie Wärme, solange Sie ein Fohlen behandeln, das durch Kreislaufstörungen und einen Schockzustand belastet ist.

Es gibt ein neues Hoffnungszeichen. Erst kürzlich ist ein neuartiger Impfstoff, namens Endobaktoid angekündigt worden. Es soll eine Antikörperreaktion hervorrufen, die Schutz bietet, wenn todbringende enterische Bakterien die Darmschleimhaut durchdringen und in den Blutkreislauf gelangen. Wenn es vorsorglich eingesetzt wird, läßt sich so möglicherweise das Auftreten von Endotoxemie und septischen Schockzuständen stark einschränken oder sogar völlig vermeiden.

Ohrzysten

Cystis dentigerosa, oder Ohrzysten können an der Basis des Fohlenohrs zwischen dem ersten und achten Lebensmonat auftreten. Die Schwellungen reichen von der Größe eines Vogeleis bis zu der einer großen Orange und sind mit unangenehmen ständigen Absonderungen verbunden. Interessanterweise enthalten diese Gewebsschwellungen oftmals Zahnfragmente, Haare und allerlei knorpelartiges Gewebe; hier handelt es sich eindeutig um eine Aberration in der Embryonalentwicklung.

Obwohl diese Zysten für den Besitzer sehr erschreckend sein können, sind sie auf chirurgischem Weg leicht herauszuschneiden und zu entfernen. Die Prognose ist gut bis ausgezeichnet.

Bluterkrankheit

Bluterkrankheit (Haemophilie) ist eine ererbte, genetisch bedingte Verlangsamung oder Unfähigkeit des Bluts zu gerinnen. Sie wird hervorgerufen durch ein geschlechtsgebundenes, rezessives Merkmal, das bei Hengstfohlen in Erscheinung tritt, während die Stutfohlen dieses Merkmal unsichtbar in sich tragen, bis es sich weitervererbt.

Pferde haben die längste, bei Haustieren bekannte, Gerinnungszeit. Die Gerinnung dauert 12 Minuten, was endlos erscheint, wenn man danebensteht und zählt.

Beinverstellungen

Es gibt zwei Arten von Verstellungen der Gliedmaßen bei Fohlen, diejenigen angeborenen oder ererbten Ursprungs und die primär angeborener Entstehung. Erstere sind früher in diesem Kapitel ausführlich besprochen worden (unter: Mißbildungen der Gliedmaßen), letztere bilden einen Zustand, der durch eine enge Lage in den letzten zwei Monaten der Trächtigkeit verursacht sein kann. Möglicherweise führt ein übermäßiges Wachstum des Fötus zu einer beengten Lage im Uterus, der sich die langen schlanken Gliedmaßen durch Überbiegen und Verdrehen anpassen müssen. Diese Fohlen sind gewöhnlich stark gewinkelt, ihre Beine sind in verschiedene Richtungen verbogen und wirken gummiartig. Sogar die Köpfe, Hälse, Rücken und Hüften sehen verdreht aus. Bei dieser Gruppe Fohlen tun Schienen oder Gipsverbände gute Dienste. In den meisten Fällen strecken sich diese Fohlen innerhalb von Wochen, bei guter Ernährung, Behandlung und regelmäßiger Bewegung unter Aufsicht. Zu lange und zu anstrengende Bewegungszeiten sind zu vermeiden.

Beinverstellungen bei Neugeborenen sind sehr unterschiedlicher Art. Ihre Ursache muß herausgefunden und identifiziert werden. Es ist nicht einfach zu entscheiden, ob aktive oder passive Korrekturmaßnahmen angebracht sind. Eine Fachberatung ist beruhigend; laienhaftes Herumprobieren sollte unterlassen werden. Es kann kostspielig werden; in die falsche Richtung gehende Korrekturversuche können den Zustand verschlimmern und irreversibel machen.

5. Kapitel

Waisen, abgelehnte, Zwillings- und Frühgeburtfohlen

Das sind diese unglücklichen Fohlen, die auf die Welt kommen und sofort des Wertvollsten beraubt werden - der Mutter! Niemand ist da, der sie beschützt, führt oder ernährt und an den sie sich schmiegen könnten. Wie verwirrend muß das sein und wie verloren müssen sie sich fühlen!

Ich habe gesehen, wie ein winziges verwaistes Fohlen tief im Stroh lag, ein kleiner Zwerg im Verhältnis zu dem im übrigen leeren Stall. Ich habe auch den verwirrten, einsamen Ausdruck eines Fohlens gesehen, das von seiner feindseligen, überforderten Mutter abgelehnt wurde und ich habe ein Zwillingsfohlen gesehen, das so klein war, daß es nicht an der tröpfelnden Zitze über seinem hochgereckten Hals und Kopf trinken konnte. Welch deprimierende Situation!

Alle diese Fohlen rufen buchstäblich um Hilfe.

Waisenfohlen

Ein Fohlen kann sehr schnell durch den verfrühten Tod der Mutter verwaisen. Zuchtstuten sterben häufig bei der Geburt, oder kurz danach und lassen das verwaiste Fohlen allein zurück. Es ist von großem Vorteil für das Wohlergehen des Fohlens, wenn die Stute lange genug lebt, um ihm eine reichliche Kolostrummahlzeit zu ermöglichen. Steht dem Fohlen kein mütterliches Kolostrum zur Verfügung, ist gefrorenes Kolostrum aus einer Milchbank die beste Lösung. Bekommt das Fohlen aus irgendwelchen Gründen kein Kolostrum, fehlen dem Neugeborenen die schützenden Antikörper und es wird empfänglich für alle möglichen Krankheiten. Kann man kein gefrorenes Kolostrum bekommen, wird Ihr Tierarzt vorschlagen, zum sofortigen Schutz eine Serum-Transfusion vorzunehmen, bevor das Fohlen sich eine Infektion zuzieht. Auf die Kolostralmilch-Mahlzeit, oder ihren Ersatz, in Form von Similac oder Foal-Lac (Muttermilchersatz-Produkte in den USA), sollte die Fütterung mit in warmen Wasser aufgelösten Foal-Lac Pulver folgen, das mit der Kinderflasche gegeben wird. Obwohl es sich bei Foal-Lac um einen hochwertigen Milchersatz handelt, ist es kein Kolostrumersatz, denn es versorgt das Fohlen nur mit Nährstoffen, nicht mit Antikörpern. Bei diesen Fohlen ist ein vollständiges Blutbild und auch ein Zink-Sulfat Test angebracht, damit der Immunkörper-Status festgestellt wird. Dies sollte eine Selbstverständlichkeit sein!

Tägliche Injektionen mit Antibiotika sind für die erste Lebenswoche zu empfehlen neben Leber, Eisen und Vitamin B 12-Injektionen und einer sorgfältigen Kontrolle der Nabelgegend. Sorgen Sie dafür, daß in den ersten drei Wochen der Nahrung täglich eine kleine Menge (1 Teelöffel) Magnesiummilch zugesetzt wird. Beobachten Sie, wie oft und wie lange Ihr Fohlen schläft und sich bewegt.

Wenn das Fohlen drei Tage alt ist, sollte eine Futterwanne, die zu gleichen Teilen "Mutters Hafer" (geschälter, gequetschter Hafer, unter dem Markennamen "Quaker's Oats" auf dem amerikanischen Markt) und Foal-Lac Pellets enthält, so tief angebracht werden, daß das Fohlen gut daran fressen und sich rund um die Uhr nach Bedarf ernähren kann. Ein 2. Trog sollte, mit einer Mischung aus Foal-Lac Pulver und Haferschleim, zur Verfügung gestellt werden, sobald dies ratsam erscheint, damit das junge Pferdchen sich langsam selbst von der Flasche zum Trog umstellt. Die Nahrung muß in ausreichender Menge zur Verfügung stehen und immer frisch sein. Reichlich sauberes, grünes, blattreiches Heu und ein gut erreichbarer Mineral-Salzleckstein vervollständigen die Idealdiät. Ein gutes Maß an Bewegung bei freundlicher aber konsequenter Behandlung ist anzuraten, denn verwaiste Fohlen neigen dazu, Probleme im Umgang zu entwickeln, ja sogar psychische Störungen.

Bis vor ein paar Jahren war ein verwaistes Fohlen automatisch dazu verdammt, zu einem "Zwerg" oder minderwertigen Tier, ohne Leistungspotential heranzuwachsen. Ein Milchgemisch aus Kuhmilch, Karo-Sirup, in Wasser gelöstem Kalk und Magnesiummilch - eine Kombination, die ausnahmslos zu Durchfall führt - wurde den Fohlen gegeben. Dieses Gebräu hielt sie zwar am Leben, aber sie bekamen ernährungsbedingte Mangelerscheinungen und begannen letztendlich zu kümmern. Es war ein leichtes, in einer Gruppe von Fohlen die Waisen herauszufinden, durch ihre mitleidserregende Schwäche und geringe Größe.

Heute ist das nicht mehr der Fall. Ich habe festgestellt, daß Fohlen, die nach dem von uns empfohlenen, zuvor beschriebenen, Rezept aufgezogen wurden, ihren Stallgefährten, die auf die übliche Weise heranwuchsen, überlegen sind. Dies sollte zu denken geben!

Obwohl allgemein anerkannt war, daß eine Rezeptur mit Kuhmilch ein Fohlen im Höchstfall soeben am Leben hält, hat sie die Jahre überdauert. Wahrscheinlich deswegen, weil kein gutes Ersatzpräparat verfügbar war. Ziegenmilch, mit ihrem Ruf alle Übel kurieren zu können, ist ebenfalls als Nahrung mutterloser Fohlen ausprobiert worden. Ich bin der Meinung, daß sie für Fohlen ungeeignet ist. Das damit verbundene häufige Auftreten von Magendarmbeschwerden bei häufiger Bildung von Gasen nach der Fütterung, ist leicht zu erklären.

Eine Analyse von Ziegenmilch zeigt, daß sie drei mal so viel Fett und nur ein Drittel des Zuckergehalts von Stutenmilch enthält.

Bei diesem jungen, sehr einsamen Fohlen kann eine Amme viel Gutes bewirken und ihm Gesellschaft leisten, Sicherheit bieten und seinen psychischen Bedürfnissen nachkommen.

Aber die Unkosten, die durch eine Ammenstute entstehen, sollten sehr genau überlegt werden, denn sie dient in erster Linie als Gesellschafterin, weil ihr Laktationszyklus ja nicht unbedingt den momentanen Bedürfnissen des Fohlens entspricht. Forschungen haben ergeben, daß Stutenmilch ihren höchsten Nährwert etwa um die fünfte oder sechste Woche hat und anschließend rapide nachläßt. Wenn zu Anfang tiefgefrorene Kolestralmilch gegeben wird, hat das Fohlen eine Schutzkörper- und laxative Grundlage erhalten; die teure Amme dient nur als Baby-Sitter und ihre Milch als etwas, mit dem man das Futter herunterspült. Im Laufe der Zeit hat sich herausgestellt, daß eine Ziege eine gute Gesellschafterin für ein mutterloses Fohlen abgibt und weitaus weniger Kosten verursacht.

Die Vorteile einer täglichen gründlichen Beobachtung des Neugeborenen in der prekären und bisweilen turbulenten ersten Zeit, sollten nicht unterschätzt werden. Ich nenne diese Zeit "Die Wachsamkeit des 7. Sinns".

Abgelehnte Fohlen

Obwohl die Begleitumstände eines Waisenfohlens und eines abgelehnten Fohlens recht unterschiedlich sind, erhalten beide die gleiche Ernährung und die gleiche Behandlung.

Abgelehnte Fohlen sind in der Gefahr von ihrer "bösen" Mutter verletzt oder sogar getötet zu werden und erleben eine furchtbare Zeit, in der sie schließlich zurückgestoßen werden wobei eine psychische Schädigung nicht auszuschließen ist.

Ein abgelehntes Fohlen ist eigentlich ein verwaistes Fohlen.

Ich habe selbst miterlebt, wie Stuten ein neugeborenes Fohlen mit gefletschten Zähnen und Hufschlägen so heftig angriffen, daß es nur einem sehr beherzten und tierlieben Pfleger möglich war das lahmende und/oder verletzte Fohlen zu retten. Wenn ich diesen entsetzlichen Vorfall nicht mit eigenen Augen gesehen hätte, hätte ich es nicht für möglich gehalten. Es gibt keinen Grund und keine Erklärung für diese völlige Ablehnung und es sind auch keine veterinärmedizinischen Gründe bekannt.

Wenn eine Stute ein Fohlen einmal verstoßen hat, helfen nach meiner Meinung keine Medikamente, Tranquilizer, keine beruhigende Behandlung und kein Zureden. Gehen Sie das Risiko nicht ein!

Wenn sicher ist, daß die Stute das Fohlen ablehnt, sollten die beiden getrennt werden. Dies ist eine wesentliche Sicherheitsvorkehrung für das Fohlen und das betreuende Personal. Sorgen Sie umgehend dafür, daß das Fohlen handgemolkenes oder gefrorenes Kolostrum mit der Flasche bekommt und warten Sie nicht lange ab, sondern stellen Sie für das verlorene Fohlen einen "Waisen-Fütterungsplan" auf. Obwohl bei diesem anstrengenden Fütterungsplan rund um die Uhr jemand für das Fohlen da sein muß, um es zu füttern, funktioniert er gut, ist human und fast immer erfreulich erfolgreich.

Ein paar Worte zu dem Präparat Foal-Lac, der kommerziell aufbereiteten Ersatzmilch für Stutenmilch, die von den Borden Laboratories hergestellt wird.

Das Produkt läßt sich wunderbar einsetzen bei Waisen, verstoßenen Fohlen und Stuten, die keine Milch haben (Agalaktie). Nach meiner Erfahrung gedeihen Fohlen, die mit diesem Produkt großgezogen werden, besser, als die auf natürliche Weise großgezogenen Fohlen. Selbst auf die Gefahr hin als Verräter der Mütter hingestellt zu werden, schlage ich vor, alle Fohlen mit 10 Wochen abzusetzen und an Stelle der zu diesem Zeitpunkt wenig wertvollen Muttermilch Foal-Lac zu füttern. Ich bin sicher, daß diese Ernährungsweise die Fohlen größer werden und sich besser entwickeln läßt.

Zwillingsfohlen

Früher gab es bei 1000 Trächtigkeiten eine Zwillingsgeburt, aber seltsamerweise ist der Prozentsatz heute beträchtlich angestiegen, vor allem bei den Vollblütern. Der Grund ist unbekannt. Es wurden Mutmaßungen angestellt bezüglich übermäßiger Hormongaben, zunehmender Inzucht sowie möglicher genetischer Einflüsse und Abweichungen. In der Pferdewelt sind Zwillinge unerwünscht und zwar aus zwei Gründen: Sie sind selten brauchbar und können sich kaum mit anderen Fohlen messen.

Wenn eine Stute zwei oder mehrere Eizellen hat, kann sich nach der Bedeckung durch einen fruchtbaren Hengst eine Zwillingsträchtigkeit einstellen, obwohl dies nicht mit Wahrscheinlichkeit vorauszusagen ist. Es gibt derzeit keine gültigen Forschungsergebnisse über Superovulationen und die danach folgenden Konzeptionen.

Es gibt zwei Arten von Zwillingen, die eineiigen und zweieiigen. Zweieiige Zwillinge entwickeln sich aus zwei separaten befruchteten Eiern, die zu zwei Embryos des gleichen, oder unterschiedlichen Geschlechts werden können. Jeder Embryo wird von seiner eigenen Plazenta umhüllt. Obwohl beide intim miteinander verbunden sind, sind die Umrisse jedes Sacks bei der Untersuchung der Nachgeburthäute deutlich zu erkennen.

Zu eineiigen Zwillingen kommt es, wenn ein befruchtetes Ovum (Ei) sich plötzlich in zwei gleiche komplette Embryos teilt und so zwei neue Fohlen entstehen läßt. Dieses eindrucksvolle, unerklärliche Ereignis soll auf genetische Einflüsse zurückzuführen sein. Man sagt, daß Zwillinge "in der Familie liegen" und spricht davon vor allem dann, wenn alle externen Gründe ausgeschlossen werden können. Bei anderen Tiergattungen sind Zwillingsgeburten üblich, bei Pferden jedoch sehr selten. Zuchtstuten empfangen recht häufig Zwillingsträchtigkeiten, sind aber wenig erfolgreich, wenn es darum geht, sie auszutragen. Daher ist die Geburt von Zwillingen ein Ereignis!

In 90% der Fälle kommt es zum Abort, der gewöhnlich im 8. oder 9. Trächtigkeitsmonat eintritt. Zu diesem Zeitpunkt der Entwicklung ist das Wachstum besonders rapide und es kommt zu einem größeren räumlichen Bedarf für das Wachstum und die Ernährungsvorrichtungen. Es ist nur folgerichtig, daß es in dieser Zeit zu den meisten Fehlgeburten kommt.

Ich vertrete den Standpunkt, daß fast alle Fehlgeburten, vor allem die im letzten Teil der Trächtigkeit, ernährungsbedingt sind. Wenn der Pferdefötus sein

Gewicht verdoppelt, übersteigt der Raum - und zusätzliche Nährstoffbedarf einer Zwillingsträchtigkeit die Möglichkeiten einer durchschnittlichen Stute. Beide Föten kämpfen um den Platz im Uterus und der schwächere der beiden stirbt gewöhnlich zuerst ab. Es kommt zu einer Fremdkörperreaktion in der Stute, die dann beide Fohlen abortiert. Es ist ein Jammer, wenn ein relativ gesundes, nahezu ausgetragenes Fohlen auf diese Weise verloren geht!

Im Vergleich zu anderen Tierarten, ist der Uterus der Stute wenig leistungsfähig und seine besondere Art der Plazentabildung ist für zwei sich entwickelnde Föten schlecht ausgerüstet. Allein durch räumliche Enge und ein ständiges Absinken der Nährstoffversorgung, bis beinah zum Verhungern, kommt es zur Fehlgeburt. Eine Besonderheit bei Pferdezwillingen ist, daß sie fast immer völlig normal und frei von Krankheiten sind und in einem normalen, gesunden Uterus heranwachsen, der nur zu klein ist und dessen Kapazität begrenzt ist. Der Uterus der Stute ist für mehr als eine Frucht zur gleichen Zeit schlecht ausgestattet - dennoch hat sie nachweislich die Fähigkeit, mehrere Ova in einem Zyklus abzustoßen. Der Pferde-Gynäkologe muß sich dieser einseitigen Situation bewußt sein.

Während die meisten Zwillinge abgestoßen werden, gibt es einige außergewöhnliche Stuten, die Zwillingsfohlen zur Welt bringen, die in der Außenwelt überleben und zu verhältnismäßig gesunden ausgewachsenen Pferden werden. Für einen Pferdepraktiker, der es gewöhnt ist, ständig gegen pathologische Krankheitszustände zu kämpfen, ist es ein besonders trauriger Anblick, Zwillingsfohlen zu sehen, die wegen eines rein mechanischen Versagens sterben mußten.

Eine Zwillingsträchtigkeit kann manuell vor - aber nicht nach - dem 50. Tag nach dem letzten Eisprung festgestellt werden. Nach diesem Zeitpunkt ist das geteilte Ei, oder sind die beiden Bläschen mit der Hand nicht zu identifizieren, wegen der ständig zunehmenden Menge an Fruchtwasser, das die Untersuchung erschwert. Eine Fachuntersuchung, die am besten zu einem frühen Zeitpunkt der Trächtigkeit (18. - 21. Tag) vorgenommen wird, kann den Status der Trächtigkeit genau bestimmen.

Eine Technik zur Trächtigkeitsunterbrechung aus England hat in letzter Zeit zu Stirnrunzeln geführt und bei einigen Tierärzten Entsetzen ausgelöst. Wenn zu einem frühen Zeitpunkt der Trächtigkeit zwei separate Bläschen im Uterus der Stute festgestellt werden, versucht man mit der Hand eine der Früchte zu entfernen, bzw. eine einzelne Trächtigkeitsunterbrechung durchzuführen. Eine Frucht wird buchstäblich abgequetscht und aus der Zervix heraus in die Vagina geleitet und von dort aus nach draußen. Diese Verbrecher geben an, sehr erfolgreich zu sein - d. h., daß sie erfolgreich eine Frucht entfernen, während die andere im Uterus bleibt. Wenn diese Methode Erfolg hat, straft sie alle bekannten Grundsätze der Fertilität bei Pferden Lügen.

Im Gegensatz zu allen anderen Tiergattungen erträgt die Stute auch nicht die geringste Beeinträchtigung der Unversehrtheit des Zervixschleimpfropfs während der Trächtigkeit und falls es dazu kommt, ist ein Abort die sichere Folge. Jede Verletzung oder Unterbrechung der Zervix-Versiegelung führt innerhalb von 48 Stunden zur Fehlgeburt.

Obwohl hier das Gegenteil behauptet wird, weiß ich aus verschiedenen anderen Quellen, daß immer beide Embryos abgehen und regelmäßig als Ganzes abortiert werden; in zuverlässiger Zuchtstutenmanier. Ich bin ausdrücklich gegen diesen eklatanten Mißbrauch.

Mit Hilfe der modernen Ultraschallgeräte kann eine Doppelträchtigkeit am 12 Tag nach dem Deckakt sicher festgestellt werden. Hier handelt es sich um eine Sonderleistung, die kostspielig ist. Wenn der Besitzer es wünscht, kann die Trächtigkeit zu diesem Zeitpunkt sofort unterbrochen werden. Aus kommerziellen Erwägungen werden Zwillingsträchtigkeiten gewöhnlich unterbrochen. Die Stute kann dann wieder zugelassen werden und bringt das nächste Mal vielleicht ein einzelnes Fohlen zur Welt: auf diese Weise geht das Zuchtjahr nicht verloren. Eine frühe Feststellung ist hier ausschlaggebend. Läßt man die Stute eine Zwillingsfrucht länger als 37 Tage tragen, und leitet dann ein, hindert ihr PMSG (Serumgonadotropin der tragenen Stute) sie mehr als 100 Tage daran, wieder zu rossen und vermindert auf diese Weise die Chance, im folgenden Jahr ein Fohlen zur Welt zu bringen.

Die Feststellung einer Zwillings-Konzeption 12 Tage nach der Ovulation mit Hilfe von Ultraschallbildern ist ein bedeutender kommerzieller Durchbruch, vor allem für große Zuchtbetriebe. Dennoch habe ich Vorbehalte und unbeantwortete Fragen.

Aus meiner praktischen Erfahrung weiß ich, daß viele normale Stuten in einem Zyklus mehr als ein Ovum abstoßen, und oft mehr als ein Ovum befruchtet wird, doch am 18. Tag wird bei der Mehrzahl dieser Stuten eine Einzelträchtigkeit diagnostiziert. Was geschieht mit den anderen befruchteten Eiern? Diese paradoxe Sachlage ist entweder unbemerkt geblieben oder bewußt ignoriert worden.

In mehr als 30 Jahren habe ich tausende von Nachgeburthäuten untersucht und bei mehr als 60 % aller Einzelgeburten Anzeichen früher Zwillings- Drillings- und Mehrlingsentwicklungen vorgefunden. Häufig enthält das Nachgeburtgewebe schwarze zylinderische Ansammlungen, Amorphi globosi genannt, die den positiven Beweis mehrerer befruchteter Eizellen darstellen. Diese Massen sind immer am Allantois Chorion angeheftet (dem membranartigen Plazentasack, der am engsten mit der mütterlichen Uterusauskleidung verbunden ist) mit einer Schnur, die einer echten Nabelschnur ähnelt. Man hält diese runden Körper für Trächtigkeiten, die in einem frühen Entwicklungsstadium zum Stillstand kamen. In der völlig normalen Plazenta einer Einzelgeburt können sich mehrere dieser amorphen Kugeln unterschiedlicher Größe befinden, die unterschiedliche Mengen knorpeligen Gewebes und gallertartigen Materials enthalten. Seltener findet man wässerige Säcke mit eigener Nabelschnur, die buchstäblich die Oberfläche einer Plazenta umhüllen. Diesen Anzeichen zufolge könnte die unbekannte Anzahl befruchteter Eizellen für einen ganzen Wurf reichen. Offensichtlich selektiert eine innere Kraft den dominanten Embryo aus den geringeren Embryos heraus und verhindert das Wachstum und die Entwicklung aller außer dieses einen, obwohl alle durch Sperma befruchtet waren.

Spülen wir, mit Hilfe der Ultraschalltechnik, gute potentielle Einzelträchtigkeiten aus, die irrtümlich als Zwillinge diagnostiziert werden? Eine Trächtigkeitsunterbrechung mit 12 Tagen, die auf dieser Methode basiert, ist einfach nicht zu rechtfertigen. Ich behaupte, daß ein unbekannter Prozentsatz dieser "nutzlosen Zwillingsträchtigkeiten" - wenn man sie bis zum 18. - 21. Tag nach dem letzten Deckdatum in Ruhe läßt, sich plötzlich als wertvolle Einzelträchtigkeiten entpuppen. Wenn sich bei der üblichen Untersuchung am 20. Tag eine Zwillingsträchtigkeit herausstellt, kann sie sofort unterbrochen werden. Ultraschallmethoden brüsten sich mit einer Zeitersparnis von 8 bis 10 Tagen, indem sie dem Züchter die Möglichkeit bieten, den normalen Zyklus der Stute zu teilen. All dies im Namen der Wirtschaftlichkeit. Forschung ist hier dringend geboten.

Die hochtragende Stute, die lebende Zwillinge trägt, wird gewöhnlich schon mehrere Tage vor dem eigentlichen Termin die Milch laufen lassen und dabei ständig Kolostrum verlieren. Die Milch wird etwa 2 Wochen über das errechnete Datum hinaus noch an ihren Hinterbeinen herablaufen, dann werden die Zwillinge zur Welt kommen. Die einzelnen Stuten, bei denen ich erlebt habe, daß sie lebende Zwillingsfohlen ausgetragen haben, waren anatomisch gesehen groß und geräumig. Alle hatten lange vor der Zeit Milch und trugen beträchtlich über die Zeit hinaus.

Während der Geburt verschlingen sich Zwillingsfohlen bisweilen ineinander so daß es zu einer schwierigen Geburt kommt, wenn nicht zu einer regelrechten Dystokie. Vorsichtig sollte jedes Bein genau zugeordnet werden, bevor man irgendwelchen Zug anwendet, denn bei einem Irrtum wird mehr Schaden als Gutes angerichtet. Zum Glück habe ich noch nie irgendwelche Probleme bei der Geburt der von mir zur Welt geholten Zwillinge gehabt. Sie waren in jedem Fall gut entwickelt und stark und korrekt.

Wenn Zwillinge ankommen, steht zuerst immer die Frage einer passenden Zusatzmilch zur Debatte und zweifellos ist bei jeder Stute eine helfende Hand, eine Baby-Flasche und Foal-Lac, das ihre Milchleistung unterstützt von Vorteil. Es gibt kaum Stuten, die so viel Milch haben, um zwei hungrige Fohlen ohne zusätzliche Hilfe zu ernähren.

Stündliches Füttern rund um die Uhr ist richtig; die Mengen sollten im allgemeinen 200 g betragen und alle Babyflaschen, Sauger und Milchbehälter sauber und steril gehalten werden.

Nach der ersten Woche kann eine Milchmahlzeit, die 250 bis 300 g umfaßt, im 2-Stunden-Takt gegeben werden und nach dem Ende der zweiten Woche jeweils alle drei Stunden. Bald können Eimer, die an der Wand befestigt werden, die Flaschenfütterung ersetzen. Denken Sie daran, daß jedes neugeborene Fohlen am dritten Tag anfangen sollte an Heu oder Hafer zu knabbern. Vergewissern Sie sich, daß Sie dem Fohlen Heu oder Hafer ins Maul geschoben haben und wenn erforderlich bringen Sie ihm bei, neben der instinktiven Aufnahme von Milch auch zu fressen.

Ich kenne einige clevere Pferdeleute, die sich, während sie wachend auf die Zwillingsfohlen warten, im voraus darauf vorbereiten 2 Mäulchen füttern zu müssen. Anstatt zuzusehen, wie Kolostrum wegfließt und an den Beinen der Stute herunterläuft, sammeln sie sorgfältig das tropfende Kolostrum in Baby-Flaschen, ohne die Stute dabei zu melken und frieren die wertvolle Flüssigkeit ein. Beiden Fohlen ist dann eine vollständige Kolostrum-Mahlzeit sicher.

Ich habe festgestellt, daß Zwillingsfohlen, ganz gleich welchen Geschlechts und ob eineiig oder zweieiig mit Regelmäßigkeit unterschiedliche Formen eines eigenartigen Verhaltens an den Tag legen und unberechenbar sind. Die Hengstfohlen sind übermäßig aggressiv, wobei einige von ihnen in ihrem alltäglichen Verhalten leicht retardiert wirken. Die meisten Stutfohlen sind gelinde gesagt schlecht gelaunt. Obwohl ein paar von ihnen später Leistungserfolge aufzuweisen hatten, war keins von ihnen herausragend.

Obwohl diese unterschiedlichen Formen und Grade fraglichen Verhaltens und geistigen Bewußtseins bei Zwillingen regelmäßig festgestellt werden, ganz gleich um welchen Typ von Pferd es sich handelt, kann man es sich nicht erklären. Mangelnde Disziplin muß als einer der Faktoren in Betracht gezogen werden, da fast alle Zwillinge ständig umhegt und liebkost werden und auf diese Weise verwöhnt werden, wie die meisten verwaisten und zurückgestoßenen Fohlen auch. Bei zweieiigen Zwillingen unterschiedlichen Geschlechts habe ich in jedem Fall Anzeichen einer reduzierten Fähigkeit, oder Unwilligkeit festgestellt, den natürlichen und normalen täglichen Anforderungen zu entsprechen. Wie ich bereits sagte, die Hengstfohlen legen ein ungewöhnlich aggressives, manchmal an Stupidität grenzendes Verhalten an den Tag. Das Stutfohlen ist gewöhnlich schlecht gelaunt und bisweilen aggressiv. Mit der Zeit habe ich ein zunehmendes Interesse an ihrer Fortpflanzungsfähigkeit entwickelt. Ist während der Entwicklung im Mutterleib die hormonelle Versorgung unausgewogen und führt zu diesen seltsamen Merkmalen?

Zum Vergleich möcht ich einmal die Rinder anführen. Da Zwillingsträchtigkeiten bei der Kuh alltäglich sind, ist bekannt, daß sich das männliche Hormonsystem während des Embryowachstums viel eher entwickelt, als das weibliche. Die Hormone, die schon früh von dem männlichen Tier produziert werden, beeinflussen den weiblichen Partner, der sich mit im Uterus befindet in charakteristischer Weise.

Als Ergebnis davon sind die Fortpflanzungsorgane des weiblichen Zwillingskalbs entweder unvollständig, unterentwickelt oder funktional beeinträchtigt, wenn das Kalb geboren wird. Diese sogenannte "Zwicke" hat einen geringeren Wert, da sie mit Sicherheit unfruchtbar, wenn nicht steril ist.

Dieses Phänomen könnte bei zweieiigen Pferdezwillingen auch möglich sein. Gibt es möglicherweise eine Parallele zwischen der Zwillingsentwicklung bei Rindern und Pferden?

Ist das Stutfohlen, das einen Zwillingsbruder hat, unfruchtbar, oder kann es sich weitervererben? Der männliche Zwilling ist in seiner Fruchtbarkeit nicht beeinträchtigt.

Ich bedauere, in meiner Praxis noch keine Stute gynäkologisch untersucht zu haben, die Zwilling zu einem Hengstfohlen war. Stuten, die als eineiige Zwillinge zur Welt kommen, vermehren sich regelmäßig, aber der Mangel an wissenschaftlichen Berichten und Forschungsergebnissen über zweieiige Zwillinge läßt viele Fragen offen.

Frühgeburtsfohlen

Frühgeburtfohlen kommen vor dem Ende der normalen Tragezeit auf die Welt.

Die Trächtigkeit einer Stute dauert normalerweise zwischen 330 und 350 Tagen, wobei die Mehrzahl der Stuten zwischen dem 332. und 348. Tag abfohlt.

Jede Verlängerung oder wesentliche Verkürzung dieser Zeitspanne ist Anlaß zur Sorge und erfordert besondere Wachsamkeit. Es ist übrigens unmöglich die genaue Tragezeit anzugeben, denn jede Stute ist ein Individuum, und wird durch die äußere Umgebung und auch durch Erbeinflüsse des Hengstes, von dem sie gedeckt wurde, beeinflußt. Witterungseinflüsse spielen eine Rolle und es gibt Jahre in denen alle Stuten übertragen, verfrüht fohlen oder - erstaunlicherweise auch einmal - zur rechten Zeit fohlen.

Wie kann man sicher feststellen, daß die Stute früher fohlt? Bei der sehr dehnbaren möglichen Zeitspanne bei Stuten und ihrer allgemein bekannten Unbeständigkeit, wie kann man da herausfinden, ob es zu einer Frühgeburt kommt? Einige Leute stehen strikt auf dem Standpunkt, daß alles was weniger als 340 Tage im Mutterleib war, eine Frühgeburt ist. Ich habe Fohlen gesehen, die zwei Wochen zu früh kamen und so stark, kräftig und gesund waren, daß sie ohne Deckdatum und Geburtsdatum niemals wirklich für Frühgeburten gehalten worden wären. Es ist allerdings allgemein anerkannt, daß Fohlen, die einen Monat zu früh geboren werden, wenig Chancen haben zu überleben. Wenn sie nicht schon bei der Ankunft tot sind, leben diese Fohlen nur ein paar Stunden, auch bei der sorgfältigsten Pflege.

Wird einem Praktiker ein vermeintliches "Frühchen" anvertraut, ist es wichtig, das genaue Deckdatum zu kennen. Ein zu früh geborenes Fohlen ist gewöhnlich voll - oder doch beinahe vollentwickelt, aber überaus schwach, mit schlaffen Muskeln und einem glatten, weichen, glänzenden Fell. Seine Sehfähigkeit ist besonders schwach und seine Ohren sind rückwärts-abwärts geklappt und sehen aus wie die Ohren eines Kaninchens; sie sind atonisch, formlos und instabil. Diese Fohlen sind nicht in der Lage, sich mit der Umwelt auseinanderzusetzen und können nicht überleben, wenn nicht umgehend eine Notfallbehandlung und anschließende Langzeittherapie einsetzt. Brutkästen für Tiere und Intensivstationen für Großtiere stehen heute stellenweise zur Verfügung und können sich rühmen, in der kurzen Zeit ihres Bestehens schon einer beträchtlichen Anzahl von Fohlen das Leben gerettet zu haben.

Ein zu früh geborenes Fohlen ist von Anfang an benachteiligt. Es verläßt den intrauterinen Schutz lange bevor es ausreichend ernährt ist, bzw. die Fähigkeiten, die zum Überleben in der Außenwelt notwendig sind, voll entwickelt sind - und ist dementsprechend ganz besonders empfänglich für Infektionen.

Da das Fötalwachstum bei Pferden in den beiden letzten Monaten der Trächtigkeit erheblich zunimmt, mindert jede Verkürzung dieser Wachtumsperiode die Chancen des Fohlens zu überleben. Einer Frühgeburt geht diese intrauterine Zeit verloren, die für das Reifen und spätere Funktionieren der vitalen Systeme des Fohlens so wichtig ist. Man sollte sich jedoch bewußt machen, daß ein gesundes, zu früh geborenes Fohlen wesentlich bessere Aussichten hat zu überleben, als eine septische Frühgeburt.

Vereinzelte Forschungsergebnisse haben in letzter Zeit einige nützliche Hinweise für die Behandlung und Ernährung von Frühgeburten geliefert. Frühgeburtsfohlen sind vor allem für eine schlechte Ausdehnung des Lungengewebes, reduzierte Sauerstoffaufnahme, einen funktionsuntüchtigen Magendarmtrakt und erschreckend niedrige Temperaturen bekannt. Ist das Fohlen frei von weiteren gesundheitlichen Problemen, ist die Überwindung dieser drei Punkte, die das Weiterleben gefährden, eine kalkulierbare Aufgabe für das Team einer Intensivstation.

An allererster Stelle in der Behandlung von "Frühchen" stehen Vorkehrungen für ein warmes, trockenes, bequemes Lager, das frei von Zug und gut gepolstert ist. Für Sauerstoffzufuhr sollte schnell gesorgt werden, entweder mit Hilfe einer Maske oder besser noch durch einen kleinen Schlauch, damit für einen offenen Luftweg gesorgt ist. Um eine ausreichende und problemlose Ernährung rund um die Uhr und die dauernde Versorgung mit Flüssigkeiten und Elektrolyten zu gewährleisten, wird ein spezieller Katheder intravenös gelegt und sicher befestigt, wobei ein zusätzliches Pflaster um den Hals des Fohlens geführt wird, um das Ganze zu stabilisieren. Dieses lebenserhaltende Versorgungssystem wird solange eingesetzt, bis sicher ist, daß der Magendarmtrakt begonnen hat eigenständig zu arbeiten. Dann, und erst dann, kann irgendeine Nahrung - idealerweise Kolostrum oral aufgenommen werden.

Wie wichtig es ist, die Körpertemperatur zu erhöhen und zu stabilisieren, kann nicht genug hervorgehoben werden. Erstaunlicherweise sind alle Körperfunktionen und Leistungen beeinträchtigt, wenn die Körpertemperatur um 1 Grad oder mehr absinkt.

Wenn nicht sofort wirksame Schritte unternommen werden, die diese gefährlichen Untertemperaturen korrigieren, stirbt das Fohlen innerhalb von kurzer Zeit. Sorgen Sie für Wolldecken, Kissen und eine gute Polsterung in trockener, angenehmer Umgebung, einschließlich einer Wärmelampe, wenn erforderlich.

Wärmelampen sind jedoch mit Vorsicht einzusetzen. Sie können die Luft gefährlich austrocknen, so daß die Atemwege des Fohlens gereizt werden.

Magendarmgeräusche und Darmbewegungen fehlen bei Fohlenfrühgeburten und es vergehen Stunden, ja sogar Tage, bis eine unabhängige Funktion einsetzt. Dies ist eine kritische Zeit. Es obliegt dem wachhabenden Arzt der Intensivstation festzustellen, wann die Darmbewegungen des Fohlens einsetzen und nachdem er diese mit dem Stethoskop überprüft hat, umgehend Kolostrum zu geben. Der Zwölffingerdarm des Neugeborenen ist nur etwa 24 Stunden lang in der Lage, die großen molekularen Kolostral-Antikörper zu absorbieren, danach findet keine Absorption mehr statt. Jede orale Aufnahme von Antikörpern nach diesem Zeitpunkt ist vergeblich. Zu diesem Zweck läßt man eine Magensonde in den Magen des Fohlens gleiten und befestigt sie in der Nüster um sie zu stabilisieren und dem Fohlen Unbehagen zu ersparen. Dieser kleine Schlauch erleichtert die Behandlung und gewährleistet, daß das Fohlen pünktlich seine Milchmahlzeiten bekommt. Jeder, der das Fohlen betreut, kann jeder Zeit ohne Schwierigkeiten die vorbereitete Mahlzeit verabreichen.

Alle neugeborenen Fohlen sind sorgfältig zu beobachten, doch bei den Frühgeburten ist eine ständige Kontrolle der Blutparameter äußerst wichtig, um Infektionen, Sepsis oder eine Immunkörperschwäche im Frühstadium zu entdecken.

Ich meine, daß ein Pferdestall nicht die richtige Umgebung für ein zu früh geborenes Fohlen ist, daran kann die liebevollste Pflege nichts ändern. Große Fortschritte sind durch Brutapparate und die Einrichtung von Intensivstationen gemacht worden, doch gewöhnlich befinden sie sich in Universitäten und sind für das Durchschnittsfohlen nicht erreichbar. Ein den speziellen Bedürfnissen angepaßter Brutapparat ist die Lösung des Problems und kann zahllose Leben retten. Durch die Sauerstoffversorgung, die Möglichkeit die Luftfeuchtigkeit zu kontrollieren und die Möglichkeit, die umgebende Temperatur konstant zu halten, entspricht der Brutapparat den lebensnotwendigen Anforderungen, ohne die ein Fohlen, das seiner intrauterinen Umgebung beraubt ist, nicht überleben kann.

Ich erinnere mich an den schrecklichen Anblick, den zu früh geborene Fohlen boten, die in einem kalten schmutzigen Stall lagen, weit weg von jeder Stadt und sachkundiger Hilfe, ohne Sauerstoffversorgung oder ganz einfach ohne ein warmes Plätzchen.

6. Kapitel

Der ständige Feind: Parasiten des Fohlens

Fohlen kommen grundsätzlich frei von inneren Parasiten auf die Welt - doch dieser Idealzustand hält nicht lange an! Aus der äußeren Umwelt dringen Parasiten in unterschiedlicher Form sofort in den Körper des Neugeborenen ein. Große Mengen Parasiteneier und -larven befinden sich im Stall des Fohlens, im Boden und im Kot der Mutter und anderer Pferde. Folglich sind der Abfohlstall und die erste Auslauffläche zu säubern und vor allem der Mist zu entfernen. Mit einer Wurmkur befreit man die Fohlen von Innenparasiten. Keine andere Maßnahme ist wertvoller für die Gesundheit Ihres Fohlens, als regelmäßiges Entwurmen. Diese Bekämpfung der inneren Parasiten sollte nach regelmäßigem Plan das ganze Leben des Fohlens hindurch stattfinden. Wahllose oder unregelmäßige Wurmkuren sind nutzlos und töricht. Sie sind nicht nur kostspielig für den Besitzer, sondern können obendrein die Gesundheit junger wie alter Patienten - auch langfristig - gefährden.

Ein genau befolgtes Entwurmungsschema trägt sehr zur Wirksamkeit von Wurmkuren bei, da der Lebens- und Fortpflanzungsrhythmus der Parasiten empfindlich gestört wird. Zusätzlich sollte der Tierarzt das Wurmmittel wechseln. Die Entstehung einer Resistenz gegen die Wurmmittel läßt sich einschränken, wenn nicht sogar ganz vermeiden, wenn regelmäßig gewechselt wird und immer andere geeignete Wurmmittel zum Einsatz kommen. Man geht allgemein davon aus, daß die Parasiten Darmbewohner sind. Einige Wurmlarven wandern jedoch durch alle inneren Organe, unterstützt durch den Blutkreislauf, während andere in das Gewebe eindringen. In jedem Fall sind irreparable Schäden und eine Zerstörung aller Gewebe des Körpers die Folge.

Wenn Sie Ihrem Fohlen von Anfang an Schutz bieten wollen, sollte Ihr Tierarzt ein Ihren speziellen Bedürfnissen angepaßtes regelmäßiges Entwurmprogramm aufstellen. Auf jeder Farm sollte mit dem Entwurmen begonnen werden, wenn ein Fohlen 4-6 Wochen alt ist, wobei die Häufigkeit der Wiederholung von der Anzahl der Pferde, der Größe der Weideflächen und der Lebensweise der Tiere abhängt. Selbst in einer blitzsauberen Umgebung sind immer Parasiten vorhanden und im Interesse des Pferdes sollte auch hier entwurmt werden.

Durch Parasitenbefall entsteht eine Vielzahl pathologischer Zustände beim ausgewachsenen Pferd, doch sind die Veränderungen und gesundheitlichen Schäden bei Fohlen und heranwachsenden Pferden besonders gravierend. Bei

Fohlen spiegelt sich ein Parasitenbefall in erster Linie durch respiratorische Probleme wieder, die manchmal eine Lungenentzündung nach sich ziehen und die Entwicklung des Fohlens beeinträchtigen. Bei ausgewachsenen Pferden führt ein Parasitenbefall häufig zum Tod durch eine schwere, komplizierte Kolik, hervorgerufen durch eine Verstopfung der Arterien, die zu einer mangelhaften Versorgung der Därme führt.

In besonderem Maße gefährden innere Parasiten die Wüchsigkeit Ihres Fohlens, seine Widerstandsfähigkeit Krankheiten gegenüber und seinen allgemeinen Gesundheitszustand. Fohlen die an Wurmbefall leiden, sind unwüchsig, haben einen dicken Leib bei herausstehenden Rippen und ein struppiges langes Fell.

Deutliches Untergewicht, müde, tränende Augen bei laufender Nase und einem Husten der einer medikamentösen Behandlung widersteht, sind die typischen Anzeichen eines Fohlens das von Parasiten geplagt wird.

Fohlen haben keine "Erkältung". Wenn ich zu einem Fohlen gerufen werde, das entsprechende Krankheitsanzeichen aufweist, finde ich meistens ein Fohlen vor, das eine normale Temperatur, jedoch schlechten Appetit hat. Sehr zur Verwunderung des Besitzers verabreiche ich in solchen Fällen eine Wurmkur mit der Sonde, anstatt es auf Lungenentzündung zu behandeln. Eine Entwurmung per Sonde kann keine unmittelbare Heilung erreichen, doch zeigt sich schon bald die Wirkung, die immer zufriedenstellend ist. Innerhalb von ein paar Tagen ist der lästige Husten verschwunden, der Appetit des Fohlens ist wieder normal, es ist lebendig, hat klare Augen und springt herum.

Eine Entwurmung per Sonde ist eine einfache Methode, die vorgezogen werden sollte, wenn eine gründliche Behandlung zur Gesunderhaltung des Fohlens oder sogar zur Erhaltung seines Lebens notwendig ist. Ein unbehandelter innerer Parasitenbefall kann die Lunge, die Därme und das Blutzirkulationssystem des Fohlens zerstören.

Eine Wurmkur per Magensonde zu verabreichen wirkt auf den durchschnittlichen Pferdehalter abstoßend. Doch gibt es keine Methode zu entwurmen, die besser wäre, und in einer erfahrenen Hand ist die Sonde für das Fohlen weder gefährlich noch unangenehm. Sie bietet überdies den Vorteil, daß das Medikament direkt in den Magen eingebracht wird. Durch das Umgehen der Geschmacksknospen kommt es zu keiner Gegenreaktion und die volle konzentrierte Dosis wird in toto verabfolgt. So kann das Medikament mit der gesamten Magenwand in Berührung kommen, ohne daß es durch Futteranteile gehindert wird.

Obwohl das Eingeben per Sonde aufwendig und zeitraubend ist, ist diese Methode in der Wirkung unübertroffen und auch den stark propagierten sogenannten "bequemen" oralen Anthelminthika (Entwurmungsmittel) vorzuziehen. Pulver, Flüssigkeiten, Tabletten und auch die weitverbreiteten Pasten haben alle Mängel. Entweder sind sie wirkungslos oder sie wirken so stark, daß die Gefahr einer Vergiftung besteht.

Der ständige Feind: Parasiten des Fohlens

Anders als bei anderen Tierarten, findet keine transplazentale Wanderung von Parasiten während des Fötallebens statt und die erste Bekanntschaft des Fohlens mit Innenparasiten findet in der verschmutzten Außenwelt statt. Ein massives und reichhaltiges Spektrum an Parasiten steht in direktem Verhältnis zu einem hohen Pferdebesatz und vollen Ställen.

Im Alter von vier bis sechs Wochen werden durch ein erstes Entwurmen vorrangig Askariden und Rundwürmer (Parascaris equorum) bekämpft, denn sie sind zweifellos die ärgsten Feinde der Atemwege und des Magendarmtrakts des jungen Fohlens. Die Askariden, die bei Fohlen vorkommen, greifen das Lungengewebe an, wenn sie während ihres reproduktiven Zyklus hindurchwandern, sind aber keine Lungenparasiten oder - bewohner per se.

Piperazin ist ein altes Anthelminthikum, das seit vielen Jahren gegen den Befall mit Rundwürmern eingesetzt wird. Es ist nicht nur wirksam und zuverlässig, sondern obendrein sehr sicher und bis heute unübertroffen. Ein weiterer Vorteil bei Piperazin ist, daß es die Fähigkeit hat, die Wirkung anderer Anthelmintika zu verstärken. Die Parasiten sind offensichtlich nicht in der Lage, resistente Formen gegen dieses langerprobte Präparat zu entwickeln. Ich habe routinemäßig Piperazin mit einem der Benzimidazole-Präparate gemischt, um ältere Fohlen auf Askariden und Strongylidenwürmer zu behandeln. Die empfohlene Dosis beträgt 350 mg auf 10 Pfund Körpergewicht.

Die einzige Ausnahme zu der Regel, daß die Askariden zuerst auftreten, bilden eine parasitäre Larvenart, die Strongyloides westeri, die gelegentlich in der Muttermilch der Stute zu finden sind. Da die Strongyloideslarven in der Stutenmilch leben und folglich vom Fohlen aufgenommen werden, ist es nicht ungewöhnlich, diese inneren Parasiten in den Därmen drei-bis-fünf-Tage-alter Fohlen zu finden. Nach der Aufnahme nisten sich diese Larven ein und verursachen prompt Durchfall beim Neugeborenen.

Die Diagnose wird abgeklärt, indem eine Kotprobe unter dem Mikroskop untersucht wird und dabei das verräterische befruchtete Ei entdeckt wird. Interessanterweise sind nur in der Zeit von einigen Tagen nach der Geburt bis zur sechsten, höchstens achten Lebenswoche Askarideneier vorhanden, dann treten Strongyliden zusammen mit Askariden auf. Beide bleiben im Pferd bis dieses etwa 3 Jahre alt ist, dann verschwinden die Askariden, während die Strongyliden immer vorhanden bleiben. Beim erwachsenen Pferd findet man gelgentlich auch Pfriemenschwänze, Magenwürmer (Strongyloides) und Bandwürmer. Leider existiert kein exaktes Testverfahren zur Feststellung von Lungenwürmern oder Magendasseln beim ausgewachsenen Pferd.

Die Behandlung besteht in Thiabendazol in der vorgeschriebenen Dosierung von 200 mg auf 10 Pfund Lebendgewicht.

Je nach örtlicher Lage, Anzahl der gemeinsam aufgestallten Pferde, der Weidefläche pro Kopf und den allgemeinen Hygiene- und Haltungsbedingungen, sollten die Fohlen zu Anfang im Alter von etwa 4 - 6 Wochen entwurmt werden.

Routine-Wurmkuren sind im ersten Lebensjahr jeden Monat zu geben, als Jährling dann alle 2 Monate und anschließend alle 3 Monate. Die zweite Wurmkur des Fohlens muß sich sowohl gegen Askariden wie auch Strongoliden (Blutwürmer) richten.

Augenblicklich ist besonders acht zu geben, bezüglich eines neuen Wurmmittels, das zu einer spannungsgeladenen Situation geführt hat und auf das ich alle Fohlenbesitzer aufmerksam machen möchte. Ein neues Wurmmittel namens Ivermectin wurde - begleitet von ganzseitigen farbigen Anzeigen - in den verschiedenen Pferde-Zeitschriften auf den Markt lanziert, mit der Behauptung, daß es innere Parasiten mit 100% iger Sicherheit vernichtet. Einige akribisch genau arbeitende Forscher haben die aufsehenerregende Tatsache herausgefunden, daß Ivermectin keinen Einfluß auf Askariden (Rundwürmer) hat, die die größte parasitäre Bedrohung aller Fohlen und jungen Pferde darstellen. Ivermectin ist in der Tat derartig wirksam gegen alle anderen inneren Parasiten, daß es der unbehelligten Askaridenpopulation möglich wird, sich völlig ungehindert zu vermehren und so zur völligen Zerstörung des Fohlens schreiten.

Als Folge davon kommen in meine Klinik einige sehr kranke Fohlen, die voller Rundwürmer stecken. Kotuntersuchungen sind bisweilen eigenartigerweise negativ. Klassische Symptome sind tränende Augen, dicke Bäuche, stumpfes Fell und Magerkeit. Nicht klassifizierbare Lungenentzündungen und unerklärliche Lebererkrankungen und -funktionsstörungen gehören beständig zum Krankheitsbild.

In der heutigen Zeit ist es wirklich schockierend und ganz ungewöhnlich, ein stark verwurmtes Fohlen bei verantwortungsvollen Leuten zu sehen, die etwas von Pferden verstehen; doch waren einige dieser Fälle derartig fortgeschritten, daß die Fohlen dem Tod nahe waren. Allen war eins gemeinsam. Sie waren peinlich genau jeden Monat entwurmt worden, jedoch ausschließlich mit Ivermectin.

Für erwachsene Pferde ist Ivermectin durchaus brauchbar!

Es gibt im wesentlichen drei Arten Blutwürmer, deren Auftreten schon beim leisesten Verdacht sehr ernst genommen wird. Diese sind Strongylus vulgaris, Strongylus edentatus und Strongylus equinus. Blutwürmer haben eine verheerende Wirkung auf die Därme, die Leber und den Blutkreislauf des Fohlens; sie treten in dieser Entwicklungsstufe des jungen Pferdes auf und müßen beseitigt werden, bevor sie in die Blutgefäße eindringen können.

Ich empfehle zur Behandlung Thiabendazole (200 mg auf 10 Pfund Lebendgewicht) plus 1 g Piperazin Zitrat; oder Ripercol-Fluid (Levamisol und Piperazin; 130 g Flüssigkeit auf 100 Pfund Lebendgewicht).

Obwohl Rundwürmer und Blutwürmer das junge Fohlen am stärksten gefärden, spielen auch Lungenwürmer (Dictyocaulus arnfeldi), Pfriemenschwänze (Oxyuris equi), Bandwürmer (Anoplocephala perfoliata) und Magendasseln (Gastrophilus intestinalis, die gewöhnliche Magendassel; G. haemorrhoidalis, die Nasen- oder rotschwänzige Magendassel; G. nasalis, die Kinn- oder Kehlenmagendassel) eine Rolle.

Die Medikamenten- und Dosierungsempfehlungen gegen Rund- und Blutwürmer wirken gleichzeitig gegen fast alle anderen vereinzelten Parasiten. Eine Behandlung der Magendasseln sollte im Spätherbst oder Winter erfolgen, wenn das Fohlen zum Jährling wird und zwar wenn möglich nach einem klirrenden Frost. Da Dasselfliegen den Befall verursachen, wäre es töricht, gegen Magendasseln zu behandeln, bevor ein kräftiger Frost die Fliegen beseitigt hat.

Warten Sie ab und entwurmen Sie per Sonde wenn das Wetter umschlägt und die Temperaturen deutlich unter 0 Grad sind. Das Pferd bleibt dann frei von Magendassellarven bis die Dasselfliege Mitte des Sommers wieder auftaucht.

Die Magendassel ist eine Besonderheit, insofern als die Dasselfliege ihre klebrigen befruchteten Eier im Fell des Pferdes deponiert und zwar vorzugsweise an der Innenseite der Beine oder an den Haaren rund um das Maul. Wenn die Beine abgeleckt werden, geraten die Eier unbemerkt ins Maul und werden heruntergeschluckt. Die Larven dringen nun in die Magenwand ein, wo sie monatelang bleiben und verursachen bei einigen Tieren Gastritisschübe.

Sie sollten Magendasselbefall vermuten, wenn es zu plötzlichen Störungen kommt, sobald das Getreide in den Magen des Pferdes gelangt. Diese Verhalten kann symptomatisch sein. Meines Erachtens sind Magendasseln für mehr Magenstörungen, Fälle mit akuter Gastritis und einige Formen von Kolik verantwortlich, als alle anderen bekannten Ursachen.

Magendasseln wurden jahrelang erfolgreich mit Schwefelkohlenstoff behandelt. Dieses zeitlose, jedoch Reizungen verursachende Medikament hat lange Zeit gute Dienste getan, obwohl es ausschließlich per Magensonde verabreicht werden und es nur mit gebotener Vorsicht und Achtsamkeit verwendet werden darf. Ich erinnere mich an schreckliche Berichte über die Verwendung von Schwefelkohlenstoff-Kapseln oder "Balls" (große Arzneipille für Pferde, A.d.Ü.), die zerbrachen, während das Pferd gezwungen wurde, sie herunterzuschlucken und im Inneren der Speiseröhre eine schwere Reizung hervorriefen. In besonders unglücklichen Fällen führte Erosion des Gewebes zu Krankheit und Tod!

Dennoch verwenden wir auch heute (1987) noch Schwefelkohlenstoff, da es nach wie vor das wirkungsvollste Magendasselmittel ist, das die veterinärmedizinische Literatur nennt. Glücklicherweise ist dieses ätzende Anthelminthikum heute in Form einer kommerziellen Mischung, Parvex Plus (Upjohn) erhältlich. Dieses verbreitete Präparat ist ein hervorragendes Mittel gegen die Magendasseln und wenn es vorschriftsmäßig gegeben wird, ein wirksames und ungefährliches Präparat. Weitere Magendasselmittel, Dichlorvos und Trichlorfon sind wirksame aber nicht ungefährliche Organphosphate.

Für Ihren Dauerkampf gegen die Parasiten schlage ich vor, abwechselnd Benzimidazole-Mittel zu geben, und zwar Cambendazole, Fenbendazole und Thiabendazole. Alle sind sehr wirksam und für alle Pferde ungefährlich. Obwohl sie gelegentlich auch gegen Askariden wirken, sind sie in erster Linie gegen Strongylen (Blutwürmer) einzusetzen. In Verbindung mit Piperazinsalz sind sie die besten Mittel, um gleichzeitig Rundwürmer und Blutwürmer bei Fohlen zu bekämpfen.

Einige der destruktivsten Parasiten sind gleichzeitig die ersten, die eine wirksame Resistenz gegen unsere Anthelminthika entwickeln. Ich wiederhole, der Schlüssel zur Vermeidung resistenter innerer Parasiten, ist, bei jedem neuen Entwurmen zwischen den unterschiedlichen Benzimidazole-Präparaten zu wechseln. Es ist übrigens bekannt, daß Piperazin zu keiner Resistenz der Parasiten führt. Fohlen können mit diesen Zusammensetzungen gefahrlos und wirkungsvoll entwurmt werden. Folglich besteht keine Notwendigkeit, Mittel einzusetzen, deren Gefährlichkeit und Toxizität nicht auszuschließen sind.

Es gibt viele verschiedene Wurmarten und ich habe hier nur die unangenehmsten aufgezählt. Ihr Tierarzt weiß am besten, was Ihr Fohlen benötigt und kann ein entsprechendes Spezial-Programm aufstellen. Hält man sich nicht an die Zeiten des Entwurmungsplans, kann eine rapide Zunahme des Parasitenbefalls zu Gewebsschädigungen führen, die auch zukünftige Wurmkuren nicht mehr beheben können.

Angemessene Weideflächen tragen dazu bei, diese schädlichen, schwächenden Parasiten unter Kontrolle zu halten. Der Faustregel nach rechnet man 1/2 Hektar Weidefläche pro Pferd. So können die Tiere weitläufig grasen und die Verwurmungsgefahr ist relativ niedrig. Schleppen der Weiden, sowie das Entfernen von Mist und das Kürzen des hohen Grases ist nützlich, aber eine rotierende Beweidung, die den Lebenszyklus der Parasiten blockiert, ist unübertroffen, will man die Reproduktion spezieller Parasiten unterbinden.

Auf großen Zuchtfarmen wird der Mist inzwischen von den Flächen abgesaugt.

Reinfektion ist ein Faktor mit dem man sich ständig auseinandersetzen muß. Trotzdem kann man schlecht mitansehen, wenn ein Fohlen, direkt nach dem Entwurmen ein Maulvoll Askariden-verseuchten Strohs frißt. Um sich gegen die allgegenwärtigen inneren Parasiten zu wappnen, ist es vorteilhaft, wenn ein gut geführter Pferdezuchtbetrieb einen versierten Verwalter, einen interessierten Tierarzt, hochwertige gut eingezäunte Weideflächen und geräumige Stallungen hat. All dies trägt dazu bei, daß die Würmer schlechte Chancen haben, zumindest vorübergehend.

Handelsübliche Wurmpasten sind weitverbreitet und haben den zusätzlichen Vorteil, ohne tierärztliche Hilfe verabreicht werden zu können. Einige Pasten enthalten jedoch unerwünschte Organophosphat-Chemikalien. Obwohl diese cholinesterasehemmenden Mittel die Parasiten erfolgreich bekämpfen, verursachen sie bisweilen auch Magendarmstörungen, besonders bei empfindlichen Individuen. Die Gruppe der Organophosphat-Präparate wurde nach ihrer Entwicklung mit großem Aufwand in den Pferde-Journalen angekündigt. Sie sind unter einer Vielzahl von Namen im Handel erhältlich. Bevor Sie sie verwenden, lesen Sie das Kleingedruckte und beachten Sie die angeführten Warnungen. Sie sind übrigens unverträglich mit den allgemein üblichen Phenothiazin-haltigen Tranquilizern (Promazin, Acepromazin), besonders wenn sie intravenös verabreicht werden. Mehrere Todesfälle wurden verzeichnet, wenn in Unwissenheit ein bestimmter Tranquilizer gespritzt wurde, nachdem einige Wochen zuvor Organophosphate gegeben worden waren. Hühner und Tauben, die in den Pferdeäpfeln behandelter Pferde nach unverdauten Körnern suchten, erlagen der Chemikalie. Organophosphate sind gewöhnlich ein Bestandteil von Insektiziden und sind verantwortlich für den Tod vieler unserer Vögel.

Es besteht kein Zweifel, daß diese Wurmmittel-Zusammensetzungen alle Parasiten und ihre Eier entfernen, aber indem sie dies tun, bedrohen sie gleichzeitig die Gesundheit ihrer Wirtstiere und deren Umgebung. Mir persönlich sind ein paar Würmer lieber, als meine Patienten einer Gefahr auszusetzen. Organophosphate sind für Pferde nicht ungefährlich, ökologisch nicht vertretbar und sollten meiner Meinung nach nicht mehr hergestellt werden.

Impfplan

Prophylaktische Impfungen sind spezifische Antigene, die, wenn sie einem jungen Tier zum richtigen Zeitpunkt injiziert werden, Schutz gewähren. Aktiv stimulierte Schutz-Antikörper werden auf diese Weise vom eigenen reticuloendothelialen System des Fohlens produziert. Diese Antikörper sind rein spezifisch und protektiv.

Ich möchte besonders hervorheben, daß das Immunsystem aller jungen Fohlen etwa um den dritten bis vierten Lebensmonat zu funktionieren beginnt. Bei der Geburt erhält das Neugeborene mit dem Kolostrum passive Antikörper, die es vor mehreren Krankheiten schützt.

Ist das Fohlen 8 bis 10 Wochen alt, schwinden diese mütterlichen Antikörper rapide. Diese Zeit, in der das Neugeborene besonders anfällig ist, ist als besonders gefährlich einzustufen. Erhöhte Wachsamkeit und entsprechende Vorsichtsmaßnahmen sind jetzt angebracht. Der genaue Zeitpunkt, an dem das Fohlen beginnt, eigene Antikörper zu bilden, ist unter Fachleuten nach wie vor strittig.

Der Impfplan des Fohlens beginnt bei der Mutter, lange vor seiner Geburt. Damit das neugeborene Fohlen über das Kolostrum einen angemessenen Anteil präformierter Schutz-Antikörper erhalten kann, ist es wichtig, daß die Zuchtstute während der Trächtigkeit vorschriftsmäßig geimpft wird. Da es nur diese Quelle für das saugende Fohlen gibt, ist das Einhalten des Impfplans der Stute von ausschlaggebender Bedeutung.

Alle Zuchtstuten sollten routinemäßig gegen Tetanus, Influenza und Rhinopneumonitits geimpft werden, bevor sie zur Deckstation gebracht werden. Sobald eine Trächtigkeit festgestellt ist, sind alle unnötigen Injektionen zu vermeiden, außer wenn die Umstände dies erfordern. Im Fall einer Epidemie oder wenn die Tiere einer Infektion oder ansteckenden Krankheit direkt ausgesetzt sind, sind bei den Zuchtstuten speziell verordnete Impfungen vorzunehmen.

Von besondereren Umständen abgesehen, erhält die tragende Stute eine Rhinopneumonitis-Impfung, das Pneumabort-K (Hersteller: Fort Dodge Laboratories) - Totvakzine - im 5. Monat nach dem letzten Deckdatum. Diese ist unbedenklich für tragende Stuten und sollte unbedingt im 7. Trächtigkeitsmonat und noch einmal im 9. wiederholt werden. Im 10. Monat, einen Monat vor dem errechneten Geburtstermin, sollte der Stute ein "Booster" gegen Tetanus und Influenza gegeben werden. Zu diesem Zeitpunkt ist auch jede andere Impfung möglich, die in der speziellen Gegend indiziert ist. Diese "5 vor 12" Booster sorgen praktisch für das Vorhandensein eines soliden Antikörperspiegels für das Fohlen nach seiner Geburt.

Falls die Stute im 10. Trächtigkeitsmonat keinen Booster erhalten hat, kann ihr bei der Geburt Tetanotoxin verabreicht werden. Zusätzlich benötigt das Neugeborene 1.500 I. U. Tetanus-Antitoxin neben den anderen Routine-Injektionen, um in jedem Fall für einen adäquaten Schutz zu sorgen.

Ich bin dafür, daß jedes Fohlen eine Tetanus-Antitoxin Spritze bekommt, auch dann, wenn die Mutter einen Booster erhalten hat. Dieses Thema wird in Fachkreisen seit längerer Zeit ausführlich diskutiert und viele Praktiker sind der Meinung, daß eine Tetanus-Antitoxin Injektion für das Fohlen eine unnötige Vorsichtsmaßnahme darstellt. Ich gehe hier lieber auf Nummer sicher; ich habe festgestellt, daß einige Stuten - selbst nach einem Booster - keine schützenden Antikörper bilden und/oder daß einige Fohlen nicht trinken können, die Schutzkörper nicht absorbieren oder verwerten können. (Ich sehe auch keinen Zusammenhang zwischen der Anwendung von Tetanus-Antitoxin und irgendeiner Form von Funktionsstörung der Leber). Wie schnell kommt es zu einem Versagen und es ist nun mal nicht menschenmöglich zu erkennen, ob die Notwendigkeit besteht oder nicht; ich entschließe mich daher für eine Routine 1.500 I. U. Tetanus-Antitoxin Injektion bei allen Fohlen, die mir anvertraut sind.

Obwohl ausführlich darüber berichtet worden ist, daß Fohlen, die jünger als 3 oder 4 Monate sind, schlecht auf Antigen-Vakzinen reagieren, bestehen einige Praktiker darauf, den Körper fortlaufend mit biologischen Injektionen zu diesem frühen Zeitpunkt zu belasten. Dies ist zumindest belastend, wenn nicht sogar schädlich für das Fohlen.

Von der 14. bis 16. Woche an sind dem Fohlen Vakzinen gegen Influenza (FluVac), Rhinopneumonitits (Pneumabort-K) und Tetanus (Tetanus-Toxoid) zu verabreichen. Nach zwei Wochen sollte Strep. equi (Druse)-Bakterien gegeben werden. Dieses Produkt sollte ausschließlich unter Aufsicht des Tierarztes gegeben werden. Es darf nur in die Gesäßmuskulatur (Glutäus) gespritzt werden. Achten Sie darauf, daß die Dosierung genau eingehalten wird. Einerseits schützt dieses Präparat gründlich, andererseits kann es dabei zu einer systemischen Reaktion kommen mit einer schweren Entzündung des Muskelgewebes an der Injektionsstelle. Der biologische Schutz wirkt segensreich gegen die gefürchtete Druse, aber seine Anwendung muß mit äußerster Vorsicht erfolgen. Ende des Monats sind die gleichen Vakzinen - Influenza, Rhinopneumonitis und Tetanus-Toxoid - als Booster zu wiederholen, um für eine sichere Immunität zu sorgen.

Ob eine Encephalomyelitis-Vakzine für Pferde bei Saugfohlen und Absetzern ratsam erscheint, hängt davon ab, wie häufig die Krankheit auftritt, von den ört-

---

* "Booster-Effekt": vermehrte und beschleunigte Bildung von Antikörpern im Blut durch wiederholte Einwirkung des gleichen spezifischen Antigens auf den Organismus (Auffrischungsspritzung).

Parasiten und bekämpfende Anthelminthika

Wurmmittel	große Strongylen	kleine Strongylen	Strongyloiden	Askariden	Pfriemenschwänze	Mangendasseln
Thiabendazole	X	X	X	X	X	
Cambendazole	X	X	X	X	X	
Fenbendazole	X	X			X	
Febantel	X	X		X	X	
Mebendazole	X	X		X	X	
Pyrantel pamoate	X	X		X	X	
Piperazin		X		X	X	
Trichlorfon			X	X	X	X
Dichlorvos	X	X		X	X	X
Schwefelkohlenstoff						X
Ivermectin	X	X	X	NEIN	X	X

lichen Gegebenheiten und dem Ermessen Ihres Tierarztes. Im ersten und zweiten Jahr sollte Ihr Fohlen alle 2 bis 3 Monate Influenza- und Rhinopneumonitisbooster erhalten, dann alle 3 bis 4 Monate im 3. Lebenjahr. Nach den ersten beiden Grundinjektionen braucht Tetanus-Toxoid nur einmal im Jahr wiederholt zu werden, außer wenn das Fohlen sich eine große Fleischwunde zugezogen hat oder eine Stichwunde in der Hufgegend. Mist ist der ideale Lebensraum für Tetanussporen, folglich kann die Notwendigkeit eines Schutzes gegen die "Maulsperre" gar nicht genug betont werden. Dieser Schutz ist für die Menschen, die mit Pferden zu tun haben, genauso wichtig.

In der Zeit, wenn die mütterlichen Antikörper anfangen zu schwinden - etwa dann, wenn das Fohlen 10 Wochen alt ist - ist es besonders gefährdet durch eine Erkrankung mit dem Namen Corynebakterium equi, gegen die keine Schutzimpfung und kein Bakterin existiert. Diese hartnäckigen Bakterien verursachen die berüchtigte Pneumonie der Fohlen und können zu einer Sepsis führen, die, wie wir gesehen haben, für die hohe Sterblichkeitsrate der Fohlen verantwortlich ist. Glücklicherweise sind hier einige Breitbandantibiotika wirksam, wenn es zu einer frühen, intensiven Behandlung kommt und robuste Fohlen überstehen diese Geißel.

Die Notwendigkeit spezieller Impfungen und die Anzahl der Booster hängt weitgehend von der Häufigkeit, und Verbreitung der Krankheiten ab, sowie von den Umwelt- und Witterungsbedingungen, ganz besonders aber auch davon, ob die Tiere mit fremden Pferden in Berührung kommen und von der Anzahl der Pferde im eigenen Bestand. Management und Haltung der Tiere können unnötige gesundheitliche Gefährdungen verhindern und für einen guten allgemeinen Gesundheitszustand sorgen.

Durch prophylaktische Maßnahmen, wie z. B. einen Impfplan, oder zur rechten Zeit verabfolgte Wurmkuren, können viele Krankheiten und tragische Epidemien verhindert werden. Durch die fruchtbare Zusammenarbeit zwischen einem verantwortungsbewußten Gestütsleiter und einem tüchtigen Tierarzt, läßt sich ein Gestüt erfolgreich und rentabel führen.

Impfplan
Neugeborene Fohlen - Jährlinge - Zweijährige

- Bei der Geburt: 1.500 I. U. Tetanus-Antitoxin (Zögern Sie nicht, diese Dosierung von Tetanus-Antitoxin beim geringsten Anzeichen eines verzögerten Abheilens oder einer Infektion der Nabelschnur, oder irgendwelcher Stichwunden, zu wiederholen).

- Im Alter von 4 Monaten (16 Wochen): Influenza-Impfung (FluVac; Fort Dodge Lab); Tetanus-Impfung (Tetanus-Toxoid; Fort Dodge Lab).

- Im Alter von 4,5 Monaten (18 Wochen): Rhinopneumonitits-Impfung (Pneumabort-K; Fort Dodge Lab).

- Im Alter von 5 Monaten (20 Wochen): Wiederholen Sie die 2 Grundimpfungen (Influenza und Toxoid) jetzt in Form eines Boosters.

Der ständige Feind: Parasiten des Fohlens 165

- Im Alter von 5,5 Monaten (22 Wochen): Wiederholen Sie die Rhinopneumonitis-Impfung jetzt als Booster.
- Im Alter von 6 Monaten (24 Wochen): Tollwut-Impfung; alle zwei Jahre zu wiederholen.
- Strep. equi Bakterin und Encephalitis-Impfungen können dem Fohlen jederzeit ab dem 4. Monat gegeben werden, je nach Auftreten der Erkrankung, bzw. Kontakten mit der Krankheit; jährlich zu wiederholen.
- Influenza- und Rhinopneumonitis-Impfungen sollten bei einem Jährling alle drei Monate erfolgen.
- Nach dem ersten Jahr genügt ein jährlicher Tetanus-Toxoid Booster. Im Fall einer Verletzung oder Infektion, ist ein Booster indiziert.

# 7. Kapitel

Futtermittel, Fütterung und Ernährung

Die Anforderungen an die Ernährung sind bei den verschiedenen Haustierarten sehr unterschiedlich und stellen den Bauern oder Züchter immer wieder vor die Aufgabe, ein Futter zur Verfügung zu stellen, daß maximales Wachstum bewirkt und den genetischen Anlagen ermöglicht, sich voll zu entwickeln. Der Hauptunterschied zwischen den Arten drückt sich in ihrer grundlegenden Klassifizierung aus. Gemeinsam mit dem Kalb, Lamm und Zicklein, ist das Fohlen ein Pflanzenfresser (Vegetarier). Doch ist dies der einzige gemeinsame Punkt, denn die anderen drei sind außerdem Wiederkäuer, mit einem Verdauungssystem, zu dem 4 Mägen gehören, während das Fohlen nur über einen einzigen verfügt. So ist leicht zu verstehen, wieso die Anforderungen für eine gesunde Ernährung so ungleich und spezifisch sind.

Erfahrene Pferdeleute messen einem qualitativ hochwertigen Futter und einem genauen Futterplan großes Gewicht bei. Halten Sie Ihr Fohlen gesund, indem Sie ein nahrhaftes und ausgewogenes Futter füttern. Ein mangelhaft ernährtes Fohlen wird sich nicht voll auswachsen, nie seinem Leistungspotential entsprechen können und Zeit seines Lebens ein zweitrangiges Individuum bleiben.

Es ist äußerst bedauerlich, wenn mäßige Pflege und schlechtes Management ein Tier, mit einer hervorragenden genetischen Anlage daran hindern, sich voll zu entwickeln. Es kann zu den unterschiedlichsten Auswirkungen kommen, wenn die Fütterung nicht stimmt, aber am offensichtlichsten sind die anatomischen Entwicklungsstörungen. Ein Fohlen mit einer Mangelernährung ist leicht daran zu erkennen, daß es mehr oder weniger kleinwüchsig und schlecht entwickelt ist.

Obwohl Tiere jeden Alters Protein benötigen, um leben zu können, ist der Eiweissanteil der Futterzusammensetzung für Tiere im Wachstum äußerst bedeutsam. Der Körper bildet sein Protein aus den im Futter enthaltenen Aminosäuren, den grundlegenden Bauelementen der Gewebsbildung. Dies erklärt, wie bedeutsam es ist, daß heute in alle Futtersäcke Zettel angeheftet sind, die die Analyse des Inhalts angeben.

Während in der Natur viele verschiedene Aminosäuren vorkommen, gibt es zehn essentielle Aminosäuren, die die Tiere täglich für das normale Gewebswachstum benötigen. Der Körper kann vorübergehend einen Teil dieser Bausteine selbst erzeugen, jedoch nicht ständig in dem Umfang, der nötig ist, um wachsen zu können, Leistungen zu erbringen und sich zu vermehren. Folglich muß die tägliche Nahrung des Tiers diese Elemente enthalten, um den Anforderungen an die Nahrung Genüge zu leisten. Hierher rührt der Terminus "essentielle" Aminosäuren. Die 10 essentiellen Aminosäuren sind: Arginin, Histidin, Isoleucin, Leucin, Lysin, Methionin, Phenylalanin, Threonin, Tryptophan und Valin.

Vor Jahren litten viele Bauern- und Zugpferde an einer Mangelernährung, da sie weitgehend oder ausschließlich mit Mais ernährt wurden. Es gab damals reichlich Mais, er machte dick und war billig, also wurde er zum Alleinfutter dieser Pferde. Maisfütterung ist jedoch einseitig und unvollständig. Es fehlen zwei essentielle Aminosäuren - Lysin und Trytophan. Pferde, die nur Mais und das übliche Lieschgras-Heu oder Wiesenheu erhalten, bekommen mit der Zeit unvermeidlich Mangelerscheinungen. Dies kann leicht vermieden werden, indem man leguminöses Heu, entweder Alfalfa oder Kleeheu hinzufügt und so das krasse Mißverhältnis ausgleicht. Heute ist allgemein anerkannt, daß leguminöses Heu beinahe ein Alleinfutter darstellt. Es enthält hochwertiges Protein, Vitamine und Mineralien in einer leicht assimilierbaren Form, ist sehr gefragt und hat verständlicherweise einen hohen Preis.

Die Wichtigkeit von Eiweiss in allen Futterzusammensetzungen kann nicht genug hervorgehoben werden; jedoch ist der Bedarf bei jungen, wachsenden, tragenden oder stark beanspruchten Pferden erhöht. Es ist wichtig, sich mit den Futtermittelanalysen und dem jeweiligen Nährstoffbedarf auszukennen und es gibt eine Menge Informationsmaterial zum Thema.

Genau so wichtig ist allerdings, daß dieses Wissen nicht mißbraucht wird, indem man sagt, "wenn etwas gut ist, ist mehr besser". Ein schreckliches Mißverständnis hat sich in den letzten circa 15 Jahren unter den Pferdezüchtern verbreitet. Protein in den verschiedensten Formen ist in unverständlicher Weise viel zu massiv eingesetzt worden, in einem radikalen Versuch, "das Superfohlen" heranzuziehen!

Diese irrige Auffassung hat sich als gefährlich herausgestellt und zu verheerenden Wachstumsstörungen bei jungen schnellwüchsigen Pferden geführt, die sich klinisch als "apple-ancle", Gelenkverdickungen, Epiphysitis und unterschiedliche Formen der Sehnenkontraktionen darstellen. Meiner Meinung nach ist eine zu reichliche Fütterung von Eiweiss, Vitaminen und Mineralstoffzusätzen für 90 % aller Geburtsstörungen verantwortlich, die mit einem im Uterus entwickelten kontrahierten Fötus zusammenhängen.

Ich habe miterlebt, daß Züchter kostspielige und schreckliche Erfahrungen machen mußten, verursacht durch handelsübliche Fertigfutter.

Vielleicht kann ich anderen dadurch helfen, indem ich diese Fakten und Beobachtungen publik mache. Bitte stützen Sie sich auf natürlich gewachsene Futtermittel und Rauhfutter von angereicherten Böden, denn sie sind von der Form her gut geeignet, vom System Ihres Fohlens assimiliert zu werden.

Obwohl die Zusammensetzungen wissenschaftlich überprüft und speziell auf den Nährstoffbedarf von Fohlen ausgerichtet sind, zweifle ich am Wert der handelsüblichen Futterzusätze und Ergänzungsfuttermittel. Investieren Sie Ihr Geld lieber in Spitzenheu und Pellets und gehen Sie den stark propagierten Produkten aus dem Wege. Der Grenzwert von 12 % Eiweis sollte in keinem Futtermittel, gleich für welche Altersstufe, überschritten werden, wenn man ernährungsbedingte Störungen vermeiden will.

Mängel der Stutenmilch

Wenden wir uns wieder dem sehr jungen Fohlen zu, indem wir eine verborgene Krankheit näher beleuchten. Schon mit drei Tagen entwickelt jedes Saugfohlen eine Form von Anämie, außer es ist vital genug, um ein wenig Hafer und Heu zu knabbern.

Schwache Fohlen wirken schon von vornherein anämisch, während andere, die von Natur aus stärker sind, diese gefährliche Periode recht gut zu überstehen scheinen.

Dieser heimtückische Mangel betrifft ganz allgemein jede Stutenmilch, gleich welcher Zuchtrichtung oder Haltung und betrifft nur die Qualität, nicht die Quantität der Milch. Eine gute Milchleistung ist trügerisch, denn die Milchmenge bietet noch nicht Gewähr für ihren Nährwert.

Zwei Spurenelemente, Kupfer und Eisen fehlen in Stutenmilch und diese beiden Mineralien sind zweifellos für die Bildung der roten Blutkörperchen und den Hämoglobinspiegel verantwortlich. Folglich muß durch die Ernährung des Fohlens dieser Mangel in der Milch ausgeglichen werden.

Neugeborene Fohlen, die mit normalen Blutwerten zur Welt kommen, können bis zum 6. Tag eine Anämie entwickelt haben, außer sie sind vital genug, kurz nach der Geburt am Heu und Futter der Stute zu knabbern. Diese Fohlenanämie spiegelt den bei allen Stuten gleichermaßen vorhandenen Spurenelement- und Mineralstoffmangel der Milch wieder. Die geringere Belastbarkeit, die mit dem anämischen Zustand einhergeht, verringert die Widerstandsfähigkeit des Fohlens Infektionen und Krankheiten gegenüber.

Frißt das Fohlen nicht wenigstens geringe Mengen an Heu oder Hafer, bis zum dritten oder fünften Tag, bildet es mit Sicherheit eine Anämie aus. Die meisten gesunden Fohlen fangen von sich aus am zweiten Tag an, geringe Mengen zu fressen. Bedenken sie jedoch, daß das Blutbild von Fohlen, die einen völlig gesunden Eindruck machen, in dieser kritischen Zeit regelmäßig eine Anämie anzeigt!

Sollte sich ein Fohlen nicht für Heu oder Pellets interessieren, ist es notwendig, dem Fohlen das Fressen beizubringen, indem man immer wieder kleine Mengen Heu oder Pellets in sein Mäulchen schiebt. Sobald das Fohlen hochwertiges Heu und Pellets frißt, zeigt das Blutbild sofort günstigere Werte.

Blutwerte des Neugeborenen

Alter des Neugeborenen	Erythrozyten (Millionen/mm^3)	Leukozyten (Tausend/mm^3)	Hämoglobin (G %)	pev. Hämatokrit (%)	veraussichtl. Veränderungen des Blutbildes
1. Tag	10	8	14	42	Neugeborenen-hämokonzentration
7. Tag	6	9	9	42	Anämieperiode
21. Tag	9	10	12	36	Wiederherstellung des Normalzustands

Höhepunkt der Milchleistung mit 6 Wochen

Etwa 72 bis 76 Stunden nach der Geburt hört die Stute auf, Kolostrum zu produzieren und das Euter füllt sich mit Milch, die dann so beschaffen ist, wie in den folgenden 6 Wochen. Danach erreicht die Milchqualität ihren Höhepunkt, um anschließend in Menge und Qualität deutlich abzufallen.

Diese Tatsache macht klar ersichtlich, warum die meisten Fohlen mit etwa 6 Wochen am besten aussehen. Danach verlieren sie nach und nach an Kondition und wirken allgemein etwas "arm". Wenn das Fohlen nicht zusätzlich gefüttert wird - idealerweise in Form von Pellets und leguminösen Heu (keine handelsüblichen Zusätze) - läßt es nicht nur im körperlichen Erscheinungsbild nach, sondern auch in seinem Wachstum.

Ich habe die Erfahrung gemacht, daß Fohlen, denen man vom 3. Tag an einen Fohlentrog zur Verfügung gestellt hat, weder an der Neugeborenenanämie leiden, die sich mit 5 Tagen zeigt, noch dem schlechteren Ernährungszustand, der etwa mit der siebten bis achten Lebenswoche bei anderen Saugfohlen eintritt.

Alterfahrene Züchter, die sich an den Spruch halten, "Die Natur weiß es am besten", zögern Langerprobtes aufzugeben und ihre Fütterungsgewohnheiten umzustellen, speziell bei Saugfohlen, aber ich glaube, es ist an der Zeit, sich umzustellen und das Ziel zu verfolgen, daß unsere Fohlen ihrem genetischen Potential gemäß heranwachsen.

Ich bin der Meinung, daß Stutenmilch nach ihrem Höhepunkt mit sechs Wochen in der darauf folgenden minderen Qualität lediglich dazu dient, Heu, Pellets und Gras, die das Fohlen frißt herunterzuspülen. Dieser scheinbar unverschämte, aber nicht respektlose Angriff auf die Effizienz der Mütter wird so manch einen aus seiner Selbstgefälligkeit aufschrecken lassen und - so hoffe ich - den einen oder anderen dazu bringen, neuere und bessere Fütterungsmethoden zu akzeptieren.

Fütterung mit dem Fohlentrog

Vom dritten Lebenstag an, sollten alle Fohlen ständig Pellets zur Verfügung haben. Es ist für ein Fohlen so gut wie unmöglich aus dem Trog seiner Mutter ein paar Pellets zu ergattern. Ihr Riesenappetit, ihre Größe und Fähigkeit schnell zu fressen, machen es sogar einem starken, aggressiven Fohlen schwer - und einem schüchternen oder etwas schwächeren Fohlen unmöglich - etwas davon abzubekommen. Einige Stuten hindern ihre Fohlen daran, aus dem großen Trog zu fressen; andere teilen ihre Mahlzeit mit dem Fohlen. Diese ungewisse Methode ein Fohlen zu füttern ist untauglich, unakzeptabel und schlichtweg überholt.

Gewöhnlich frißt ein Fohlen ein Maul voll Pellets, dann saugt es, dann geht es zurück zum Trog, um noch ein paar Maul voll zu fressen. Daher ist wichtig, dem Fohlen Pellets frei zur Verfügung zu stellen, ohne daß es darum kämpfen muß und in Ruhe und Frieden zu jeder beliebigen Zeit immer wieder kleine Mengen fressen kann.

Ein Fohlentrog ist die bestmögliche Lösung, um eine angemessene Ernährung des Neugeborenen sicherzustellen. In den meisten Ställen kann man ihn leicht einrichten. Alles was dazu erforderlich ist, ist eine runde, glatte Zaunstange, die lang genug ist, um diagonal eine Ecke des Stalls abzutrennen. Der Fohlentrog wird in Höhe der Fohlennase in eine Ecke gehängt und die Stange so befestigt, daß das Fohlen bequem drunter her gehen kann, um an den Trog zu gelangen; aber es ist darauf zu achten, daß er weit genug von der Ecke entfernt ist, daß die Stute mit ihrem langen Hals den Fohlentrog nicht erreichen kann. Der elastische Hals einer Stute hat eine unglaubliche Reichweite, also seien Sie vorsichtig!

Stellen Sie anfangs nur kleine Mengen zur Verfügung, damit das Futter frisch und sauber ist. Fohlen fressen kein abgestandenes, Fliegen-bedecktes, schmutziges Futter.

Innerhalb von ein paar Wochen kann das Zuchtpferdefutter zu 50 % durch groben Walzhafer ersetzt werden; der wiederum mit einer gleichgroßen Menge Foal-Lac Pellets vermengt werden sollte. Einige Fohlen fressen 5 bis 6 Liter oder mehr pro Tag von dieser Mischung, wenn sie sechs Wochen alt sind. Einige Züchter ziehen vor, 25 % gewalzte Gerste mit 25 % Walzhafer und 50 % Foal-Lac Pellets an ein 4 Wochen altes Fohlen zu verfüttern. Fohlen mit Fohlentrogfütterung überragen gewöhnlich in Größe und Kondition die Fohlen, die mit ihrer Mutter aus einem Trog fressen, weil ihr Nahrungsbedarf nachhaltig befriedigt wird.

Wenn ihre Stuten und Fohlen lange Zeit auf der Weide bleiben, ist ein "Weidefohlentrog" von Vorteil, obwohl seine Erstellung kostspieliger und schwieriger ist. Schimmelbildung ist eine Gefahr, die jeder Pferdebesitzer kennt, sorgen Sie also für eine Überdachung, die verhindert, daß unerwünschte Feuchtigkeit in die Pellets dringt. Errichten Sie den Trog dort, wo die Stuten gewöhnlich stehen, so daß die Umgebung zum Ausruhen und bequemen Knabbern einläd. Es ist unwahrscheinlich, daß ein Fohlen frißt, wenn seine Mutter weggegangen ist.

Kurzum, Fohlen brauchen eine ständig verfügbare Quelle qualitativ hochwertigen Heus, guter gehaltvoller Futterkonzentrate und einen Salzleckstein (einfach oder mineralisiert), damit sie die Möglichkeit haben, ihre genetisch verankerte Größe zu erreichen. Obwohl es dazu keine wissenschaftlich fundierten Berichte gibt, ist man sich allgemein darin einig, Fohlen, die etwa sechs bis acht Monate alt sind aus dieser "Selbstbedienungsgruppe" herauszunehmen und ihnen genau dosierte Futtergaben zuzuteilen. Selbstverständlich sollten Wasser, Salzleckstein und grünes leguminöses Heu weiterhin frei zur Verfügung stehen. Der Grund für die kontrollierte Pelletzuteilung, ist die Gefahr einer fütterungsbedingten Kontraktion (vgl. pp. 112-16), die gewöhnlich bei voluminösen, 6 bis 8 Monaten alten, schnellwüchsigen Fohlen beobachtet wird, sowie in der Altersgruppe von 16 bis 22 Monaten.

Getreidepellets

Im Zusammenhang mit der Fütterung, sollten auch die Vor- und Nachteile und bisweilen sogar Gefahren, die mit der Fütterung einiger Getreidepellets und Heusorten verbunden sind, erwähnt werden.

Getreidekonzentrate, die man allgemein als Pellets bezeichnet, setzen sich aus Hafer, Mais, Weizen, Gerste und Roggen zusammen. Obwohl auch Gerste in kleinen Mengen gefüttert wird, setzen Pferdeleute in erster Linie Hafer und Mais als Futtermittel ein. Roggen kommt als Futter nicht in Frage, aber einige bessere Ställe schätzen Roggenstroh als hochwertige Einstreu.

Es ist charakteristisch für Getreidepellets, daß sie einen hohen Energiewert haben und wenig Rohfaser, im Gegensatz zu Rauhfutter, wie z. B. Heu, Häcksel, Stroh und Silage, die rohfaserreich sind, aber einen niedrigen Energiegehalt aufweisen. Der Eiweissgehalt der Pellets ist bekanntlich niedrig und von minderer Qualität. Dieser grundlegende Mangel der Getreidepellets liegt an ihrem geringen Gehalt an essentiellen Aminosäuren. In dem Bemühen gut zu füttern, machen Pferdebesitzer häufig den Fehler, zu viele Getreidepellets zu füttern. Diese unausgewogene Fütterung kann den Ernährungszustand junger, wachsender, tragender oder stark beanspruchter Pferde massiv beeinträchtigen.

An der Qualität des Hafers werden alle anderen Getreidesorten gemessen. Dank der Spelzen ist Hafer ein Futter mit viel Masse, das im Magendarmtrakt des Pferdes gut verdaut werden kann.

Hafer ist grundsätzlich arm an Protein und enthält wenig Phosphor und Calcium. Während Hafer sehr wohlschmeckend ist und den hohen Energiebedarf von Leistungspferden abdeckt, enthält er nur wenig lebensnotwendiges Vitamin A und D. In Verbindung mit einem guten, sauberen Alfalfaheu ist Hafer ein wertvolles Futter. Hochwertiges Heu sorgt für die fehlenden Proteine, für Phosphor, Calcium und die Vitamine A und D, die für die Ernährung so wichtig sind.

Guter gereinigter "schwerer" Hafer (aus kanadischem Anbau) sollte etwa 42 Pfund pro Scheffel wiegen und ist sein Geld wert! Am Ort angebauter Hafer (30 bis 32 Pfund pro Scheffel) sollte nicht an die Pferde verfüttert werden. Gewalzter oder gequetschter Hafer ist nicht empfehlenswert. Obwohl er die Verdaulichkeit erhöhen soll, hat er sich bei Pferden nicht bewährt. Ein Großteil des Nährwerts geht bei der Bearbeitung und dem Abfüllen in Tüten verloren und es kommt zu Staubbildung, Verschmutzungen und folglich Reizungen der Atemwege. Am besten ist immer noch ganzen Hafer mit seinem intakten Nährwert zu verfüttern.

Wird unter die schweren Getreidesorten, wie Mais, Gerste oder Weizen Melasse gemischt, sind sie besser für den Pferdemagen aufbereitet und verträglich. Ein beliebtes und schmackhaftes Beispiel dafür ist "Reformhafer".

Gekochtes Getreide

Getreide zu kochen ist eine hervorragende Methode der Futterzubereitung für junge, wachsende, und alle übrigen Pferde. Es ist ein sehr schmackhaftes, leicht verdauliches und nahrhaftes Futter. Sein besonderer Vorteil liegt in dem großen Volumen, das für die Verdauung sehr förderlich ist.

Vor Jahren sah man auf vielen gut geführten Zuchtstätten große Kochgefäße, die früh morgens in Gang gesetzt wurden und bis zum späten Nachmittag dampften. Die großen Bottiche über einem holzgefeuerten oder kohlengefeuerten Herd wurden vom ersten Pferdeknecht bedient, solange, bis feststand, daß alle Getreidekörner weich und geplatzt waren. Wenn der Deckel abgenommen wurde, war ein begieriges Wiehern zu hören. Ställe in denen gekochte Mahlzeiten auf dem Programm standen, hatten selten Fälle von Kolik, Myositis-(Entzündungen des Muskelgewebes)- Probleme, oder Magen-Darmstörungen.

Obwohl bequemere Fütterungsmethoden an ihre Stelle getreten sind, sind meines Erachtens die Vorteile der Fütterung gekochten Getreides bis heute unerreicht geblieben.

Heu

Das Wort Heu ist ein allgemeiner Begriff für alle Arten von getrockneten Gräsern oder Leguminosen verschiedener Qualität. Heu reicht vom sattgrünen blattreichen Leguminoseheu mit hohem Nährwert, bis zu ausgedörrten, braunen oder farblosen Stengeln von Wiesengras, das so gut wie keinen Nährwert besitzt.

Bedauerlicherweise betrachten die Rinderzüchter die gesamte Skala an Rauhfutter, ob genießbar oder nicht, als Heu. Bei den Pferdezüchtern oder -besitzern ist das anders. Leute, die mit hochwertigen Pferden umgehen, verlangen "Pferdeheu" und sind bereit, gut dafür zu zahlen. Und das hat seinen Grund. Es ist nicht leicht, einen guten Grasbestand auszuwählen, dann das Heu zu Ballen zu machen und anschließend das nahrhafte Heu an einen Spitzenstall zu verkaufen. Wenn man zusätzlich das Glückspiel mit dem Wetter berücksichtigt, von dem die Qualität des Heus maßgeblich abhängt, weiß man die Leistung erst richtig zu würdigen. Die drei wichtigsten Anforderungen an Pferdeheu sind: sauber, grün und blattreich!

Im Gegensatz dazu gedeihen Kühe, Schafe und Ziegen bei jeder Heuqualität - auch bei der, die für Pferde unbrauchbar ist. Wiederkäuer können erstaunlich große Mengen an Schimmel, Moder und Staub im Rauhfutter vertragen; es ist nichts Außergewöhnliches, daß Rindvieh bei Heu gedeiht, das für ein Pferd tödlich wäre.

Es gibt zwei Haupt-Heuarten:
Weideheu: Lieschgras, "Bluegras" und Weide- oder Wiesenheu
Leguminoseheu: Alfalfa und Klee

Jede Heuart hat ihre Vorteile, wenn es um die Rauhfutteransprüche von Pferden geht.

Ausschlaggebend für die Gewinnung von nahrhaftem Heu, ist der richtige Zeitpunkt der Gewinnung, der von Alter und Pflanze abhängt. Eine Fläche mit unreifem Gras liefert nahrhaftes Heu, das schmackhaft ist, während reifes Gras einen verminderten Nährwert hat, die Stengel an Färbung verlieren und weniger gut verdaulich sind. Wenn Sie Heu kaufen, beachten Sie diese vier Kardinalregeln. Heu sollte folgendermaßen sein:

1. blattreich, bei wenig Stengelmasse
2. weich und glatt anzufühlen
3. von grüner Farbe
4. sauber - frei von Schimmelpilzbildung, Moder oder Staub.

Zögern Sie nicht, einen Ballen zu öffnen und mit der Hand zwischen die einzelnen Heupacken zu greifen; prüfen Sie mit der Nase den Geruch. Geben Sie acht, daß Sie kein reifes Heu erwerben, das Ihnen als junges Saft-Heu - oft noch zu Spitzenpreisen - angeboten wird.

Wenn Sie Lieschgras-Heu für die Verfütterung an ältere Pferde prüfen, lehnen Sie alles Heu ab, dessen Blüte länger als 3,5 cm ist. Die Länge der Blüte verrät das Alter des Heus zur Zeit der Ernte und gibt so Aufschluß über seinen Nährwert.

Junge wachsende Pferde, Zuchtstuten und einige Sportpferde brauchen erstklassiges leguminöses Heu mit seinem vollen Nährwert und seinen Ernährungsvorteilen. Versierte Züchter messen dem Rauhfutter einen höheren Stellenwert bei, als den Fertigfutterprodukten. Anders bei den Hochleistungspferden; hier stehen die Fertigfutter an erster Stelle.

Gegenüberstellung: Pellets/Heu

Wir haben die Gefahren einer zu hohen Proteinaufnahme genannt und ihre nachteiligen Auswirkungen auf Muskel-, Sehnen- und Knochenwachstum. So sind denn auch in der Vergangenheit mehr wachsende Pferde mit Fertigfutterpellets überfüttert worden, als mit Heu. Heu wurde irrtümlicherweise als Ballast angesehen, bei einem zu vernachläßigenden Nährwert. Ich glaube, daß diese Gewichtung falsch ist. Ein hochwertiges leguminöses Heu oder sauberes Lieschgrasheu mit 30 bis 40 % Leguminosen gemischt, liefert lebensnotwendige Mineralien, Vitamine und hochwertiges Protein für Wachstum und Zuchtvorhaben.

Der Pferdebesitzer sollte das Heu für seinen Bestand sorgfältig auswählen und durch Anfassen prüfen. Obwohl gutes Heu kostspielig ist, bildet es die Grundlage der Ernährung und die Hauptnahrungsquelle; Fertigprodukte können diesen Ansprüchen nicht gleichwertig entsprechen, noch Getreide, wenn es auch für den größeren Energiefutterbedarf der Leistungspferde, Rennpferde und aktiven Sportpferde nötig ist.

Bei frühen Jährlingen kommt es durch das forcierte Füttern von Fertigfutterpellets zu einen anderen bedeutenden Problem. Ein Bestandteil der Fertigfutter, das Phytin, kann die Aufnahme und damit die Verwertung von Calcium, Phosphor und Magnesium im Körper des jungen Pferdes verhindern, selbst wenn diese im Futter vorhanden sind. Man nimmt an, daß Phytin das normale Calcium/Phosphor Verhältnis stört, folglich ist zu viel Fertigfutter schädlich. Wenn die Fertigfutterrationen zu groß sind, neigen diese jungen Tiere außerdem dazu weniger Heu zu fressen, die eigentliche Quelle für Mineralien, Proteine und Vitamine. Eine verminderte Heuaufnahme über Monate plus erhöhtem Phytin aus dem Fertigfutter spiegelt sich begreiflicherweise in einem deutlichen Mißverhältnis im Mineralstoffhaushalt und einer Mangelernährung wieder. Es kommt zu "apple ancles", Epiphysitis und ernährungsbedingten Sehnen-Kontraktionen, wobei jeder dieser Zustände sich, mit für die Altersstufe typischen Symptomen, manifestiert.

So sollte im Alter von 8 Monaten die Fertigfutterration sorgfältig zugeteilt werden, während das Fohlen ständig frisches Wasser, einen Salzleckstein und vor allem qualitativ hochwertiges Heu zur Verfügung haben sollte. Übrigens ist Spitzenheu nicht nur Lieferant von Calcium, Phosphor, Proteinen und Vitaminen, sondern enthält sie darüberhinaus in der richtigen Form für eine optimale Assimilation durch das junge, wachsende Tier. Ist Heu auf gut gedüngten Böden gewachsen, enthält es Nährstoffe, die vom Tier gut verwertet werden können, dies ist bei den kommerziell aufbereiteten Produkten nicht unbedingt der Fall.

Lassen Sie Vitamin- und Mineralstoffergänzungsfutter aus dem Spiel, außer Ihr Tierarzt verordnet sie ausdrücklich. Man vermutet, daß diese Produkte möglicherweise übermäßige Wachstumsschübe, Skelettdeformierungen und verschiedene Formen der Sehnenkontraktion verursachen.

Eine Faustregel für die Fütterung frühgeborener wie spätgeborener Jährlinge besagt, daß 12 Kilo Fertigfutter pro Tag nicht zu überschreiten sind, keine Futterzusätze gegeben werden und das beste saubere, grüne leguminöse Heu, das man bekommen kann, zur freien Verfügung gestellt wird.

Mineralstoffe

Die essentiellen Mineralstoffe, die ein Pferd benötigt um bei guter Gesundheit zu bleiben, sind neben den Mengenelementen Calzium, Phosphor, Magnesium: Chlor, Kobalt, Kupfer, Jod, Eisen, Mangan, Kalium, Selen, Schwefel und Zink - die alle in einer normalen, guten Fütterung vorhanden sind. Man nennt sie auch Spurenelemente.

Indem man den Pferden einen Salzleckstein zur Verfügung stellt, geht man sicher, daß ihnen die notwendigen Spurenelemente zur Verfügung stehen. Ein alter Bauernspruch besagt: "Man kann nichts herausholen, was man nicht hineinsteckt" und er hat sich immer wieder bewahrheitet. Um eine nahrhafte Ernte auf einem Boden zu erzielen, der Jahr für Jahr bearbeitet wird, muß man ständig kostspieliges Düngemittel aufbringen.

Leguminöses Heu, das grün, blattreich und gut getrocknet ist und von einem guten Boden stammt, ist eine unvergleichlich gute Nahrungsquelle, die die Mineralstoffe in der Form enthält, die vom System des Pferdes am besten assimiliert werden kann. Kommerziell hergestellte Vitamine und Mineralstoffe hingegen können dies - trotz aller Bemühungen der Hersteller, das Richtige zu treffen - nicht leisten und werden nicht so gut verdaut oder assimiliert. Der Inhalt geht - obwohl er recht kostspielig ist - weitgehend unverwertet durch den Magen-Darmtrakt der Pferde und landet auf dem Misthaufen.

Phosphor und Calcium

Calcium und Phosphor sind zwei wichtige Mineralstoffe, die für ein gesundes Skelett, einen stabilen Soffwechsel und gesunde Zähne sorgen. Ein ausgewogenes Verhältnis muß gewährleistet sein, da zwischen den Mineralien im Körper eine Wechselwirkung besteht; Forschungen haben ergeben, daß bei einem Mißverhältnis keins der Mineralien zur Wirkung kommt. Für ein wachsendes oder unreifes Jungpferd ist ein zwei-zu-eins-Verhältnis zwischen Calcium und Phosphor wesentlich. Das empfindliche Gleichgewicht wird durch ein nachläßiges oder unbesonnenes Darreichen von Zusätzen gestört. Durch das Hinzufügen eines Minerals, kann es zu einem Mangel kommen, folglich sind übereifrige Fütterungspraktiken gefährlich und zu vermeiden. Im Gegensatz zu der allgemeinen Auffassung, ist es meistens Phosphor das fehlt und nicht Calcium, wenn es zu einem Mißverhältnis in der Mineralfutterration kommt.

Fertigfutter enthält wenig Phosphor und ebensowenig Calcium. Mais ist dabei der größte Sündenbock. Hochwertiges leguminöses Heu enthält viel Calcium und wenig Phosphor, liefert aber ein hochwertiges Protein und eine Menge Vitamin A und D. Der Phosphormangel kann alle Körperfunktionen beeinträchtigen, vor allem die Knochenentwicklung und die Fruchtbarkeit. Für Pferde jeden Alters ist die zusätzliche Fütterung von Weizenkleie zu einer ausgewogenen Ernährung von Vorteil.

Weizenkleie ist reich an Protein, reich an leichtverdaulichen Nährstoffen und obwohl sie wenig Calcium enthält, ist sie die größte bekannte Phosphorquelle.

Nehmen Sie Weizenkleie und Getreidefutter zu gleichen Teilen; bereiten Sie daraus ein warmes oder kaltes Kleie-Mash. Diese Mischung liefert wichtige Ballaststoffe und Fasern für den Magendarmtrakt und sorgt für einen angemessenen Phosphoranteil in der Ration. Sie ist nicht nur schmackhaft, sondern sorgt auch für viel Volumen und macht satt. Im Winter ist sie eine willkommene warme Mahlzeit.

Da Calcium in vielen Futtermitteln enthalten ist, kommt es sehr viel seltener zu einem Calciummangel, als zu einem Phosphormangel. Alle leguminösen Gräser und Heusorten haben einen hohen Calciumgehalt.

Salz

Natriumchlorid oder Kochsalz ist für das Leben und seine physiologischen Vorgänge so wichtig, wie das Wasser. Die Verwendung eines einfachen Salzlecksteins ist in Ordnung, aber einen mineralisierten Salzleckstein zur Verfügung zu stellen, ist ideal, denn er liefert alle Spurenelemente mit der Ausnahme von Selen.

Ein Salzleckstein scheint zunächst einmal völlig harmlos zu sein - und die Grundlage aller Spurenelemte. Dem ist nicht so! Hüten Sie sich vor plötzlichen Umstellungen. Wird ein Salzleckstein Pferden zur Verfügung gestellt, die längere Zeit kein Salz zur Verfügung hatten, kann es zu Verdauungsstörungen, kolikartigen Beschwerden und leichten Vergiftungserscheinungen kommen.

Ein Salzleckstein ist in der Verwendung ungefährlicher als loses Salz, da dieses viel schneller aufgenommen werden kann und so unbemerkt Vergiftungserscheinungen hervorruft, mit dem Resultat, daß das Fohlen schwer erkrankt.

Selen

Das Auftreten eines Selenmangels scheint zuzunehmen. Bei neugeborenen Fohlen (unter 12 Tagen) nennt man einen Selenmangel "Weißmuskelkrankheit", eine Form die meistens tödlich ausgeht. Die Symptome sind eine profunde Muskelschwäche, die Unfähigkeit zu stehen und zu schlucken.

Der Tod tritt nach kurzer Zeit ein. Der Sektionsbefund ergibt eine hochgradige Muskeldegeneration, bei schwacher Färbung und starken Schwellungen und stellenweise Mineralablagerungen im Muskelgewebe. Die betroffenen Fohlen leben alle nur kurze Zeit und die Diagnose wird gewöhnlich erst postmortem gestellt oder bestätigt. Diese Tragödie ist auf einen Selenmangel der Mutterstute während der Trächtigkeit zurückzuführen.

Bei volljährigen Pferden zeigt sich der Mangel im allgemeinen an unspezifischen Muskelstörungen physiologischer Ätiologie. So haben Leistungspferde deutliche oder leichte Anzeichen einer Muskelversteifung, die man als Myositis bezeichnet, wobei gesagt werden muß, daß dieser Terminus alle möglichen Erscheinungen abdeckt. Bei derartigen Fällen haben sich Selen und Vitamin-E Injektionen sehr bewährt.

Leinsamenmehl ist ein idealer, zuverlässiger und natürlicher Selenspender, der außerdem auch noch viel Protein enthält. Doch befragen Sie vor der Verwendung Ihren Tierarzt, denn eine vorsichtige Dosierung dieses nahrhaften Futterzusatzes ist nötig, um Vergiftungserscheinungen vorzubeugen. Es handelt sich um ein lebenswichtiges Mineral, das aber gleichzeitig Gefahren birgt und mit Vorsicht einzusetzen ist. Die Sicherheitsgrenze ist hier schnell überschritten!

Der anerkannte Selenbedarf eines ausgewachsenen Pferdes beträgt 4 mg pro 100 Pfund Futter; der toxische Grenzwert beträgt 500 mg pro 100 Pfund Pferdefutter. Eine übermäßige Selenaufnahme führt zu einer Toxikose oder Vergiftung. Die Symptome sind: Ausfallen der Mähnen- und Schweifhaare, schlechter Appetit, Taumeln, sowie die Entstehung eines übermäßig feuchten oder nassen Hufgewebes.

Offensichtlich treten Anzeichen eines chronischen Mangels oder von Vergiftungserscheinungen nur beim ausgewachsenen Pferd auf und gewöhnlich auch nur in einer Gegend mit schlechten Böden; während neugeborene Fohlen an der Weißmuskelkrankheit erkranken und ihr sehr schnell erliegen. Da Selen in den Mineralsalzlecksteinen nicht enthalten ist, muß es dem Futter gegebenenfalls hinzugefügt werden. Verschiedene Gegenden mit schlechten Böden haben sich als selenarm, selenreich und als Gegenden mit normalem Selengehalt im Boden herausgestellt, wobei jede von ihnen für eigene Symptome und Bedingungen sorgt.

Jod

In Deutschland gibt es bestimmte Regionen, deren Böden bekanntlich jodarm sind. Mensch und Tier, die in diesen Gebieten leben, müssen ihrer täglichen Ernährung Jodsalz hinzufügen. Bevor die Bedeutung von Jod für unsere Ernährung allgemein bekannt war, litten Mensch und Tier an Kropfbildung bedingt durch die jodarmen Böden dieser Gegend.

Wenn die Nahrung der Zuchtstuten in der Trächtigkeit zu viel Jod enthält, oder wenn ein Jodmangel besteht, bringen sie Fohlen mit einem Kropf zur Welt. Hier rächt sich der kleinste Irrtum. Die Schilddrüse vergrößert sich und dient als Barometer für den einen wie den anderen Fall.

Sind Fohlen in der Zeit ihrer embryonalen Entwicklung hiervon betroffen, werden sie oft abortiert. Auch wenn sie lebend zur Welt kommen oder langsam dahinsiechen, ist die vergrößerte Schilddrüse immer ein deutliches Zeichen.

So wie bei einigen anderen Spurenelementen ist die Grenze zwischen angemessen, unangemessen, übermäßig und toxisch beim Jodgehalt sehr eng. Ein jodhaltiger Salzleckstein sorgt in ausreichender Form für den nötigen Jodgehalt jeder Fütterung.

Aber seien Sie vorsichtig, ein zu schneller oder übermäßiger Genuß des Salzes kann zu Problemen in Form von Magendarmstörungen führen, die einen toxischen Grad annehmen können. Eine Salzvergiftung kommt gewöhnlich bei Tieren vor, die kein oder kaum Salz zur Verfügung hatten. Die ständige Verfügbarkeit eines Salzlecksteins läßt es gar nicht erst zu solchen Störungen kommen, während loses Salz zum schnellen Verzehr auffordert. Bei einem Salzleckstein müßen die Tiere lange und umständlich lecken, um eine gleichgroße Menge Spurenelemente aufzunehmen.

Kupfer

Obwohl man selten von Fohlen mit einem Kupfermangel hört, ist das Hauptsymptom ein Überköten an allen 4 Beinen. Die Prognose ist mäßig bis schlecht. Ein neuerer Bericht bringt Kupfer-, Zink- und Magnesiummangel mit Verstellungen der Gliedmassen in Verbindung. Auch diese Fälle traten in bestimmten geographischen Regionen auf, in denen man eine Unterversorgung des Bodens mit Mineralstoffen annimmt.

Alle anderen hier erwähnten Spurenelemente sind im täglichen Futter reichlich vorhanden und sind folglich nicht problematisch, auch dann nicht, wenn die Pferde nur ein Erhaltungsfutter bekommen und auch nur durchschnittlich gut betreut und beobachtet werden.

Vitamine

Vitamine sind organische Nahrungssubstanzen, die in winzigen Mengen für eine normale Körperfunktion notwendig sind.

Sie sind in der natürlichen Nahrung enthalten. Jede willkürliche Futterumstellung kann das empfindliche Gleichgewicht des Vitaminhaushalts stören und eine Mangelkrankheit hervorrufen. Vitaminmängel verursachen Mangelernährung, verzögertes Wachstum, Störungen der geschlechtlichen Funktionen, Fehlgeburten und verschiedene andere Erkrankungen.

Während Vitamine im Körper recht gut gespeichert werden, ist ihre Wirksamkeit in der normalen Außenwelt allerlei Störfaktoren ausgesetzt und leicht durch Lichteinwirkungen, Luft, Feuchtigkeit und Temperaturschwankungen gestört. Bei Getreide und Rauhfutter können durch einen ungünstigen Erntezeitpunkt, ein ungünstiges Wachstumsstadium und eine schädliche Lagerungsform und -dauer die Wirksamkeit und Haltbarkeit der Vitamine zerstört werden.

Vitamine die für den menschlichen Verzehr bestimmt sind, werden in schützenden Kapseln und luftdichten Behältern aufbewahrt, die für ihre Haltbarkeit sorgen. Leider können Futtermittel für Tiere nicht in ebenso wirksamer Weise eingepackt und vor einem Qualitäts- und Quantitätsverlust geschützt werden.

Es gibt zwei Gruppen von Vitaminen, die fettlöslichen und die wasserlöslichen. Zu den fettlöslichen Vitaminen gehören die Vitamine A, D und E, die am häufigsten im Pferdekörper fehlen. Vitamin A ist das wichtigste Vitamin für Mensch und Tier. Da es in der natürlichen Nahrung reichlich vorhanden ist, sollte man davon ausgehen, daß es nie zu einem Vitamin-A-Mangel kommt. Leider kommt es in Viehbeständen, vor allem im Winter, häufig zu einem Vitamin-A-Mangel der täglichen Futterration.

Vitamin A ist unentbehrlich für einen guten Gesundheitszustand; da der Körper es aus Karotin umwandelt, welches in Pflanzen enthalten ist, müßen die Tiere jeden Tag eine angemessene Menge an Karotin aufnehmen. Die Aufnahme von 3.000 bis 5.000 I. U. auf 100 Pfund Lebendgewicht, gilt allgemein als täglicher

Mindestbedarf an Vitamin A für Pferde. Frisches grünes Heu oder gutes Weideland kann diesen Bedarf reichlich decken.

Eine grüne Farbe weist auf den Karotingehalt hin. Man weiß, daß Heu, das länger als 1 Jahr gelagert war, seinen Vitamingehalt weitgehend eingebüßt hat. Sind die Futtermittel Licht und Sauerstoff ausgesetzt, werden die Vitamine zerstört, doch kann eine vorschriftsmäßige Lagerung in Scheunen dazu beitragen, daß der Verlust weniger groß ist und weniger schnell voranschreitet.

Vitamin A (Karotin) Gehalt

Futtermittel	Karotin (mg/kg)
(Rauhfutter)	
Alfalfa Heu	33
Bermudagras Heu	36
Bluegrasweide	386
Roter Klee	34
Lieschgras Heu	11
(Futterkonzentrate)	
Hafer	0
Mais	2
Gerste	0
Rübenschnitzel	0

Da Getreide einen niedrigen Gehalt an Vitamin A und D hat, bilden blattreiches, grünes Heu und gute Weiden die Hauptquellen unter den Pferdefuttern.

Schlechte Fruchtbarkeitsraten, mangelnder Appetit, schlechtes Haar und Hufhorn, Nachtblindheit, übermäßiger Tränenfluß und eine verminderte Widerstandsfähigkeit Infektionen der Atemwege gegenüber, sind typische Anzeichen eines Vitamin-A-Mangels. Futterzusätze können eingesetzt werden, jedoch ist die Fütterung eines hochwertigen grünen, blattreichen leguminösen Heus vorzuziehen, da die Wirksamkeit der Zusatzfutter unsicher ist. Vitamin A wird über einen Zeitraum von sechs bis sieben Wochen in der Leber gespeichert, folglich richtet eine kurzfristische Mangelversorgung des Pferdes keinen Schaden an.

Durch Überfüttern von Vitamin A kann es zu einer Vergiftungserscheinung kommen und was noch verwirrender ist, die Symptome einer Hypervitaminose sind die gleichen, wie die bei einem Mangel! Wenn Sie Zweifel haben, befragen Sie Ihren Tierarzt.

Bezüglich der Vitamin-D-Versorgung der Pferde gibt es keine Probleme. Dem Pflanzenfresser Pferd liefern das Sonnenlicht und sonnengetrocknete Futtermittel alles erforderliche Vitamin D. Pflanzen enthalten Mengen von Ergosterol, das durch die Einwirkung der ultravioletten Strahlen in Vitamin D2, eine Vorstufe von Vitamin D umgewandelt wird. Alle Heusorten, die für Pferde in Frage kommen, sind reich an Vitamin D2. Im Pferdekörper wird Vitamin D2 in verwertbares Vitamin D umgewandelt. Die Umwandlung des Vitamins wird dadurch angeregt, daß das Pferd - durch natürliches Sonnenlicht, oder eine künstliche Quelle - ultravioletten Strahlen ausgesetzt ist.

Ergosterol ist in Hefe reichlich vorhanden; wenn man also Hefe mit ultraviolettem Licht bestrahlt, hat man fertiges Vitamin D2 zur Verfügung. Bestrahlte Bierhefe wird gern verwendet, um in der langen kalten Jahreszeit mit wenig Sonneneinstrahlung, die Pferde mit zusätzlichem Vitamin D zu versorgen.

Vitamin D steht in unmittelbarem Zusammenhang mit dem Calcium/Phosphor Verhältnis im Körper, und der Verwertung und Ablagerung dieser beiden Stoffe. Vitamin D ist das Anti-Rachitis Vitamin; Symptom eines Vitamin-D-Mangels ist ein gestörtes Calcium/Phosphor Verhältnis, das schließlich zu einer Kalzifikation oder Entkalkung des Gewebes führt, zu einer Schwächung des Skeletts, einer Beeinträchtigung der Gelenke, schlechten Zähnen sowie einer Vergrößerung der Röhrenknochenenden und letztendlich Mißbildungen. Im allgemeinen wird kein Futterzusatz gegeben, da sonnengetrocknetes Heu, vorzugsweise ein grünes, blattreiches leguminöses Heu und Bestrahlung durch Sonnenlicht eine natürliche und reichliche Vitamin-D-Quelle darstellen.

Vitamin E (Alpha-Tokopherol) nennt man auch das Anti-Sterilitäts Vitamin. Es ist jedoch bisher nicht wissenschaftlich erwiesen, daß Vitamin E für sich genommen gegen Sterilität wirkt, bzw. die Fruchtbarkeit fördert. Forschungsberichten zufolge wird jedoch vermutet, daß Vitamin A und E synergistisch zusammenwirken und bei unfruchtbaren Zuchtstuten zu positiven Ergebnissen führen. Man nimmt auch an, daß Vitamin E für die Entwicklung der Muskulatur, des Skeletts und des Nervensystems notwendig ist.

Vitamin E verbindet sich naturgemäß mit Selen, einem Spurenelement, das im Boden und in Pflanzen enthalten ist. Die Anwendung dieser Vitamin-Mineralstoff Kombination in oraler Form oder als Injektion hat sich als wirkungsvoll in der Behandlung einiger Muskelerkrankungen bei Fohlen und in Fällen von Myositis bei Leistungspferden erwiesen.

Weizenkeimöl ist ein im Handel erhältliches Produkt, das reich an Vitamin E ist und in einem speziellen Verfahren aus Weizenkeimen gewonnen wird. Während es in erster Linie für Hengste und Stuten im Zuchtstall verwendet wird, benutze ich es auch bei Pferden mit schlechtem Fell. Wird das Tier gut gefüttert, entwurmt und vorschriftsmäßig geimpft, und hat trotzdem ein stumpfes, rauhes Fell, kann 1 Unze (30 g) Weizenkeimöl, 2 x täglich etwa 1 Monat lang gegeben, den Allgemeinzustand des Tiers verbessern. Ich habe damit außerdem sehr gute Erfahrungen gemacht, wenn ein Jährling ohne bekannte Ursache ein Überbein an seinem Bein entwickelt. Bei der doppelten Dosierung von 2 Unzen (60 g) 2 x täglich und zusätzlichem Bandagieren des Überbeins, so daß es warm und geschützt ist. Nach einer Zeit von 6 Wochen werden Sie voraussichtlich angenehm überrascht sein.

Futtermittel, Fütterung und Ernährung

Zusammensetzungen mit Weizenkeimöl riechen wie Fischöl und die meisten Pferde, vor allem die jungen, wenden sich ab. Um dies zu vermeiden, streichen Sie einfach etwas Weizenkeimöl auf und um das Maul des Pferdes und geben Sie es per Sonde ein. Dies Verfahren wird das Seine tun.

Sie werden sehen, wie das Pferd frißt!

Wasserlösliche Vitamine, die Vitamine B und C spielen keine so wichtige Rolle, wie die Fettlöslichen. Da der Vitamin-B-Komplex nachweislich in der Leber aufgebaut wird, kann es so leicht nicht zu einem Mangel kommen. Hiervon kann man allerdings nur bei einer abgerundeten, ausgewogenen Fütterung und einem gesunden Tier ausgehen. Rennbahntierärzte sind im Gegensatz hierzu der Meinung, daß dem Futter von Rennpferden und anderen Leistungspferden regelmäßig Vitamin-B-Komplex und Ascorbinsäure vor und nach den Wettkämpfen beigefügt werden sollte.

Die Erfahrung hat die Menschen, die mit Hochleistungspferden umgehen, davon überzeugt, daß zusätzliche Vitamingaben in Zeiten besonderer Belastung angebracht sind.

Frühes Absetzen

Im 5. Kapitel, das sich mit Waisen beschäftigt, bzw. mit Fohlen, die ohne Mutter aufwachsen, wurde die Beobachtung aufgezeigt, daß diese Tiere den Fohlen überlegen sind, die in der üblichen Art und Weise am Euter ihrer Mutter heranwachsen. Hat sich aus der Beobachtung mutterloser Fohlen eine neue Methode der Fohlenaufzucht und -fütterung ergeben?

Ich habe festgestellt, daß sich früh abgesetzte Fohlen - etwa im Alter von 3 Monaten - mit gutem natürlichen Futter, plus speziell für sie bestimmter Futterzusätze, außergewöhnlich gut entwickelt haben.

Ich bin überzeugt, daß ein frühes Absetzen sowohl für das Fohlen, wie für die Stute von Vorteil ist, besonders dann, wenn die Stute wieder tragend ist. Dies sollte mit dem Tierarzt besprochen und geplant werden.

Aber Vorsicht! Wenn das Fohlen sechs bis acht Monate alt ist, darf das Zusatzfutter (Foal-Lac) nicht weiter gefüttert werden und dem Fohlen stattdessen normales Fertigfutter und hochwertiges leguminöses Heu gegeben werden. Dies ist besonders wichtig, wenn das Fohlen von Natur aus groß oder wüchsig ist oder eine entsprechende genetische Veranlagung hat.

Hüten Sie sich vor Überfütterung!

8. Kapitel

Management und Haltung

Die solide Grundlage für eine gesunde und erfolgreiche Aufzucht von Pferden - gleich ob auf einem großen Zuchtbetrieb, oder in einem kleinen Stall - ist zunächst einmal ganz allgemein ein gutes Management, und die richtige Haltung. Obwohl die Unterstützung des Tierarztes eine lebendige Komponente dieses Unternehmens sein sollte, ist sie eben das und nicht mehr und kann nicht zum Tragen kommen, wenn der Betrieb nicht mit Sachverstand geführt wird. Die moderne Veterinärmedizin kann eine ansonsten funktionierende Pferdehaltung nur soweit unterstützen und ergänzen, daß sie dafür sorgt, daß wenig Krankheitsfälle auftreten und der allgemeine Gesundheitszustand sich verbessert.

Es obliegt jedem praktischen Tierarzt, der zur Behandlung eines Tieres gerufen wird, zu beobachten und Ratschläge zu erteilen, seien sie medizinischer Art oder auf das Management bezogen, und so die Leistungsfähigkeit des Zuchtstalls oder der Pferdehaltung zu verbessern. Der Veterinär sollte trotz seines täglichen Arbeitspensums die Zeit aufbringen, die für eine sachdienliche Besprechung und eine unterstützende Beratung nötig ist. Ein praktischer Tierarzt muß den aufrichtigen Wunsch haben zu helfen, zu verbessern und Informationen weiterzugeben, die die Behandlung der Tiere betreffen, bzw. dazu beitragen, daß bessere Zuchtpraktiken zur Anwendung kommen.

Man könnte ein ganzes Leben darauf verwenden, die Prinzipien der Pferdehaltung zu erlernen, ebensogut könnte man ein Leben damit verbringen, Bodenbearbeitung und -bebauung zu studieren. Die veterinärmedizinische Praxis, die sich auf den Pferdebereich beschränkt erfordert ebenso ein lebenslanges Studium und Engagement. Jeder dieser Bereiche spielt eine wichtige Rolle in einem erfolgreich geführten Stall.

Landwirtschaftsschulen und Tierhaltungskurse vermitteln das allgemeine Wissen über die Haustiere, einschließlich ihrer Natur und ihrer Bedürfnisse. Die Pferdehaltung ist jedoch ein enges Spezialgebiet, das sich auf die besonderen und einzigartigen Bedürfnisse des Pferdes bezieht.

Eine Übertragung von Erfahrungen mit einer Tiergattung auf andere, ist gefährlich und sollte unbedingt unterlassen werden. Es gibt absolut keine Beziehung zwischen den Fleischfressern und den Pflanzenfressern, und es besteht ein großer Unterschied zwischen den widerkäuenden Pflanzenfressern, wie der Kuh und dem Pferd, das ja ebenfalls Pflanzenfresser ist.

Das Studium der Pferdehaltung umfaßt - neben anderen Dingen - die Grundlagen des Umgangs mit Pferden unter Berücksichtigung ihrer Vorlieben und Abneigungen. Unterbringung, Einzäunung, Fütterung, auch die äußerst bedeutsame Bewirtschaftung von Land und Weiden gehört dazu.

Häufig beobachtete Fehler sind zu hohe Tierbestände, Überweidung und Überfütterung mit Fertigprodukten (Getreidemischung). Zu enge Bestände führen zu Erkrankungen, Parasitenbefall und Verschmutzungen. Die Überfütterung mit Fertigfuttern wurde in Kapitel 7 erörtert. Überweidung ist ein Faktor, der mit der wachsenden Zahl von Freizeitpferden und den steigenden Preisen für brauchbares Land und feste Einzäunungen zunimmt.

Gutes Weideland, das für die Aufzucht von Pferden hoch gehandelt wird, kostet eine stolze Summe. Bluegrass-Land, daß für seinen hohen Nährwert für Pferde bekannt ist, ist seit Jahren nur zu Höchstpreisen zu haben. Dennoch könnte Bluegrass-Land in Zukunft weniger gefragt sein, da einigen Berichten zufolge der hohe Karotin - und Östrogengehalt in üppigem Bluegrass für frühe Aborte bei einigen Zuchtstuten verantwortlich gemacht wird. Nahrhaft und üppig ist nicht immer das Beste! Hier scheint man wieder einmal davon auszugehen, daß "wenn wenig gut ist, mehr besser sein muß". Die alte Faustregel - 1/2 Hektar pro Pferd - hat den Test der Zeit bestanden, aber ich sehe zu meinem Bedauern, daß in der Mehrzahl der Fälle die Anzahl der Tiere zu hoch ist.

Regenmenge und Graswachstum gehen Hand in Hand. Ein zu üppiges Graswachstum wird seit vielen Jahren mit allerlei pathologischen Zuständen in Verbindung gebracht, wie z. B. Lahmheiten, Aborten, Fettleibigkeit und Koliken. Maßhalten ist das wichtigste Wort bei der Aufzucht von Pferden; Übertreibungen sind in allen Bereichen zu vermeiden.

Das Management eines Pferdehofs oder auch eines einzelnen Fohlens liegt am besten in der Hand einer verantwortungsvollen, gebildeten oder gut-belesenen Person, die aufrichtig daran interessiert ist, dieser Aufgabe gut zu entsprechen. Eine gute Pferdehaltung ist ohne Kenntnisse auf all den Gebieten, die in den vorhergehenden Kapiteln besprochen wurden - Fütterung, Ernährung, prophylaktische, medizinische oder sanitäre Maßnahmen, usw. - nicht möglich, da all diese Gebiete miteinander verknüpft sind.

Der Fohlenstall

Kehren wir zu der Zuchtstute zurück, die das zentrale Thema dieses Buches - das Fohlen - trägt. Gehen wir einmal davon aus, daß die Mutterstute während der Trächtigkeit eine gute pränatale Versorgung erfahren hat und nun dem Ereignis in guter Verfassung entgegensieht.

Rechtzeitig vor dem errechneten Geburtstermin ist der Stall der Stute vorbereitet, um der Stute als Abfohlbox zu dienen und dem Fohlen als "Kinderstube". Und die Stute wird selbstverständlich ganz besonders beobachtet und betreut!

Im Morgengrauen eines warmen Frühlingstags preschten etwa 30 Zuchtstuten durch das Hoftor in Richtung Stallungen, in Erwartung ihres Morgenfutters. Der Stallmeister sah, daß bei einer Stute, die zwei Wochen später fohlen sollte lange Nachgeburtshäute herunterhingen. Panik kam auf. Die Stute wurde in einen sauberen, gut eingestreuten Stall gebracht und der Stallmeister schickte jeweils zwei Mann in verschiedene Richtungen, um das Fohlen in der großen Weide zu suchen. Dann ging er zum Telefon.

Kurz darauf war ich dort und es war nicht schwer zu erkennen, daß die Stute gefohlt hatte oder eine Fehlgeburt gehabt hatte. Obwohl mein Tierarztwagen schlechtem Gelände gewachsen war, erwies sich dieses Weideland als besonders widerspenstig. Während die Angestellten der Farm außen am Truck hingen, bzw. obendrauf standen, fanden wir nach längerem Suchen schließlich eine flache, höher gelegene Stelle, an der das Gras plattgelegen war.

Die Männer sprangen vom Truck und sahen nach, ob das Gras feucht war. Tatsächlich, das Gras war naß und einige Stellen waren blutgetränkt, dies reichte mir als Beweis dafür, daß die Stute gefohlt hatte. Aber wo war das Fohlen? Dann sah ich, daß die unterste Latte der nahen Umzäunung verschoben und lose war.

Erregung ergriff mich. Ich sprang über den Zaun, in ein dichtes Dickicht. Indem ich vorwärts stolperte und hinter Kletterpflanzen und Brombeerranken suchte, entdeckte ich zwei aufmerksam gespitzte Ohren. Hier lag das Fohlen, inmitten von Gestrüpp und langem Gras, mit hochaufgestrecktem Kopf. Genau in dem Moment als ich seinen aufmerksam ausgestreckten Kopf sah, wieherte es!

Freudenrufe kamen von den Männern und ich sah zu, wie die freudig erregte Gruppe das schwache aber couragierte Neugeborene durch das äußerst unwegsame Gelände trugen.

Nach einer kurzen Untersuchung ging das Fohlen prompt zu seiner gleichgültigen Mutter und begann zu saugen.

Als ich zum nächsten Besuch weiterfuhr, ging es mir durch den Kopf. Wenn die Stute ihre Nachgeburthäute in diesem verlassenen Gelände verloren hätte, hätte niemand nach einem verlorengegangenen Fohlen gesucht. Dieses Fohlen wäre verloren gewesen! Es gibt keinerlei Grund, seine Stute und sein Fohlen nicht vor der Grausamkeit der Natur zu schützen. Die Methoden der "Naturapostel" sind sowohl grausam, wie auch verlustreich. Tun Sie nur alles für die Sicherheit und das Wohlbefinden Ihrer Zuchtstute und Ihres zukünftigen Fohlens!

Es ist äußerst bedeutsam, daß der Abfohlstall geräumig und gut abgesichert ist, um möglichst jedes Risiko für das langerwartete Fohlen auszuschließen. Die Größe der Box ist ein wesentlicher Gesichtspunkt. Die günstigsten Maße sind 6 m x 6 m, wobei die Innenflächen alle ohne vorspringende Teile sein sollten. Große Zuchtställe haben im allgemeinen Abfohlställe mit Spezialmaßen, die mit allem ausgerüstet sind, was bei der Geburt benötigt wird. Für den Besitzer einer einzelnen Stute besteht die Möglichkeit, die Trennwand zwischen 2 nebeneinanderliegenden Ställen herauszunehmen, um die Raumgröße zu verdoppeln.

Konstruktion

Der Stall sollte zumindest bis zur Höhe von 90 cm feste Wände haben, ohne Löcher oder Öffnungen, in denen sich die kleinen Hufe des Fohlens verfangen können.

"Vorsicht ist die Mutter der Weisheit". Unglücke zu vermeiden, ist leichter, als sie wieder gut zu machen. Also benutzen Sie Ihre fünf Sinne und suchen Sie den Stall im voraus nach verborgenen Gefahrenquellen ab, bevor etwas Schlimmes eintreten kann!

Futtertröge und Wassereimer sollten eine gummiartige Struktur haben und abzunehmen sein, oder so hoch hängen, daß sie keine Verletzungen verursachen können.

Ich erhielt eines Morgens einen Anruf von einem niedergeschlagenen Züchter, dessen einige Wochen altes Fohlen ein fast vollständig abgetrenntes Ohr hatte und stark blutete.

Im Aufbrechen nahm ich mir eine Tasse heißen Kaffe aus der Küche und trank unterwegs ein paar Schluck. (Manchmal ist mir so, als ob mein Tierarztwagen sich den Weg von allein sucht und ich mich während der Fahrt über die holprigen Wege zu einem Notfall ruhig ein wenig stärken kann.)

Als ich ankam, führte mich der wartende Züchter in die Boxe. Ein blutiger Anblick erwartete mich. Das Fohlen stand traurig mitten im Stall und war buchstäblich mit Blut bedeckt. Ein Ohr hing schlaff im schiefen Winkel herunter und schien nur noch an einem Faden zu hängen.

Nachdem das Fohlen sediert war, nahm ich eine örtliche Betäubung vor und reinigte die Umgebung des Ohrs. Anschließend untersuchte ich den Riß sorgfältig. Zum Glück war die Lage nicht so ungünstig, wie zunächst vermutet. Das Ohr war zwar fast vollständig abgetrennt, aber oberhalb des Knorpels und Muskels, der die Bewegung bewirkt. Sobald das Ohr wieder an Ort und Stelle angenäht war, bewegte das Fohlen das verletzte Körperteil. Aus Undankbarkeit oder schlechter Laune legte es beide Ohren an und zeigte so, was es von der Situation hielt. Als ich aus dem Stall herausging, gingen beide Ohren nach vorn und es ging zu seiner Mutter, um zu saugen.

Der Züchter begann sofort mit der Suche nach der Ursache der Verletzung. Erst am späten Nachmittag, als Stute und Fohlen in einen Auslauf gebracht wurden, damit der Stall gründlich gereinigt werden konnte, fand man einen Nagel unter dem Stroh in etwa 3 bis 5 cm Höhe über dem Stallboden. Er war von einer Nachbarboxe aus unachtsam durch ein Brett getrieben worden. Der Züchter hatte mehrere Stunden gebraucht, um den Nagel zu finden; das Fohlen hatte dies ohne Schwierigkeiten geschafft!

Die Unterbringung des Neugeborenen sollte so geschützt und narrensicher sein, wie möglich, ohne daß jedoch die Ventilation darunter leidet. Eine gute Lüftung ist wichtig, doch ist dafür zu sorgen, daß sich das Fohlen nie im Zug befindet, wenn es im Stroh liegt und schläft, oder umherläuft und spielt.

An einem kalten, regenreichen Morgen erhielt ich einen dringenden Anruf. Eine Stute hatte gefohlt und das Fohlen war in Gefahr! Ohne mich mit den Einzelheiten aufzuhalten, zog ich mich an und lief, mit einer Tasse Kaffee in der Hand, zur Tür heraus und jagte die Straße entlang zu der Farm.

Es mußte die ganze Nacht geregnet haben, denn mein Tierarztwagen sank tief in den schlammigen Weg ein und kam direkt vor dem mir bekannten Stall schlitternd zum Stehen. Als ich schnell hineinlief, stieß ich beinah mit dem unglücklichen Züchter zusammen, der unter Tränen auf den Stall zeigte. Ich traute meinen Augen nicht, als ich eine haarige, feuchte Masse zwischen zwei 60 zu 180 cm starken Stallplanken festgeklemmt sah, die zweifellos tot war. Die nasse, dampfende Stute lief - außer sich vor Erregung - im Stall umher, während der Züchter draußen stand und Angst hatte, die Boxe zu betreten. Ich wartete und bekam die Stute an der Halfter zu fassen, als sie eine ihrer Runden drehte und spritzte 1 Sedativum intramuskulär. Sie nahm den Nadelstich kaum wahr. Innerhalb von Minuten wurde sie ruhig, so daß das Fohlen aus der schlecht konstruierten Stallwand herausgezogen werden konnte. Hier war ein Leben vergeudet worden, weil man versäumt hatte, für die Stute einen passenden Abfohlstall vorzubereiten.

Die hochexplosive Natur einer Pferdegeburt unterscheidet sie von der Geburt aller anderen Tierarten. Wenn die Zeit zum fohlen gekommen ist, kann nichts außer dem "lieben Gott" diesen dynamischen physiologischen Prozess aufhalten.

Motto: Seien Sie längere Zeit vorher vorbereitet. Sie werden die Gelegenheit nicht verpassen wollen, dem Wunder der Geburt beizuwohnen und es zu erleben.

Desinfektion

Sauberkeit ist das A und O; also schrubben Sie Stallboden, -wände und -decke mit heißem Seifenwasser und einer Drahtbürste. Ist der Stallboden aus Lehm, kratzen Sie einfach eine Schicht ab, durchfeuchten Sie den Boden und treten ihn gut fest. Entfernen Sie jegliches organisches Material, weichen Sie ihn gut ein und spülen Sie nach. Lassen Sie auf die anfängliche Reinigung Lysol (Desinfektionsmittel auf dem amerikanischen Markt) oder eine Kieferöllösung folgen und warten Sie zwei Stunden bis Sie wiederum nachspülen. Nach drei Tagen desinfizieren Sie erneut und benutzen dabei einen Garten-Druckbehälter mit einer Sprühdüse. Die versprühte Flüssigkeit kann in alle Fugen und Ritzen dringen, die sonst nicht erreicht werden. Jedes Desinfektionsmittel mit einem ausreichenden Phenolanteil ist geeignet, oder nehmen Sie auch eine der neueren Polyvida-Jod Zusammensetzungen. Gehen Sie sicher, alle Wassereimer, Tröge und Gitter behandelt zu haben.

Wenn auf den Stallinnenflächen Farbe aufgetragen wird, achten Sie darauf, daß sie kein Blei enthält.

Management und Haltung

Nach der gründlichen Desinfektion bleibt der Stall auf, um an der Luft zu trocknen. Durchzug und Sonnenbestrahlung, die in den Stall dringen, wirken sich günstig aus. Die schädlichen Bakterien, vor allem die Botulismus-Microorganismen, die sich in Ställen aufhalten, sind gewöhnlich anaerobischer Natur und gedeihen an warmen, feuchten, dunklen und verschmutzten Stellen, an die wenig, oder gar kein Sauerstoff dringt.

Die Einstreu sollte sauber, staubfrei und saugfähig sein. Weizen- oder Roggenstroh ist dafür bekannt, hell, sauber, langstielig, staub- und moderfrei zu sein. Obwohl es teuer und schlecht zu bekommen ist, ist es die beste Einstreu für ein neugeborenes Fohlen.

Andere Einstreumaterialien - außer dem zu bevorzugenden Stroh - wie Hobelspäne, Staz-Dri, Torfmoos, Sägemehl oder irgend ein anderes Abfallprodukt der Holzverarbeitung, einschließlich der neuen Produkte aus Zeitungspapier, sind ungeeignet für neugeborene Fohlen. Abgesehen davon, daß sie die Augen-, Nasen-, Genital- und Nabelmembranen reizen, polstern diese Produkte nicht gut genug - und sie liefern auch nicht die für ein Neugeborenes benötigte Wärme.

Sicherheits-Nachtlicht

Alle Fohlenställe sollten mit einer kleinen Nachtbeleuchtung ausgestattet sein, die rund um die Uhr brennt, so daß die Stute das Fohlen immer gut sehen kann.

Temperaturen

Zu warme und kalte Temperaturen sind dem Fohlen nicht zuträglich und bedeuten Stress. Bei kaltem Wetter können Wärmelampen gute Dienste leisten, um Kälte und Feuchtigkeit vom Fohlenstall fernzuhalten. Bei angenehmer Wärme entspannt sich ein Fohlen besser, seine Funktionen gehen leichter vonstatten und es fühlt sich wohler. Denken Sie jedoch daran, daß Wärmelampen die Luft unnötig austrocknen, oder einen Brand verursachen können, wenn sie nicht korrekt aufgehängt werden.

Werden sie zu hoch aufgehängt, produzieren sie zu viel Wärme. Hängt man sie zu tief auf, können sie die brennbaren Materialien im Stall anzünden oder dem Kopf der Stute gefährlich werden.

Achten Sie darauf, Infrarot-Birnen zu verwenden und keine Ultraviolett-Birnen. Erstere liefern Wärme und sind ziemlich ungefährlich, letztere hingegen sind bakterizid, wärmen nicht und können den Augen des Fohlens irreparable Schäden zufügen.

Der ganze Stall braucht nicht geheizt zu werden; es ist sogar ungesund, dies zu tun.

Fohlen suchen sich ein warmes Plätzchen im Stall, wenn ihnen kühl ist. Es ist vorzuziehen, daß der Stall eher kalt ist; zu viel Wärme ist von Nachteil.

Der Fohlenauslauf

Das Sehvermögen eines Fohlens ist in den ersten drei Tagen nicht so scharf, daß man es aus dem Stall lassen sollte. Nach dieser kurzen Zeit des Eingesperrtseins, können Stute und Fohlen in einen kleinen Auslauf geführt werden, wo Mutter und Kind im geschützten Privatbereich ihre Beine ausstrecken können. Für 7 bis 10 Tage sollte dieses Paar sich allein bewegen, bevor es mit anderen Stuten und Fohlen gemeinsam herausgeht. Mutter und Kind sollten in dieser verordneten Gewöhnungsphase vor anderen, neugierigen Pferden geschützt sein und sich in der Privatsphäre eines separaten Auslaufs bewegen. Die frischgebackene Mutter wird nicht gerade besonders gesellig sein, denn sie ist jetzt extrem besitzergreifend und eifersüchtig auf ihr neues Fohlen.

Wenn Sie wollen, daß Stute und Fohlen sich nur bewegen, sollte der Auslauf einen frischen sauberen Grasbestand und Boden haben und gut eingezäunt sein, vorzugsweise doppelt und für das Neugeborene geschützt liegen. Ein gut eingezäunter Auslauf, der an den Stall angrenzt, ist ideal, wenn er nicht übermäßig benutzt wurde, abgegrast und mit Parasiten verseucht ist. Diese ungünstigen Bedingen würden zu einer schlechten Ernährung führen und die reale Gefahr einer Wurminfektion des Fohlens bedeuten.

An einem heißen Sommertag war ich auf einer großen Farm, am Ende eines langen Arbeitstags, als das Radiotelephon mir einen Notfall ankündigte. Ein Stutfohlen hatte direkt über dem Huf eine Schnittverletzung und blutete heftig. Verbände, Staubinden, Eis - all das hatte nicht helfen können. Der Anruf kam von einem Züchter, der nur eine Stute besaß und zum erstenmal ein Fohlen gezüchtet hatte. Für die Sicherheit des Fohlens war nach allen Regeln der Kunst gesorgt worden. Mit einer Hast, die mir sonst fremd ist, warf ich meine Ausrüstung in den Wagen. Ich fragte mich, wie es zu einem solchen Unfall hatte kommen können.

Im Normalfall hätte ich eine halbe Stunde gebraucht, um von Ort zu Ort zu kommen, aber ich trat das Pedal voll durch und schaffte die Entfernung in der Hälfte der Zeit. Als ich noch eine Viertelmeile von meinem Ziel entfernt war, leuchteten so ziemlich alle Warnlampen auf. Ich betete inständig, der Wagen möge weiterlaufen. Als ich ankam, kam eine zischende Dampfwolke aus der Kühlerhaube, und ich raste zu meinem Patienten.

Es war jemand am Kopf des Stutfohlens und der Besitzer hielt das Vorderbein bei gebeugter Fessel hoch. Das Bein war mit blutgetränkten Verbänden bedeckt und das Fohlen befand sich dem Schock nahe. Ich begann sofort mit einer i. v. - Infusion und entfernte anschließend die Verbände um die Verletzung zu untersuchen. Sie wurde sichtbar, als die Fessel gebogen wurde. Unter dem Gewicht des Fohlens öffnete sich eine klaffende Wunde an der Ferse, direkt über dem Huf. Blut strömte heraus. Ich brachte die Blutung zum Stehen, fuhr mit der Infusion fort und beschloß, daß es gerechtfertigt sei, den Schaden an Ort und Stelle zu beheben und den Patienten nicht in die Klinik zu transportieren.

Unter Narkose wurde die Wunde geschlossen und ein Gipsverband angelegt, um die Nahtstelle zu entlasten.

Als das Stütchen aus der Narkose aufwachte, wurde der Auslauf gründlich überprüft. Er war von einem sicheren Holzzaun umgeben. Nur ein einziger Bereich war verdächtig. Ein Teil des Zauns war mit Geißblatt-Ranken bewachsen. Heimtückisch in den Ranken versteckt, befand sich ein einziges Stück weichen Drahts. Das Stutfohlen hatte die Ranken neugierig mit dem Huf untersucht, hatte sich mit dem Huf hinter dem Draht verfangen und in dem panischen Bemühen wieder frei zu kommen, hatte es sich den Huf beinahe abgesägt. Glücklicherweise kam es ohne weitere Zwischenfälle zur Heilung - keine Nerven waren durchgetrennt. Das einzige bleibende Problem war eine geringgradige Verformung des Hufs an einer Stelle, an der die Wachstumslinie des Hufs beschädigt worden war.

Der erste Ausgang

Jetzt kommt der Tag, an dem das Fohlen zum ersten mal hinaus darf. Dieses aufregende Ereignis muß genau geplant werden. Warten Sie bis zum Mittag des dritten Tages und hoffen Sie auf Sonne und eine ideale Witterung, daß das Barometer nicht fällt oder hochschnellt und daß es draußen nicht glatt oder rutschig ist.

Nehmen Sie das Fohlen in die Arme, einen Arm und die Brust und den anderen fest um die Hinterpartie. Jemand sollte die Stute in einem solchen Tempo vor dem Fohlen herführen, daß das Paar dicht beisammen bleibt und keine Panik entsteht. Greift man den Schwanz des Fohlens dicht am Ansatz, ist dies die sicherste und einfachste Methode, das Fohlen notfalls abstützen zu können, sei es einfach nur beim Laufen, oder bei sonstigen Schwierigkeiten, die sich ergeben können.

Sehen Sie darauf, daß Ihr Fohlen so geführt wird und lassen Sie keine Experimente zu. Niemand sollte versuchen, ein Fohlen wie ein älteres Pferd zu behandeln, jede Gewaltanwendung, am Kopf oder Hals des Fohlens kann schweren Schaden anrichten, der möglicherweise nicht wieder gut zu machen ist, denn der übermäßig lange, schlanke Hals des Fohlens ist besonders stressempfindlich.

Wenn Stute und Fohlen am Auslauf angekommen sind, wird die Stute durch das Tor geführt und dann umgedreht, so daß sie den Eingang sieht. Dieser Punkt ist wichtig für das Leben des Fohlens und seine Unversehrtheit. Halten Sie das Fohlen am offenen Tor gut fest, während die Stute losgelassen wird und die Möglichkeit bekommt, eine Runde zu drehen, auszuschlagen und ein bißchen zu laufen. Sie kommt mit Sicherheit nach einigen Augenblicken zurück, um zu sehen, wo ihr Fohlen ist. Jetzt ist der Moment gekommen, um das Fohlen loszulassen und es relativ sicher mit seiner Mutter laufen zu lassen.

Indem Sie diesen Rat befolgen, haben sie möglicherweise eine recht häufige Tragödie verhindert. Sie haben vermieden, daß Ihre Stute das Fohlen in ihrem Übermut tritt. Wenn beide, Stute und Fohlen gleichzeitig losgelassen werden, kann sie das Kleine an ihrer Seite aus den Augen verlieren, wenn sie, nach den Tagen im Stall, ihrem Bewegungsdrang Luft macht.

Begrenzen Sie die Zeit für die ersten Ausflüge des Fohlens nach draußen. Lassen Sie nicht zu, daß das Fohlen so müde wird, daß es sich auf den Boden legt. Und wählen Sie in den ersten Wochen die Zeit so aus, daß extreme Temperaturunterschiede vermieden werden. Keinesfalls sollte das Fohlen bei Niederschlägen, - Schnee oder Regen - herausgebracht werden.

In den ersten Monaten (Saugfohlenalter) ist zu vermeiden, daß das Fohlen zu sehr ermüdet, durchnäßt, unterkühlt oder überhitzt wird. Eine geschützte, saubere und ruhige Liegefläche muß immer zur Verfügung sein. Fohlen sind Babies und sollten als solche behandelt werden.

Halftergewöhnung

Nachdem man das Fohlen in der ersten Woche in Ruhe gelassen und es liebevoll umsorgt hat, wird der kleine Hengst oder die kleine Stute nun zum ersten Mal mit Disziplin in Berührung kommen: dem Anlegen und Tragen eines kleinen, leichten Fohlenhalfters. Die Zeit zwischen der ersten Woche und 10 Tagen ist ein günstiger Zeitpunkt, um dem neuen Fohlen ein Halfter anzupassen. Da es dabei manchmal zu einem Kraftakt kommt, sind am besten zwei Personen zur Stelle.

Einer der beiden umfaßt das Fohlen von vorn und hinten und hält es, während der andere das Halfter sanft anlegt. Das Halfter soll anliegen aber nicht stramm sitzen! Es sitzt richtig, wenn man nach dem Anlagen an jeder Stelle bequem einen Finger unter das Leder schieben kann.

Ein zu loses Halfter ist gefährlich, weil sich beim Hinlegen leicht ein Fohlenhuf dahinter verfangen kann, außerdem kann es an einem vorspringenden Gegenstand an der Stallwand oder sonstigem Gerät hängen bleiben.

Lederhalftern sind denen aus anderem Material vorzuziehen. Daß Leder sich dehnt, oder auch reißt, ist von Vorteil, wenn sich ein kleiner Huf darin verfängt.

Obwohl das Fohlen nun ein Halfter trägt, sollte es nicht mit Zwang geführt werden. So lange es klein genug dafür ist, sollte es so wie am ersten Tag im Auslauf gehalten und geführt werden. Dann muß es sanft und rücksichtsvoll an das Führen gewöhnt werden. Ein Fohlen darf nie gewaltsam am Kopf gezogen werden oder am Halfter gerissen werden.

Hufe

Einige Tierärzte befürworten das Auftragen von Jod auf die Hufe des Neugeborenen, direkt nach dem Eintauchen des Nabelstumpfes. Ich habe Jod noch nie zu diesem Zweck verwendet, aber das Antiseptikum soll die weichen, blattartig geschichteten Hufe des Neugeborenen austrocknen und zusammenziehen und das Eindringen unerwünschter Bakterien verhindern.

In den ersten ein bis zwei Monaten erfordern die Hufe des Fohlen wenig Pflege, aber etwa im dritten Monat kommt es zu der deutlichen Ausbildung einer "Spitze" mitten vorn am Huf. Wenn das Fohlen Schritt geht oder trabt, sollte es gerade über die Zehe abrollen, wenn es vortritt. Eine Zehe mit Spitze erschwert ein korrektes Auffußen des Hufs, oder macht es sogar unmöglich, und das Fohlen rollt an der Innenseite des Hufs ab, was zu einem zehenweiten Gang führt, oder an der Außenseite und es geht dann zeheneng. Diese Wachstumsspitzen verursachen eine unnötige Belastung der gesamten Gliedmaßen und aller betroffenen Gelenkflächen.

Wenn die Fohlenhufe regelmäßig kontrolliert werden, erkennt man, wie die Zehe steht. Ich habe festgestellt, daß Bein- und Hufverstellungen immer schlimmer werden, wenn nicht umgehend Korrekturmaßnahmen getroffen werden. In den Fällen, in denen früh damit begonnen wurde, den Gang geradezurichten und diese Stellung dann zu erhalten, wurden oftmals die Weichen gestellt für ein späteres gesundes Gangwerk und für das Ausstellen auf dem Schauring.

Wenn die äußerliche Umrißlinie des Hufs unterbrochen ist, genügen ein paar Striche mit der Hufraspel, um die runde Form wiederherzustellen und damit einen normalen natürlichen Gang.

Jede verantwortliche Person kann mit Hilfe der Raspel die winzige Zehe etwa alle 10 Tage abrunden. Die Sohle des Fohlenhufs sollte jedoch nicht angrührt werden.

Eines Morgens wurde ich zu einer großen Zuchtfarm gerufen, wo eine Stute in der vorausgehenden Nacht auf einer großen Weide gefohlt hatte - in strömendem Regen. Die Besitzer bedauerten zutiefst, daß sie ihren Zustand nicht bemerkt hatten und sie nicht in den vorgesehenen Abfohlstall gebracht hatten.

Der Sohn brachte mich zu der Stelle, wo die Stute vermutlich gefohlt hatte. Das flachgelegene Gras und die Verschmutzungen befanden sich in unmittelbarer Nähe eines schnell fließenden Flüßchens und es war ziemlich klar, daß das neugeborene Fohlen ausgerutscht sein mußte und schließlich in das schnellfließende Wasser gefallen war. Wir gingen gemeinsam am Ufer ein gutes Stück flußabwärts und fanden den kleinen, verrenkten Körper des Fohlens, der sich in den Ranken und dem Gestüpp verfangen hatte.

Die Leute waren vor Kummer und Scham völlig niedergeschlagen. Anders als bei anderen Tierarten, kann man bei Zuchtstuten die bevorstehende Geburt nicht immer deutlich erkennen und aus diesem Grund kommt es zu vielen Unfällen, selbst bei Leuten, die sehr erfahren sind. Aus diesem Grund muß die Zuchtstute mit äußerster Vorsicht behandelt werden. Vage Vermutungen sind fehl am Platze.

Nachdem ich im Laufe meines Lebens alle nur erdenklichen Tragödien miterlebt habe, die einer Zuchtstute zustoßen können und ganz besonders ihrem empfindlichen Fohlen, vertrete ich den Standpunkt, daß Leute, die eine Stute decken lassen, diesem Tier gegenüber eine moralische Verpflichtung haben, und zwar einmal, was die Versorgung während der Trächtigkeit betrifft und zum anderen die Unterbringung und Betreuung während und nach der Geburt. Die gleichgültige Einstellung der Unerfahrenen ist: "Die Natur wird's schon regeln". Ja, das wird sie - aber die Natur kann grausam sein und unerbittlich. Ich denke der beste Leitsatz ist, so gut für Stute und Fohlen zu sorgen, wie für unsereins!

Ich möchte betonen, daß das Studium der Fohlenpädiatrie (Lehre von den Fohlenkrankheiten) in der Tat ein eigenes Fachgebiet ist, mit spezifischen Krankheiten und Zuständen, die jeweils eine genaue Diagnosestellung erfordern mit den dazugehörigen sicheren und wirksamen Mitteln, speziellen Dosierungen und individuellen Behandlungsmethoden.

Vorsicht: Übertragen Sie nie Kenntnisse aus der Behandlung ausgewachsener Pferde auf die Behandlung von Fohlen und nehmen Sie nie Medikamente, die den Jungen anderer Tierarten verordnet wurden. Diese Praxis ist gefährlich, oder bestenfalls unwirksam. Fohlen sind Pferdesäuglinge - nicht kleine Pferde!

Ich möchte Ihnen eine letzte wahre Geschichte erzählen. Nach 25 Jahren Praxis war ich der Meinung, daß ich alles zumindest einmal miterlebt hätte, aber im letzten Frühjahr hatte ich es mit einem höchst ungewöhnlichen und aufregenden Fall zu tun.

Meine gute Freundin und Nachbarin hatte eine alte tragende Stute, die etwa Mitte April fohlen mußte. Nichts zu hören, ist ein gutes Zeichen und alles blieb ruhig. Dann kam eines Tages ein Telefonanruf: "Bitte komme, meine Stute ist nicht in Ordnung und geht schon einige Wochen über die Zeit!" Gewöhnlich bin ich nicht besonders besorgt, wenn eine Stute 7 bis 10 Tage überträgt, vor allem wenn ich daran denke, wie häufig der Termin nicht ganz richtig berechnet wird. Da ich die Verhältnisse aber gut kannte, waren mehrere Wochen wirklich eine Zeit, die mir Sorgen bereitete. Meine Freundin besaß nur eine Zuchtstute und sie hatte tief ins Portemonnaie gegriffen, um sie gut über die 11-monatige Tragezeit zu bringen. Als ich nun die lange Einfahrt entlang fuhr, und mich dem kleinen gut geführten Stall näherte, hielt ich den Atem an und hoffte, daß alles in Ordnung war.

Die große, hochtragende Stute stand mit dem Kopf in der Ecke und machte einen deutlich niedergeschlagenen, geplagten und sehr müden Eindruck. Ihr Rückgrad stand heraus, was noch deutlicher durch die Muskelerschlaffung, die zur Vorbereitung der Geburt nötig ist, zum Vorschein trat. Ich faßte ihren großen Schweif an und stellte fest, daß er schwer und schwach herunterhing, dann sah ich mir das volle Euter an. Obwohl ihr Euter groß, gespannt und warm war, waren keine Anzeichen von Wax, geschweige denn Milch, zu erkennen.

Als meine Freundin ein paar Minuten später kam, erzählte sie eine Horror-Geschichte, die mir klar werden ließ, warum sie mich um Hilfe gebeten hatte. In diesem Moment bekamen wir beide zu sehen, was die beunruhigte Besitzerin mir beschrieben hatte - die Stute fiel beinahe um, als das Fohlen heftig zu treten anfing! Ein Fuß war nach außen gedrückt und dehnte die Bauchwand so stark, daß ich meinen Augen nicht traute. Ich war sehr besorgt um die Sicherheit der Stute und ihren Uterus und das Leben des Fohlens. Entweder würde der Uterus der Stute reißen, oder die funktionierende Nabelschnur des Fohlens im Uterus. Ich sedierte die Stute umgehend leicht und untersuchte sie gründlich. Ohne jeden Zweifel hatte ich noch nie ein so großes und so lebendiges Fohlen im Mutterleib ertastet.

Ich stellte fest, daß der Muttermund völlig geschlossen war und daher spritzte ich der Stute intravenös und intramuskulär ein Mittel, daß ihr die Angst nehmen sollte und vor allem ihren Muttermund entspannen und öffnen sollte, um die Geburt zu ermöglichen.

Nach zwei Stunden und mehreren wilden Tret-Episoden, war der Muttermund weiterhin dicht geschlossen. In diesem Augenblick wurde mir klar, daß beider Leben, das der Stute und das des Fohlens in Gefahr waren und daß ich sie in die Klinik schicken mußte. Zum Glück war die nächste Tierklinik in der Nähe. Ein Transporter wurde bestellt und die erschöpfte Stute eiligst zur Tierklinik gebracht, allerdings mit äußerster Vorsicht.

In der nächsten Stunde lag die erschöpfte Stute auf dem Operationstisch und ein Kaiserschnitt wurde vorgenommen. In dem Moment, als ich den Schnitt durch die Uteruswand machte, und durch das Plazentagewebe drang, erschien plötzlich ein hochschlagender nasser Huf, traf beinah meine Chirurgenmaske und verschwand, so schnell wie er gekommen war, wieder im Uterus. Das ganze geschah so schnell und so unerwartet, daß ich es nicht deutlich sah, sondern fühlte, wie das Fruchtwasser auf meine Brille und meinen Kittel spritzte. Meine Mannschaft hielt ungläubig den Atem an. Ich hatte von hyperaktiven Fohlen gehört, aber dies war völlig neu! Nach dieser Tret-Episode machte ich mir umso mehr Sorgen um den Uterus dieser betagten Stute. Es war keine Zeit zu verlieren.

Das übergroße Fohlen füllte den Uterus vollständig aus, so daß bei der Operation kaum bzw. kein Platz zum Hantieren war. Meine Finger tasteten die dünn gewordene, stark gedehnte Uteruswand mit ihren großen Gefäßen, die ebenfalls bis zum Äußersten gedehnt waren; sie waren völlig brüchig und konnten keinem weiteren Trauma standhalten. Mir wurde klar, daß ich dieses Fohlen sehr schnell zwischen zwei Temperamentsausbrüchen auf die Welt holen mußte. Als ich beide Hinterbeine zusammen ergriff, begann es wild zu treten. Mein Assistent kam mir zu Hilfe und es gelang uns, das Fohlen aus all dem zarten Gewebe zu befreien und herauszuheben. Nachdem wir die Nabelschnur abgeklemmt hatten, übergaben wir den Helfern ein 80 Pfund schweres, 91 cm hohes, braunes Hengstfohlen. Während man sich um das Fohlen kümmerte, nähte ich den Uterus routinemäßig und schloß anschließend die Bauchdecke. Inzwischen war der kleine Hengst trocken und wir hatten ein kräftiges Fohlen, das nach dem Euter suchte, während die alte Stute aus der Narkose erwachte. Sie erholte sich von der Operation und bekam ein wohlverdientes Jahr Ruhe.

Mit drei Monaten gewann das riesige braune Hengstfohlen ein nationales Fohlenchampionat!

Es war mir eine Freude den Großteil meiner praktischen Tätigkeit, der Behandlung von Fohlen zu widmen.

Ich habe mich immer für eine glückliche Person gehalten, die hart gearbeitet, aber auch alle Glücksmomente dieses Lebens gekostet hat. Ich denke, daß diese glückliche Aura sich auf meine kleinen Freunde und Patienten, die Fohlen übertragen hat. Oh ja, ich habe auch Verluste hinnehmen müssen, aber Sie können sicher sein, ich habe jedesmal hart gekämpft. Wenn ein schwerkrankes Fohlen überlebt, freut sich jeder. Stirbt ein Fohlen, ist der einzige Trost, daß man nichts unversucht gelassen hat, um das junge Leben zu retten.

Manchmal scheint jede Behandlung zu versagen. Dann nehme ich Zuflucht zu meinem liebsten Gebet:

> Gott gebe mir die Gelassenheit,
> die Dinge zu akzeptieren, die ich nicht ändern kann,
> den Mut, die Dinge zu ändern, die ich ändern kann
> und die Weisheit, das eine vom anderen zu unterscheiden.

Ich habe dieses Buch gern geschrieben und hoffe, daß seine Informationen in irgendeiner Form kleinen Fohlen zugute kommen.

Glossar

Aberration Abweichung vom Normalen oder Typischen

Abort Austreibung eines Embyos oder Fötus, bevor er in der Lage ist, außerhalb des Mutterleibes zu existieren

Abruptio Placentae vorzeitige Plazentaablösung

Azidämie Säureüberschuß im Blut mit Abfall des pH-Wertes

Azidose übermäßiger Säuregehalt des Bluts, ein Zustand des verminderten Alkaligehaltes im Blut und den Geweben, verursacht durch übermäßige Säurebildung

Actinobazillus Equuli (Shigella Equirulis; Shigella Equuli) ein gram-negativer Organismus, der Infektionen bei Neugeborenen hervorruft (als Dummy, Sleeper und Wanderer-Fohlen bekannt) hauptsächlich bekannt für eine allgemeine Systemerkrankung des Neugeborenen

A-Equi-I, A-Equi-II Abkürzung für zwei Influenzavirenstämme, die Grippe beim Pferd verursachen

Agalaktie Ausbleiben der Milchbildung im Euter der Stute nach der Geburt des Fohlens

Agglutination das Zusammenklumpen von roten Blutkörperchen oder von Mikroorganismen

Alfalfa leguminöses Heu, Luzerne

Aminosäuren die Bausteine des Proteins

Amnioparacentese Punktion von Fruchtwasser (mit einer langen Nadel, die durch den Bauch in die Fruchtblase eingebracht wird) zu Analysezwecken

Amnion-Flüssigkeit das Fruchtwasser, von dem das Fohlen im Mutterleib umgeben ist und das es während seiner Entwicklung aufnimmt

Amnion der Sack, der das Fohlen als erster umhüllt, die erste Haut, die während der Geburt zu sehen ist; der innere von zwei Säcken

Anaerob gedeiht nur in Abwesenheit von freiem Sauerstoff

Anaphylaktische Reaktion eine ungewöhnliche oder übertriebene Reaktion (Hypersensibilität) einer fremden Sache gegenüber, kann durch eine kleine sensibilisierende Injektion dieser Substanz hervorgerufen werden; oder eine ernste Reaktion auf eine inhalierte oder aufgenommene Substanz

Anasakra die Ansammlung von Flüssigkeit im Bindegewebe des Körpers

Anastomose eine chirurgische oder pathologische Verbindung von zwei normalerweise getrennten Räumen oder Organen zur Bildung eines gemeinsamen Kanals

Anaesthesist Narkosefacharzt, der das Betäubungsmittel dem gewünschten Grad der Unempfindlichkeit entsprechend, verabreicht

Anaesthetikum jedes Mitttel, das eine lokale, regionale oder allgemeine Unempfindlichkeit herbeiführt

Ankylose anormale Unbeweglichkeit, Versteifung oder Fixation eines Gelenks

Anthelmintikum ein Wurmmittel, das die Würmer entweder zerstört oder sie austreibt

Antikörper eine krankheitsbekämpfende Serum-Globulinsubstanz, die der Körper als Reaktion auf ein Antigen oder einen fremden Stimulus produziert

Antigen eine gewöhnlich in Form von Eiweiß auftretende Substanz oder ein Komplex von Substanzen, der das Immunsystem dazu stimuliert, mit einer Immunkörperreaktion zu reagieren
Antipyretikum jedes fiebersenkende Mittel
Apposition wenn die sich gegenüberstehenden Oberflächen der unteren und oberen Zähne richtig aufeinanderstehen, so daß es zu einem gleichmäßigen Abrieb kommt und richtig gekaut werden kann
Artikulär die Gelenke betreffend
Askariden Spulwürmer, Innenparasiten, die für eine Reihe von Symptomen und Erkrankungen verantwortlich sind (vgl. Nematoden)
Aszites unnormale Ansammlung seröser Flüssigkeiten in der Bauchhöhle (Bauchwassersucht)
Aspiration der Vorgang des Einatmens; auch: die Entfernung fremder Flüssigkeiten oder Gase aus einer Höhle
Asymptomatisch symptomfrei
Ataxie Gleichgewichtsstörung; mangelnde muskuläre Koordination
Atonizität Muskeltonusinsuffizienz
Autoklav Sterilisationsapparat der unter Dampfdruck arbeitet

Bakterizid bakterientötend
Bacterin Bakterienvakzine, eine Vakzine die aus toten Bakterien hergestellt wird
Barker Fohlen das Fohlen leidet an einer Systeminfektion, die durch einen unbekannten Organismus hervorgerufen wird; das Fohlen macht charakteristisch "bellende" Geräusche und leidet unter Krämpfen
Bizeps Fermoris Bizepsmuskel des Oberschenkels oder mächtiger doppelter Muskel an der Hinterseite des Beins. Er streckt und/oder hebt die Gliedmaßen des Hinterbeins
Bilateral oder symmetrisch mit zwei symmetrischen Seiten versehen
Bivalent, Trivalent Medikament, das ein Pferd gegen zwei oder drei bekannte Variationen neurotoper Viren immunisieren kann, die das Nervensystem angreifen
Blepharospasmus unkontrollierbares Augenzittern, durch unbeeinflußbare Kontraktion der Muskulatur des Augenlids verursacht, führt zum mehr oder weniger vollständigen Schließen des Augenlids
Blutbild das Auszählen der Gesamtanzahl roter oder weißer Blutkörperchen in einem Kubikmillimeter Blut, Differenzierung der weißen Blutkörperchen
Blutkultur aseptisch entnommenes Blut, das zur Analyse ins Labor gesandt wird; bakteriologische Blutuntersuchung
Blutvergiftung Sepsis oder Pyämie
Blutwürmer oder Strongylus vgl. Nematoden
Botulismus Vergiftung, die durch das Toxin Bazillus Clostridium botulinum verursacht wird und das Nervensystem beeinträchtigt
Brachygnathie in Relation zum Oberkiefer verkürzter Unterkiefer

Cerebellum Kleinhirn, der Teil des Gehirns, der für die Koordination der Bewegung verantwortlich ist
Cholinesterase ein Enzym, das nervöse Impulse bewirkt

Glossar

Chromosomen intrazelluläre, stabförmige Körperchen, die Träger von Genen oder Erbfaktoren innerhalb des Zellkerns zur Zeit der Zellteilung sind
Corynebakterium Equi ein gram-positiver Bazillus, der Bodenbewohner ist und Verursacher der Fohlenpneumonie und von Abszessen im Magen-Darmtrakt und anderen Bereichen des Körpers

Dassel die Larve der Dasselfliege, (Gastrophilus); parasitär, sobald sie in die Magenwand eindringt
Defäkation Stuhlentleerung aus dem Rektum
Degeneration gewöhnlich irreversible Verschlechterung spezifischer Zellen oder Organe
Dehydration exzessiver Flüssigkeitsverlust eines Körpers oder Organs
Desmotomie chirurgische Ligamentsdurchtrennung
Diarrhöe eine anormal häufige Entleerung flüssiger Fäkalstoffe aus dem Darm
Diffus weitverbreitet, verstreut
Desinfektion Prozess der Vernichtung krankheitserregender Mikroorganismen und ihrer Toxine
Distales Ende das Gegenteil von proximal; weit weg vom Anheftungspunkt gelegen
Diuretikum ein Mittel, das den Urinfluß steigert
Dorsosacral die dorsale Oberfläche der Fohlenwirbelsäule in einer Linie mit den Sakralwirbelsäulen der Mutterstute; die normale Lage des Fohlens kurz vor der Geburt
Dystokie eine schwierige Geburt

EEV Abkürzung für: Eastern Equine Encephalomyelitis Vakzine
Elektrolyte die Ionen der verschiedenen Salze von Sodium, Kalium, Calzium, Magnesium, Eisen, usw. die in bestimmten Mengen in den Körperflüssigkeiten enthalten sind. Bei Stress oder einem Krankheitszustand ist eine Ergänzung durch i.v. Injektion oder orale Verabreichung notwendig
Embryo ungeboren; die Entwicklungsstufe nach der Befruchtung, vom Moment der Konzeption an, bis zur Ausbildung von Fätalanhängen und der Ausbildung von Kopf und Hals; danach als Fötus bezeichnet
Embryotomie Zerstückelung eines Fötus zur Erleichterung der Geburt
Endokrines System Hormondrüsen, deren innere Sekretion gewisse Zieldrüsen beeinflußt, die darauf reagierend, wiederum ihre Zieldrüsen beeinflussen
Endometrium Gebärmutterschleimhaut
Endoparasitenbefall das Eindringen von Parasiten in den Pferdekörper, die in den inneren Organen leben
Epiphysen beim jungen Tier nennt man das Knochenende die Epiphyse, die vom Schaft (diaphyse) durch die Wachstumszone (Epiphysenspalte), die sich mit zunehmender Reife schließt, getrennt ist
Epizootisch auf eine sich schnell verbreitende Krankheit bezogen, die eine große Anzahl von Tieren gleichzeitig erfaßt und sich über große Gebiete verbreitet; entspricht der Epidemie beim Menschen
Ernährungsbedingte Kontraktion ein verkrüppelnder Zustand, hervorgerufen durch übermäßige Ernährung während des rapiden Wachstums; das Knochenwachstum ist schneller als das der Sehnen, wobei die Sehnen in Relation zu den

Knochen zu kurz werden und es zu einer verkrüppelnden Sehnenkontraktion kommt
Erythrozyten rote Blutkörperchen, verantwortlich für den Sauerstofftransport zwischen der Lunge und Geweben und Organen
Escherichia Coli Kolibakterien; eine Gattung von Organismen, die den größten Teil der Darmflora bilden, bei Tier und Mensch
Eustachische Röhre eine knorpelartige Röhre, die die Paukenhöhle des Mittelohrs mit dem Schlund verbindet; sie leitet Luft in die Paukenhöhle und gleicht den Druck im Bereich des Trommelfells aus
Exsudat Flüssigkeiten, Zellen oder Zellreste, die von den Blutgefäßen abgesondert werden und sich im Gewebe ablagern, meist nach Entzündungen

Fettlösliche Vitamine die Vitamine A, D, E und K
Femur der Knochen zwischen Becken und Kniegelenk
Fötales Anasakra Wasseransammlungen in verschiedenen Geweben und Höhlen des fötalen Körpers
Fötus vgl. Embryo
Flora verschiedene nützliche Bakterien, die im Darminhalt zu finden sind
Foalcheck ein käuflicher Test, mit dem man den Immunkörpergehalt im Fohlenplasma herausfinden kann
Fohlentrog geschützt in einer Ecke angebrachter Trog zur Fütterung des Fohlens, für die Mutter nicht erreichbar
Fohlenrosse der erste Rossezyklus der Stute nach dem Fohlen; etwa 8 bis 12 Tabe nach der Geburt
Foal-Lac ein handelsübliches Milchersatz-Präparat in den USA; hat eine gute Zusammensetzung, enthält aber keine Antikörper

Gene Elemente durch die die Erbeigenschaften übermittelt werden; es gibt 2 Arten von Merkmalen, die dominanten, die Hauptmerkmale und die rezessiven, die in Abwesenheit der dominanten Gene zum Tragen kommen; die biologischen Erbanlagen
Gestation Zeit der Trächtigkeit; 11 Monate beim Pferd, 9 bei der Kuh
Glottis Stimmritze, befindet sich zwischen den Stimmbändern und dem oberen Bereich der Kehle; Strukturen im Bereich der Kehle
Gluteus die großen Muskeln an der Hinterhand
Gonaden die Geschlechtsdrüsen, entweder Ovarien oder Hoden

Hasenhacke Geschwulst an der hinteren unteren Seite des Sprunggelenks infolge Anschwellens des plantaren Ligamentums; oftmals mit Lahmheit verbunden
Hämatom eine örtliche Schwellung, gewöhnlich hervorgerufen durch Zusammenklumpen von Blut aus einem Blutgefäß; auf ein Organ oder einen begrenzten Gewebebereich beschränkt
Hämolytische Anämie Anämie, die durch die Zerstörung roter Blutkörperchen hervorgerufen wird; führt zu einem Hämoglobinverlust
Hereditär erblich, von den Eltern auf die Nachkommen genetisch übertragen
Hernie Bruch, hier gelangen Organe oder Gewebe aus ihrer normalen Lage in benachbarte Körperhöhlen oder an die Körperoberfläche
Herpes-Viren die verursachenden Viren des Herpes simplex (eine akute Virus-

erkrankung, die sich in Form von wässrigen Pickeln auf der Haut und an den Schleimhäuten äußert; man nimmt an, daß sie die Erreger der Rhinopneumonotis sind, die bei Stuten zum Abort führt
Hinterendslage die Hinterhand des Fohlens kommt bei der Geburt als erstes zum Vorschein; Hinterbeine und Hinterpartie liegen vorn
Hydrocephal abnorme Ansammlung von Flüssigkeit, die eine Vergrößerung des Schädels bewirkt, sowie eine Kompression und Atrophie des Gehirns, Geistesschwäche und Neigung zu Krämpfen
Hypoglykämie unnatürliches Absinken des Blutzuckerspiegels
Hypoplasie mangelhafte Ausbildung; unvollständige Entwicklung

Ikterus (Gelbsucht) ein hämolytischer Ikterus ist die Gelbsucht des Neugeborenen; gewöhnlich als Neonatale Isoerythrolyse bezeichnet
ICU (Intensive Care Unit) Intensivstaion in einer Klinik
I.M. Abkürzung für intramuskular; das Spritzen in den Muskel
Immunkörperdefizienz Unfähigkeit des Fohlens aus dem Kolostrum der Stute Immunkörper aufzunehmen, zu absorbieren oder zu verwerten
Immunglobulin Serumproteine, die eine Immunität herbeiführen können
Inappetenz mangelnder Appetit
Infektiös Infektionsquelle (durch Mikroorganismen), die durch direkten Kontakt oder auch ohne wirkt
Influenza Virusinfektion der Luftwege
Inguinal zum Leistenbereich gehörig
Interventrikulär auf eine kleine anatomische Höhle bezogen, wie z.B. die des Herzens oder des Gehirns
Interventrikulärer Septumdefekt ein Defekt in der Wand zwischen den beiden ventrikulären Höhlen des Herzens
Intranasal innerhalb der Nase befindlich
Intrauterin im Inneren des Uterus gelegen
Intravaginal innerhalb der Scheide, dem Kanal, der von der Vulva zum Uterus führt
Involution Rückbildung; die Rückbildung des Uterus auf seine normale Größe nach einer Geburt
Isoerythrolyse Zerstörung der körpereigenen Erythrozyten durch eigene Antikörper
Isoimmunisierung die Entwicklung von Abwehrkröpern gegen die eigene Leibesfrucht im Körper der Stute
I.V. Abkürzung für intravenös; das Spritzen in die Vene

Jugularvene Vene in der Drosselgrube des Pferdes

Kaiserschnitt ein chirurguscher Eingriff, bei dem die Bauchwand bis zum oberen Uterussegment durchtrennt wird, um einen Fötus herauszuziehen
Kardiovaskulär zu Herz und Blutgefäßen gehörig
Kastration Entferung der Hoden, wobei der Hengst zum Wallach wird
Katheder ein hohler Gummi- oder Plastikschlauch, für die Passage durch Blutgefäße oder Körperkanäle
Keratitis Hornhautentzündung

Klebsiellabakterium eingekapselter Mikroorganismus, der sich im Atem- oder Magen-Darmtrakt aufhält, häufig mit Diarrhöe und Lungenentzündung bei Fohlen in Verbindung gebracht
Kleeheu leguminöses Heu
Kolik akuter Schmerzzustand im Magen-Darmbereich
Kolostrum eine dünne, milchige Flüssigkeit, die einige Tage vor der Geburt vom Euter sekretiert wird; die erste Milch der Stute, die für die Gesundheit des Fohlens von wesentlicher Bedeutung ist wegen der enthaltenen vitalen passiven Antikörper; nur begrenzte Zeit vorhanden (48 - 72 Stunden)
Kolostrum Bank hier wird Stutenkolostrum tiefgefroren und für den Bedarfsfall aufbewahrt
Konzentrat Fertigfutter aus Getreiden
Kongenital bei der Geburt vorhanden, aber nicht erblich
Konstipation Zustand bei nicht ausreichender Darmtätigkeit, Verstopfung
Kontagiös ansteckend; eine Krankheit wird durch direkten oder indirekten Kontakt verbreitet
Kontraktion allgemeiner Begriff für viele Arten der Zusammenziehung
Koprophagie Kotfressen (als Untugend angesehen)
Kornea Hornhaut; die transparente Augenhaut des Auges, die die wasserhaltige Feuchtigkeit enthält, in der die Iris schwimmt
Kronrand ein Gewebsstreifen, der mit Blutgefäßen und Nerven ausgestattet ist und am oberen Hufrand entlangläuft
Kronbein-Hufbeinkontraktion unnatürlich hohe Trachten, hervorgerufen durch einen dauernden exzessiven Zug der tiefen Beugesehne der Zehe, führt zum sogenannten Bockhuf
Kropf Schilddrüsenvergrößerung, verursacht durch einen zu hohen oder zu niedrigen Jodgehalt im Boden oder Futter
Kuhhessig die Sprunggelenke sind nach innen gebogen
Kryptorchismus Hodenretention, verborgene oder hochgezogene Hoden, die nicht in den Hodensack herabsteigen

Laktobakterium Milchsäurebazillus, heilsame Bakterie, die oft verfüttert wird, zur Wiederherstellung der Darmflora eines Pferdes oder Verbesserung des allgemeinen Gesundheitsszustandes
Leguminosen Futterpflanzen, die Stickstoff aus der Luft verwerten; leguminöses Heu ist Alfalfa-, Klee- oder Sojabohnenheu
Läsion Schaden; eine pathologische Veränderung des Gewebes, eine Wunde oder Verletzung; der Funktionsverlust eines Körperteils
Leukozyten weiße Blutkörperchen, die Infektionen bekämpfen
Lebendimpfstoff ein lebender Mikroorganismus wird in einem Präparat verabreicht, um eine Krankheit zu verhindern oder zu behandeln
Lordose Verbiegung der Wirbelsäule mit der Konvexität nach vorn, Hohlkreuz
Lumbosakral zu Lenden und Kreuzgegend gehörig
Lymphozyten ein Form der weißen Blutkörperchen, die überall am Körper im Lymphgewebe zu finden sind
Lymphopenie Mangel an Lymphozyten, die für die körpereigene Abwehr wichtig sind

Mandibula Unterkieferknochen
Mastitis Entzündung des Euters und der Zitzen
Mekonium eine Ansammlung halbfesten Materials im Darmtrakt des Fötus während des intrauterinen Lebensabschnitts, wird mit dem Aufnehmen von Fruchtwasser in Verbindung gebracht
Mediale Karpalverstellung eine Biegung des Vorderbeins nach innen, in Höhe des Vorderfußwurzelgelenkes
Metakarpophalangeal der Teil des Beins vom Vorderfußwurzelgelenk bis zur Hufsohle
Mikroorganismus ein winziger lebender Organismus; gewöhnlich mikroskopisch klein. Bei Pferden von medizinischem Interesse sind die Bakterien, spiralförmigen Organismen, Ricketsien, Viren, Schimmelpilze und Hefepilze
Milchnasensyndrom ein Zustand, der für ein geschwächtes Fohlen charakteristisch ist, das entweder krank wird, oder sich erholt; dies tritt ein, wenn ein Fohlen dem Milchfluß beim Saugen nicht gewachsen ist, so das die überschüssige Milch über sein Gesicht und seine Nase läuft
Monorchidie einer der Hoden steigt nicht vorschriftmäßig herab
Mukopurulent schleimig-eitrig

Nematode jeder parasitäre Wurm, der einen fadenförmigen ungegliederten Körper hat (Rundwürmer oder Fadenwürmer)
Neuromuskulär zu Nerven und Muskeln gehörig
Neurotroph die Nervenernährung betreffend
Nickhaut das innere oder dritte Augenlid

Ödem exzessive und anormale Ansammlung von Flüssigkeit in den Gewebszwischenräumen, von den Kapillaren ausgehend

Okklusion Schlußbißstellung; die richtige Relation der oberen und unteren Zähne zueinander beim Kauvorgang
Omphalitis Nabelentzündung; Entzündung und Abszessbildung in und um den Nabel
Organophosphate eine Gruppe von Wurmmitteln, die für die Behandlung von Fohlen nicht unbedenklich sind
Os Pedis Hufbein, drittes Zehengelenk
Osteoarthritis chronische, multiple degenerative Gelenkserkrankung, meist traumatischen oder physikalischen Ursprungs
Osteomyelitis Knochenentzündung, verursacht durch pathogene Mikroorganismen

Parese teilweise oder unvollständige Lähmung
Patella Kniescheibe, ein flacher, dreieckiger Knochen, vorn am Kniegelenk
Pathogen Krankheitserreger
Pen-Strep kombiniertes Präparat aus Penicillin und Dihydrostreptomyzin
Perinatal kurz nach der Geburt
Perineal Damm oder Perineum betreffend
Peristaltik Darmtätigkeit
Peritoneum Bauchfell; ein seröser Sack, der den Inhalt der Bauchhöhle umhüllt
Pharyngitis Entzündung des Rachenraums

Phenotiazin ein Kompositum, das häufig zur Bekämpfung der Nematodenwürmer der Pferde eingesetzt wird, seit Jahren beliebt, augenblicklich zum Teil durch neuere Anthelmintika ersetzt
Photophobie anormale Lichtempfindlichkeit
Piperazinsalz (Piperazinzitrat und -adipat) ein Wurmmittel zur Bekämpfung der Askariden bei Pferden
Hypophyse die endokrine Drüse, die die anderen endokrinen Drüsen beeinflußt, beeinflußt das Wachstum, den Stoffwechsel, die Reifung, die Geburt, wie den gesamten reproduktiven Zyklus
Plazenta das Organ innerhalb des Uterus, das bei einer Konzeption die lebenserhaltende Verbindung zwischen der Stute und dem Embryo herstellt
Placenta Praevia eine Form der Plazentabildung, die die innere Zervix-Oberfläche verschließt; Abruptio placentae: vorzeitige Ablösung der normal angehefteten Plazenta
Polydactylie Vorhandensein überzähliger Finger oder Zehen und Glieder
Post Mortem nach dem Tode; Autopsie
Postpartum Zeit unmittelbar nach der Geburt
Prädisposition Tendenz oder Neigung; latente Empfindlichkeit Krankheiten gegenüber, die unter bestimmten Bedingungen ausbrechen, z.B. durch Stress
Präformiert (auf Antikörper bezogen) spezifische Antikörper, die in einem fremden Individuum oder Gewebe produziert wurden, werden als biologisches Serum, das passive Immunität verleiht, einem Individuum zu seinem unmittelbaren Schutz gespritzt
Präputium Vorhaut
Progesteron ein vom Gelbkörper produziertes Hormon, das für die Vorbereitung des Uterus und für die Aufnahme und Entwicklung des befruchteten Eies durch glanduläre Wucherung des Endometriums verantwortlich sein soll
Prophylaxe Vorbeugung zur Vermeidung einer Krankheit
Prostaglandin ein neues injizierbares Hormon, das eine starke luteolytische Wirkung auf die Gonaden der Stute ausübt
Pseudoyese eingebildete Schwangerschaft
Pseudomonas eine Familie gram-negativer Bakterien, die bei Tieren chronische Infektionen hervorrufen können

Rectovaginal-Riß ein Riß zwischen Rektum und Vagina bei der Geburt
Resektion teilweise Entfernung eines Organs oder Knochens durch chirurguschen Eingriff
Reticuloendothelial zu den Geweben gehörig, die sowohl retikuläre (netzartige), wie auch endotheliale (Zellen, die die Körperhöhlen begrenzen) Eigenschaften haben und mit der Bildung und Zerstörung von Körperzellen zu tun haben, entzündungshemmend wirken und dazu beitragen, daß es zur Ausbildung einer Immunität kommt
RH-Faktor Unverträglichkeit ein Zustand, bei dem die Mutter Antikörper gegen ihre Nachkommen produziert; Gegenstück zur Isoerythrolyse in Stute und Fohlen; eine Blutgruppenbestimmung vor der Bedeckung und Verträglichkeits-Tests während der Trächtigkeit ermöglichen eine Früherkennung und Vermeidung der Erkrankung

Rhinopneumonitis Virusinfektion der oberen Luftwege bei jungen Pferden; stets Ursache einer Fehlgeburt bei Stuten, durch das Angreifen der Plazentahäute und das Verursachen einer Virämie beim Fötus, die zum Tode führt

Schistosoma Reflexus eine fötale Mißbildung
Skoliose seitliche Rückgratsverkrümmung
Skrotum Hodensack; der äußere Hodensack, der die beiden Hoden mit den dazugehörigen Organen umschließt
Septum zur Scheidenwand zwischen zwei Gewebsmassen gehörig
Sepsis Blutvergiftung, hervorgerufen durch das Eindringen von Bakterien in den Blutkreislauf
Serologie Serumkunde; das Studium des Blutserums
Serum Transfusion ist angebracht, wenn ein Fohlen präformierte Antikörper benötigt, um gegen eine Krankheit geschützt zu sein. Einem ausgewachsenen Spender wird Blut abgenommen und zentrifugiert. Hierbei trennen sich die roten Blutkörperchen und das Plasma von dem Serum, das sich oben befindet
Shaker Fohlen eine neuromuskuläre Erkrankung der Saugfohlen von etwa 8 Wochen: typisch ist, daß das Fohlen schwach ist, nicht stehen kann und zunehmend an starken Muskelkrämpfen leidet
Shigella einer der Mikroorganismen, der eine Fohlensepsis hervorruft
Similac ein kommerzielles Milchersatz-Produkt in den USA, dem die essentiellen Antikörper fehlen
Sleeper Fohlen eine sytemische Infektionskrankheit neugeborener Fohlen, hervorgerufen durch Actinobazillus equuli; typisch ist, daß das Fohlen schwach, semikomatös und unfähig ist, zu stehen. Auch als "Dummy" oder "Wanderer" Fohlen bezeichnet
Stase das Aussetzen einer biologischen Funktion
Staz-Dri Warenbezeichnung für ein kommerziell hergestelltes Einstreumaterial das die Pferde - so Gott will - nicht fressen mögen!
Stenose Verengung einer Passage oder eines Kanals
Streptokokkus Pyogenes Bakterie, die Gelenks- und Nabelentzündungen verursacht
Strongylus Palisadenwurm, vgl. Nematoden
Subluxation unvollständige Ausrenkung
Supraorbitale Knochenleiste der knöcherne Vorsprung über der Augenhöhle
Symphysen die Schamfuge betreffend
Syndrom Symtomenkomplex der als Gesamtheit eine Erkrankung charakterisiert

Tetanus Antitoxin präformierte Tetanusantikörper, injiziert führt es eine passive Immunisierung gegen Tetanus herbei und sollte an Stelle von Tetanus Toxoid den Fohlen gegeben werden, die eine fragwürdige Wunde haben

Tetanus Toxoid ein Präparat abgetöteter Tetanus-Mikroorganismen, das gespritzt wird um eine Immunität gegen Tetanus zu bewirken; kontra-indiziert bei einem Fohlen mit einer fragwürdigen Verletzung
Thorax Brust, oder Lungen- und Rippengegend
Tibia der Knochen der sich vom Kniegelenk bis zum Sprunggelenk erstreckt

Torsion Verdrehung
Tortikollis Schiefhals; verdrehte Halsmuskulatur, die eine unnatürliche Haltung des Kopfes hervorruft
Toxidität Giftigkeit
Tranquilizer jedes Mittel, das Angst- und Spannungszustände bei Mensch und Tier verringert (Achtung: wenn bei Pferden verwendet, führt das Medikament zur Schläfrigkeit ohne das Schmerzempfinden zu verringern; bei jeder Auslösung von Schmerz kann das Pferd hellwach werden!)
Transektion Querschnitt
Transfusion Blutübertragung bzw. Übertragung von Plasma oder Serum in intravenöser Form, von einem Tier zum anderen
Trochlea eine rollenartige Struktur, als distales Ende des Humerus der mit der Ulna artikuliert
Tuber Ischii Sitzhöcker, an dem mehrere Muskeln angeheftet sind

Ulna Knochen des Vorderbeins, der der menschlichen Elle entspricht
Ultraschall Hochfrequenzschallwellen, zu Diagnose und Behandlungszwecken benutzt
Ultraviolettes Licht Licht, dessen Wellenlängen kürzer sind, als die des sichtbaren Lichtes und länger als die der Röntgenstrahlen; dieses Licht ist bakterizid, produziert aber keine Wärme und kann die Augen des Fohlens schädigen. Es sollte bei Pferden nicht verwendet werden
Urämie Harnvergiftung; ein Übermaß an Urin und seiner Konstituenten im Blut, und der toxische Zustand, der dabei entsteht
Urethra Harnröhre; der membranartige Kanal, durch den Urin aus der Blase fließt

Vakzine ein Präparat, das verabreicht wird, um die Immunität einer bestimmten Krankheit gegenüber herbeizuführen oder zu verstärken
Ventral zum Bauch gehörig

Wanderer Fohlen eine systemische, infektiöse Erkrankung des neugeborenen Fohlens, durch Actinobazillus equuli hervorgerufen; typische Anzeichen sind: Schwäche des Fohlens, ein semikomatöser Zustand, Unfähigkeit zu stehen; auch als "Dummy" oder "Sleeper" Fohlen bezeichnet
Wobbler Ataxie, verbunden mit einer Schwäche der Hinterhandsbewegung zu Anfang, charakteristisch: schmerzfreier Kontrollverlust der Hinterbeine

Zink-Trübungstest eine Blutuntersuchung, die den Immunkörperstatus des neugeborenen Fohlens feststellt

Von Hardy Oelke
2. Auflage, 21 x 29,7 cm, 164 Seiten, über 250 Abbildungen, geb., ca. DM 68,-

Das Standardwerk für die systematische Ausbildung, in der zweiten Auflage mit dem Extrateil "Westernreitstunde"

Inhalt:
- Westernreiten kontra Englisch-Reiten?
- Wie lerne ich Westernreiten?
- Die Western Horse-Rassen
- Auswahl eines geeigneten Pferdes
- Equipment
- Pferdehaltung, Arbeit mit jungen Pferden
- Breaking
- Ausbinden, Longieren, Fahren vom Boden
- Westerndressur, gestern und heute
- Gewöhnen ans Reitergewicht
- Vertikale, laterale und diagonale Kontrolle
- Schulterkontrolle, Schenkelhilfen, Hinterhandkontrolle
- Schooling
- Einiges Grundsätzliches zur Reitweise und Hilfengebung, Dressur und Reiten
- Spezielles Training für die einzelnen Reining-Elemente Back Up / der Stop / Zirkel / Flying Lead Changes / der Spin oder Turn-Around / Roll Backs; Pivots
- Hackamore Training
- Neck Reining
- Umstellung anders gerittener Pferde auf die Western-Reitweise
- Ground Tying
- Zum Abschluß noch einmal Generelles
- Stichwortverzeichnis

Übersetzt von Hardy Oelke
Großformat 21 x 29,7 cm, ca. 160 Seiten m. zahlr. Abbildungen, fester Einband m. farb. Schutzumschlag, DM 58,-

Das Buch des Trainers, Richters und Lehrers R. Shrake zeigt Schritt für Schritt, welche Voraussetzungen erfolgreiches Westernreiten erfordert.

Die Lektionen beginnen bei der Auswahl des Pferdes und der Ausrüstung, behaneln Sättel, Zaumzeug, korrekten Sitz, Gebrauch der Füße, Beine, Arme, Hände etc.

Besonders für angehende Turnierreiter und engagierte Westernreiter ist dies das ideale Buch, die sachkundige und fundierte Einführung in das Westernreiten überhaupt.

Von Jack Brainard
Großformat, 160 Seiten mit zahlr., Abbildungen, fester Einband mit farb. Schutzumschlag, geb., DM 58,-

Das Buch dieses großen Trainers und Pferdekenners lehrt die Basis der Pferdeausbildung für die Westernreitweise. Es ist die Grundlage für Cutting, Reining, Pleasure, Trail und Freizeitreiten.

Wer Schwierigkeiten bei der Ausbildung von vorneherein vermeiden und mit seinem Pferd als Partner zu Freude und Erfolg (zurück-)finden möchte, der sollte an diesem "Fernkurs" mit Jack teilnehmen - es wird einer der erfolgreichsten werden.

Reining - Die Hohe Schule des Westernreitens

Von Bob Loomis mit Kathy Kadash, übersetzt von Hardy Oelke 1991, Großformat, 250 Seiten, geb., DM 78,-

Bestellen Sie noch heute dieses sensationelle Buch: Reining funktioniert besser mit Loomis!

Von Leon Harrel, übersetzt von Hardy Oelke
Großformat 21 x 29,7 cm, 160 Seiten, zahlr. Abb., geb., DM 58,-

Cutting ist ein faszinierender Sport. Der Trainer Leon Harrel bietet in Wort und Bild Ihr persönliches Cutting-Trainingsprogramm: Wie man beginnt / Ausrüstung
Wie geritten wird, Richten und Bewerten / Rinder
Showen und Gewinnen / Training
Großartige Pferde

Kierdorf Verlag • Gut Dohrgaul • 5272 Wipperfürth

Von Hardy Oelke
17 x 24 cm, 200 Seiten mit zahlr. z. T. farbigen Abbildungen, geb., DM 58,-

Informativ und fesselnd ist dieses erste und einzige deutschsprachige Buch über die beliebteste Pferderasse der Welt, das Quarter Horse.

Ein Standardwerk, das Auskunft gibt über die Entstehung der Rasse, die Beurteilungskriterien, die wichtigsten Blutlinien, die vielseitigen Verwendungsmöglichkeiten usw.

Von Hardy Oelke
2. erweiterte Auflage, 17 x 24 cm, 172 Seiten mit zahlr. z. T. farbigen Abbildungen, geb., DM 58,-

Erstes und einziges Buch in deutscher Sprache über das Paint Horse. Niemand anderes als Hardy Oelke konnte dieses Buch verfassen und dabei so detailliert, informativ und unterhaltend schreiben, daß es für jeden Pferdefreund eine interessante und spannende Lektüre darstellt.

Von Karola von Hodenberg
17 x 24 cm, 178 Seiten mit zahlr., z.T. farbigen Abbildungen, geb., DM 58,-

Dieses erste deutschsprachige Buch über den Appaloosa, das jetzt in der zweiten Auflage erschienen ist, vermittelt etwas von der Faszination und dem Hauch von Abenteuer um diese Pferderasse.

Die Autorin beschreibt die vielseitigen Verwendungsmöglichkeiten des Appaloosa, die häufigsten Fellzeichnungen, die Wettbewerbe, die wichtigsten Blutlinien.

Von Mike Junge
5. Auflage, 152 Seiten, mit zahlr. Abbildungen, kart., DM 22,80

"Dieses Buch habe ich auf Wunsch vieler Freunde, Bekannter und Kunden geschrieben, die nicht die Möglichkeit haben, amerikanische Fachliteratur zu lesen.
Es soll dem Reitanfänger im Westernstil, wie auch dem künftigen Besitzer eines Westernpferdes helfen, den amerikanischen Reitstil zu erlernen und mit seinem Westernpferd richtig umzugehen".

Von Kerstin Diacont
12 x 19,5 cm, 192 Seiten mit vielen Abbildungen, brosch., DM 24,80

Unser jüngster "Bestseller" richtet sich vor allem an diejenigen Reiter und Pferdebesitzer, die sich zusammen mit ihrem Pferd an die "andere" Reitweise herantasten wollen, die ein englisch gerittenes Pferd umstellen oder ein junges Pferd in der Westernreitweise ausbilden wollen.

Von Kerstin Diacont
345 Seiten mit zahlr. Abbildungen, kart., DM 29,80

Das Wanderreiten erfreut sich zunehmender Beliebtheit. Das neue Buch von Kerstin Diacont enthält alle Informationen zum Wanderreiten. Der Schwerpunkt liegt dabei auf der Ausbildung von Pferd und Reiter.

Kierdorf Verlag • Gut Dohrgaul • 5272 Wipperfürth

Ich lerne Westernreiten
Ein Leitfaden für Westernreitanfänger
Von Hardy Oelke
12 x 19,5 cm, ca. 120 Seiten, kart., ca. DM 22,80

Westernpferde - Westerntraining
Von Mike Junge
5. Auflage, 152 Seiten, mit zahlreichen Abbildungen, kart., DM 22,80

Die Westernpferderassen
Quarter Horse, Paint Horse, Appaloosa
Von Hardy Oelke
16 x 24 cm, ca. 100 Seiten mit zahlreichen z.T. farbigen Abbildungen, kart., ca. DM 19,80

Westernreiter-Lexikon
Westernreiten von A-Z
Von Hardy Oelke
ca. 140 Seiten, mit zahlreichen z.T. farbigen Abbildungen, ca. DM 22,80

Jungpferde einreiten
Von Mike Kevil, übersetzt von Hardy Oelke
Großformat, 168 Seiten mit zahlreichen Abbildungen, fester Einband, DM 58,-

Western Training
Die systematische Ausbildung in der Westerndressur
Von Hardy Oelke
3. überarbeitete Auflage, Großformat, 164 Seiten mit über 250 Abbildungen, geb., DM 68,-

Kierdorf Verlag • Gut Dohrgaul • 5272 Wipperfürth

WESTERN HORSE

Kennen Sie das Fachmagazin für Westernpferde und Westernreiten?

WESTERN HORSE erscheint jeden Monat, mit Artikeln über die Ausbildung, Zucht und Haltung von Westernpferden, bedeutende Blutlinien, Züchter usw. und mit Veranstaltungsterminen und Turnierergebnissen. Eine Zeitschrift von Westernpferdeleuten für Westernpferdeleute!

Fordern Sie noch heute Ihr Probeheft an:

Kierdorf Verlag
Gut Dohrgaul
5272 Wipperfürth

☐ Bitte schicken Sie mir unverbindlich ein Probeheft von WESTERN HORSE

Name _____ Straße _____ Ort _____